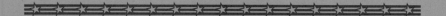

존 그레이만큼 남녀 관계에 대한 훌륭한 지혜를 전하는 작가도 없다. 이 책은 복잡한 현대사회에서 사랑의 행로를 찾아가는 데 반드시 알아야 할 지침을 소개한다.
_매리언 윌리엄슨 〈뉴욕타임스〉 베스트...

진정한 전문가는 시대의 변화에 ... 새롭게 바꿔 나가야 한다. 존 그레이는 현대... ...용한다. 그가 전하는 방법과 지혜는 그 어느 ...
_잭 캔필드 《영혼을 위한 닭고기 수프》 저자

세상을 떠들썩하게 한 화제의 베스트셀러 《화성에서 온 남자, 금성에서 온 여자》가 나온 지 20년 후, 존 그레이는 이번 책으로 관계에 대한 조언의 새로운 지평을 열었다. 21세기의 사랑과 친밀감에 대한 새로운 논의가 세상을 들썩이게 할 것이다.
_하비 맥케이 《상어와 함께 수영하되 잡아먹히지 않고 살아남는 법》 저자

존 그레이에게 맡겨라. 남녀의 차이를 설명하기 위해 화성과 금성이라는 세계적인 용어를 만들어 남녀의 차이에 관한 끝없는 대화의 물꼬를 튼 저자가 이제는 오늘날의 남녀 관계에 관한 논의를 이어간다. 전통사회든 현대사회든 모든 남녀가 그레이의 통찰력 있는 조언의 도움을 받을 것이다.
_하빌 헨드릭스 · 헬렌 라켈리 헌트 《연애할 땐 Yes 결혼하면 No가 되는 이유》 저자

요즘처럼 스트레스에 찌들고 혼란스러운 세상에서 진정한 사랑을 이룰 방법은 무엇일까? 이제 전통적인 역할에 대한 이해가 변화하고 발전했다. 새로운 변화에 적응할 수 있느냐가 성공적인 관계의 열쇠다. 존 그레이의 이 책은 우리 시대의 변화를 남녀 모두의 관점에서 바라본다. 우리 안의 남성성과 여성성을 표현할 줄 알아야 스트레스를 관리하고 삶의 균형을 잡을 수 있다. 이 책을 읽으면 친밀한 관계와 깊은 사랑이라는 선물이 따라온다. 이 책이 정말 마음에 든다!
_수전 소머즈 배우

《화성에서 온 남자, 금성에서 온 여자》는 나를 비롯한 무수히 많은 사람을 더 나은 쪽으로 변화시키고 더 행복하게 살게 해주었다. 이번에 나온 이 책이 그 어느 때보다 지금 시점에 필요한 방법과 지혜를 전한다.
_마시 시모프 《이유 없이 행복하라》 저자

존 그레이는 늘 시대를 앞서가는 사람이다. 그는 삶의 경험으로 가르친다. 그의 결혼과 가족뿐 아니라 수많은 고객과 세미나 참가자들에게서 얻은 교훈을 가르친다. 이 책에는 실질적인 이야기가 담겨 있다. 스스로를 더 잘 이해하고 기분 좋은 관계를 다져나가고 싶다면 이 책을 읽고 다음 단계로 나아가라.

_아르주나 아르다 어웨이크닝코칭 설립자, 《명백한 혁명》 저자

존 그레이는 남녀 관계에서 급변하는 성 역할을 명쾌하게 설명한다. 사랑 안에서 함께 성장하고 발전하는 데 관심 있는 모든 남녀를 위한 필독서다.

_에어리얼 포드 《나는 사십에 소울메이트를 만났다》 저자

존 그레이의 새 책은 그의 연구와 지혜를 오늘날의 남녀 관계에 적용해서 이전의 지침서가 끝난 지점부터 새로운 논의를 이어간다. 이 책에는 삶을 변화시키는 힘이 있다. 내 삶도 달라졌다.

_바넷 베인 영화 〈밀턴스 시크릿〉 감독

《화성에서 온 남자, 금성에서 온 여자》는 관계를 보는 우리의 시각을 바꿔놓았고, 완전히 달라진 새 책《화성남자와 금성여자를 넘어서》는 나날이 복잡해지는 현대 남녀 관계의 암호를 해독한다. 읽어라. 당신과 당신의 배우자가 기뻐할 것이다!

_데이브 애스프리 Bulletproof CEO, 《최강의 식사》 저자

존 그레이는 25년 전《화성에서 온 남자, 금성에서 온 여자》를 세상에 내놓은 이후 그 어떤 작가나 선구자적 사상가나 전문 강사보다 최전선의 참호 속에서 싸웠다. 이 책의 깊이 있는 지혜와 영혼에 울림을 주는 교훈과 진실성과 현실적인 지침은 아무리 높이 평가해도 지나치지 않는다. 오래 읽힐 필독서가 나왔다!

_켄 드러크 최초의 경영관리 코치, 《용기 있게 나이 들기》 저자

존 그레이의 지혜와 통찰과 삶의 경험은 내 건강과 사고방식과 성공에 지대한 영향을 미쳤다. 이번에 나온 훌륭한 새 책에서는 친밀한 관계에 깊이를 더하고 사랑하는 능력을 기르기 위한 획기적인 방법을 소개한다. 아무렴, 이보다 더 중요한 것은 없다.

_마르샤 위더 꿈 대학 CEO

이 책 덕분에 사랑이 깊어지고 서로에게 최고의 배우자가 될 수 있었다.

_워렌 패럴 《남자는 왜 그렇게 생겨먹었을까》 저자

화성남자와 금성여자를 넘어서

화성 남자와 금성 여자를 넘어서

차이를
넘어
마음으로

넘어서

존 그레이 | 문희경 옮김

Beyond MARS and VENUS

김영사

사랑과 존중을 담아
내 딸 로런 그레이에게 이 책을 바칩니다.
로런 덕분에 관계 안에서 여자에 관한 새로운 통찰을
얻을 수 있었습니다.

CONTENTS

프롤로그 10

CHAPTER 1

화성과 금성을 넘어서

역할의 변화 36 ┃ 균형을 찾아 열정 유지하기 40 ┃ 변화하는 역할의 문제 45 ┃ 새로운 가능성 48

CHAPTER 2

역할을 나누는 관계에서 마음을 나누는 관계로

역할을 나누는 관계 55 ┃ 마음을 나누는 관계 61 ┃ 현대의 문제들 64 ┃ 바쁘고 지친 세상 66 ┃ 사랑 안에서 함께 성장하기 69

CHAPTER 3

고유한 자기

고유한 자기 자유롭게 표현하기 81 ┃ 새로운 난관 84 ┃ 남성성과 여성성 88 ┃ 남성성과 여성성 은 사회적 개념만은 아니다 91 ┃ 길러진 것인가, 타고난 것인가 95 ┃ 호르몬의 힘 96 ┃ 진정한 자기 개발하기 100 ┃ 문화적 규범과 자기표현 103

CHAPTER 4

차이가 끌어당기고 열정을 지켜준다

차이에 대한 새로운 이해 112 ┃ 남자와 여자의 정반대 성향 이해하기 113 ┃ 친밀한 관계에서 양극성 유지하기 117 ┃ 결혼생활에서 역할의 역전 121 ┃ 왜 사랑에 빠지지 못할까 124 ┃ 쉽지 않은 균형 찾기 127 ┃ 여전히 남자는 화성에서, 여자는 금성에서 왔다 130 ┃ 노르웨이의 역설 135 ┃ 성 평등은 성 맹목이 아니다 140

CHAPTER 5

화성에서 온 테스토스테론

스트레스를 줄여주는 호르몬의 차이 150 ┃ 스트레스가 뇌에 미치는 영향 151 ┃ 테스토스테론과 공격성 152 ┃ 분노와 방어적인 태도 154 ┃ 분노는 남자다운 것이 아니다 157 ┃ 남자의 스트레스 증상 160 ┃ 남자가 여성성을 억누를 때 162 ┃ 테스토스테론을 회복해서 스트레스 줄이기 164 ┃ 남자들은 동굴로 들어간다 165 ┃ 쓰지 않으면 퇴화한다 169 ┃ 여자가 남자를 지지해줄 수 있는 방법 171

CHAPTER 6

금성에서 온 에스트로겐

갱년기의 호르몬 179 ┃ 사랑의 호르몬 옥시토신 181 ┃ 여자와 신체 접촉 183 ┃ 남자들이 여자가 더 감정적이라고 생각하는 이유 185 ┃ 남자가 여자보다 강렬한 감정을 느낄 때 188 ┃ 배려와 친교 반응 191 ┃ 여성의 스트레스 증상 195 ┃ 에스트로겐이 지나치게 상승할 때 196 ┃ 여성의 스트레스를 줄여주는 옥시토신 199 ┃ 남자가 여자를 지지할 수 있는 방식 201 ┃ 대화 치료가 효과적인 이유 204 ┃ 금성인 대화 연습 207 ┃ 감정을 나누는 것과 불평은 다르다 209 ┃ 남자는 도와줄 수 있을 뿐이다 214

CHAPTER 7

호르몬 요법의 위험성

호르몬 복용의 문제 221 ┃ 프로게스테론과 에스트로겐의 균형 잡기 226 ┃ 욕구를 느끼는 것의 중요성 228 ┃ 호르몬 교란 물질 피하기 231 ┃ PMS 증상 234

CHAPTER 8

여자, 호르몬, 행복

옥시토신과 에스트로겐 239 | 짝 유대, 옥시토신, 에스트로겐 242 | 옥시토신과 에스트로겐을
늘리는 40가지 방법 246 | 에스트로겐, 옥시토신, 직장 스트레스 252 | 프로게스테론 256 |
테스토스테론 261 | 여자의 한 달 주기 264

CHAPTER 9

당신 시간, 우리 시간, 내 시간

여자의 호르몬 변화에 대한 새로운 이해 270 | '우리 시간'의 중요성 275 | '당신 시간'에서 '내
시간'으로 279 | 여자에게는 '우리 시간'이 필요하다 282 | 옥시토신의 힘 283 | 옥시토신으
로 정신을 다스리고 마음 열기 289 | 옥시토신이 끌어내는 부정적인 감정 발산하기 293 | 하
루 일을 마치고 느긋하게 쉬기 296 | 남자에게 동기 부여하기 298 | 남자와 내 시간 302 | 남
자가 여자에게 더 매력을 느끼게 만드는 요소 306 | 여자의 '내 시간'을 지지해주는 방법 312
| 여자가 중압감에 시달리는 또 하나의 이유 319 | 긴급요원인 남자 322 | 여자의 다양한 욕구
균형 잡기 324 | 마음을 나누는 관계의 황금률 327

CHAPTER 10

경청을 원하는 여자, 인정을 바라는 남자

감정 말하기 334 | 감정을 나누면 스트레스가 더 심해진다 337 | 첫째: 의존성 341 | 둘째: 공
감 342 | 불평할 것인가, 요청할 것인가 344 | 원하는 것 공유하기 349 | 배우자 인정해주기
352 | 여자가 인정받는 느낌을 받지 못하는 이유 354 | 서로 다른 욕구 358

CHAPTER 11
남자와 여자의 사랑에 필요한 것

개인적인 사랑이 여자의 스트레스를 낮춘다 369 ㅣ 개인적인 성공이 남자의 스트레스를 낮춘다
375 ㅣ 사랑은 남자의 삶에 새로운 의미를 부여한다 379 ㅣ 화성인과 금성인의 삶의 목적 385 ㅣ
존중이냐, 인정이냐 389 ㅣ 사랑 주고받기 392

CHAPTER 12
화성인과 금성인 함께 살기

여자의 감정을 존중하고 남자를 인정해주는 방법 405 ㅣ 정당한 것으로 인정해주는 힘 407 ㅣ
인정의 힘 411 ㅣ 우두머리 수컷 일깨우기 417 ㅣ 화성인과 금성인의 사랑 언어 421 ㅣ 남녀가
헤어지는 이유 424

CHAPTER 13
불평 없는 관계

불평해도 효과가 없는 이유 430 ㅣ 남자의 가장 취약한 부분 433 ㅣ 방어적인 태도 막기 439 ㅣ
불평의 가치 444 ㅣ 관계의 네 단계 448 ㅣ 인생의 새로운 장 452

에필로그 456
감사의 말 462

로운 관계 기술을 소개한다.

요즘 여자들이 직장에서 남자들과 대등하게 일하고 남자들도 집에서 자녀 양육에 힘쓴다고 해서 남자와 여자가 똑같아지는 건 아니다. 남녀의 역할이 변하긴 했지만 생물학적으로 남녀는 여전히 크게 다르다. 남자와 여자는 생물학적으로 다르므로 자연히 새로운 시대의 역할 변화에도 각기 다르게 반응한다. 대체로 배우자가 오해하고 잘못 해석할 수 있는 방식으로 반응한다. 이 책에서는 정서적 지지에 대한 새로운 요구와 함께 오늘날의 관계에서 불가피하게 발생하는 새로운 문제를 들여다본다.

> 남녀가 변화에 대한 서로의 반응을
> 오해하는 이유는 서로 다르기 때문이다.

새로운 시대의 문제는 연인이나 부부뿐 아니라 혼자 사는 사람들에게도 해당된다. 지금의 관계 변화에는 개인의 내면에서 일어나는 변화가 투영되기 때문이다. 이 책의 새로운 통찰은 사랑하는 연인이나 배우자뿐 아니라 한 개인의 행복과 자녀의 행복에도 필요하다. 직장에서 더 나은 구성원이 되는 데도 도움이 되고 타인에 대한 이해의 폭을 넓혀 사회적으로 성공하는 데도 유용하다. 혼자 사는 사람이든 배우자와 함께 사는 사람이든 살면서 항상 이성과 소통하고 관계를 맺어야 한다.

화성남자와 금성여자를 넘어서 ♀

평생을 함께할 동반자를 찾으려는 독신에게는 이 책이 더 좋은 짝을 만나는 데 도움이 될 것이다. 배우자를 찾지 않는 독신에게도 스스로 정서적 욕구를 통찰해서 스트레스를 줄이고 행복하게 사는 데 도움이 될 것이다.

> 이 책의 새로운 통찰은
> 연인이나 배우자와의 관계만이 아니라
> 우리 자신의 행복에도 유용하다.

독신은 결혼하고 싶어 하고, 결혼한 사람은 혼자 살던 시절의 자유롭고 흥미진진하던 생활을 그리워한다. 그러나 혼자든 둘이든 현대의 삶은 그 어느 때보다 팍팍해졌다. 물질적으로 힘들어졌을 뿐 아니라, 원하는 만큼 정서적 충만감이 채워지지 않는 현실에 대한 실망감으로 더 힘들어졌다.

현재 우리는 관계 안에서 급격한 변화에 직면하고 있다. 좋은 관계를 맺고 유지하고 싶다면서 수천 년 전부터 내려오는 전통적인 관계의 기술과 통찰을 써먹으려 한다면 충분하지도 않고 결과도 좋지 않다.

남자든 여자든 충만한 관계에 필요한 지지를 주고받기란 결코 쉽지 않다. 남자들은 새로운 시대에 맞는 정서적 지지를 보내주는 모범을 보고 자라지 못했다. 나도 그런 적이 없어서 안다. 아들은 아버지를 보고 자라면서 부부 관계를 배우는데, 우리 세대의 아버지들은 과거의 전통적인 역할은 잘해냈다 해도 새로운 역할에는 서툴렀다. 우리의 아버지들은 날마다 일하러 나가서 가족을 부양하는 역할만으로 어머니들의 기대를 어느 정도 채워줄 수 있었다.

> 우리의 아버지들은 날마다 일하러 나가서
> 가족을 부양하는 역할만으로 어머니들의 기대를
> 어느 정도 채워줄 수 있었다.

여자들도 지금의 시대에 필요한 정서적 지지를 받고 배우자에게 필요한 지지를 보내는 모범을 보고 자라지 못했다. 더 많은 지지를 끌어내기 위한 의사소통 기술을 배우지 못했다. 남편이 가족을 부양하는 것으로 소임을 다했던 시대에는 아내가 더 이상 요구할 게 없었다. 남편이 소임을 다하지 못해도 아내는 그저 투덜대면서 바가지나 긁을 뿐이었다. 물론 이런 방식으로는 관계가 개선되지 않았다.

텔레비전 시트콤과 영화에서 현대의 역할 모델을 볼 수 있다. 다만 재미는 있어도 현실에서 충만한 관계를 위해 거쳐야 하는 지난한 여정을 다 보여주지는 않는다. 인기 시트콤 〈모던 패밀리 Modern Family〉에서는 등장인물들이 현대인의 난관과 경험을 과장하는 방식으로 행동하고 소통하면서 웃음을 자아낸다. 그리고 마지

화성남자와 금성여자를 넘어서 ♀

막 5분간 모든 사람이 기적적으로 화해하면서 행복과 사랑에 젖는다. 시트콤의 인물들은 우리가 원하는 결과를 제시하지만 변화를 이루는 과정은 보여주지 않는다.

〈해리가 샐리를 만났을 때When Harry Met Sally〉, 〈타이타닉Titanic〉, 〈노트북The Notebook〉, 내가 좋아하는 〈사랑의 은하수Somewhere in Time〉 같은 고전적인 로맨스 영화에서 관객들은 등장인물에게 감정이입을 하면서 상대가 몰라주던 사랑의 긴장이 풀리는 순간 더 깊어지는 사랑을 엿볼 수 있다. 관객들은 영화 속 인물들이 난관을 극복하고 마침내 서로가 간절히 원하던 사람을 만나는 순간 사랑이 주는 행복과 충만감을 엿볼 수 있다. 우리가 대형 스크린에서 보고 느끼고 직접 경험해보고 싶은 감정이다. 하지만 영화는 주인공 남녀가 맺어진 후 일상이 시작되면 어떤 일이 벌어질지는 보여주지 않는다.

텔레비전과 영화에는 새로운 관계 설정을 위한 역할 모델은 나와도 현실의 사랑은 나오지 않는다.

우리는 영화 속 주인공들이 평생 행복하게 살 거라고 상상하지만 실제로 어떻게 사는지는 알 길이 없다. 가능성을 상상하고 잠시 들뜨지만 이내 꿈이 깨지고 현실로 돌아와 실망한다. 평생의 사랑을 만나고 함께 사랑을 키워나가려면 영화에서 본 것 말고 새로운 관계 기술을 배워야 한다.

남자들은 다정하고 긍정적인 피드백이 여자에게 최선의 반응을 끌어내는 데 얼마나 중요한지 보고 배운 적이 없다. 아내와 의견이 다를 때 함께 상의하고 결정하는 방법도, 어느 한쪽에 할 일이 많을 때 함께 시간을 조율하는 방법도, 데이트를 계획하고 연애 감정을 지키려는 노력을 뒷전으로 미루지 않는 방법도, 다투고 화해하는 방법이나 방어적으로 나가지 않으면서 아내의 마음을 귀담아들어주는 방법도 보고 배운 적이 없다.

여자들 또한 남편에게 최선의 반응을 끌어내기 위해 현실에서 적용할 방법을 보고 배운 적이 없다. 남편의 요구를 채워줄 방법도, 투덜대지 않으면서 자신의 요구를 전할 방법도, 한마디로 사랑의 감정을 오래 지속하려면 어떤 역할을 해야 하는지 배운 적이 없다. 영화에서 낭만적인 남자 주인공은 늘 적절한 말만 하고 여자 주인공은 그저 반응만 한다. 현실의 연애는 어느 한쪽만 주도하지 않는다. 서로 주고받는 관계다.

> 현실의 연애는 어느 한쪽만 주도하지 않는다.
> 서로 주고받는 관계다.

자신의 욕구를 충분히 이해하고 배우자의 욕구를 지지해줄 수 있는 사람으로 거듭나기 위한 여정은 한순간에 완성되지 않는다.

그래도 당장 시작할 수는 있다. 현재의 배우자나 미래의 배우자가 그 여정에 동참해주기를 기다리지 않아도 된다. 어느 한쪽이 변하면 관계도 달라지게 마련이다. 한쪽이 더 괜찮은 배우자가 되면 상대도 따라서 변한다.

내가 《화성에서 온 남자, 금성에서 온 여자》를 썼을 당시 한동안 듣던 질문이 있다. "어떻게 해야 제 남편(아내)에게 이 책을 읽힐 수 있을까요?"

내 대답은 이랬다. "그런 방법은 없습니다. 배우자에게 이 책을 읽히려고 하면 배우자에게 충분히 괜찮지 않다고 말하는 셈이므로 당연히 방어적으로 나올 수 있습니다. 그냥 당신이 책을 읽고 배우자를 바꾸려 하지 않고도 스스로 행복해질 방법을 찾아야 합니다. 그러면 배우자도 흥미를 갖고 당신이 무슨 책을 읽는지 궁금해 할 겁니다."

이 책도 마찬가지다. 스스로 변화하려고 노력해야지 상대를 바꾸려고 해서는 안 된다. 상대를 바꿔야 행복해진다면 상대가 변화하고 성장하기는 더 어려워진다. 당신이 자유롭게 살고 싶은 만큼 상대에게도 자유를 주어야 한다.

많이 주어야 많이 돌아오지만 적게 주었는데 많이 돌아오기도 한다. 원하는 만큼 오지 않는다고 해서 배우자를 바꾸려고 더 많이 퍼주는 것은 위험하다. 어차피 통하지 않는 방법이다. 이럴 때 배우자는 지지를 받는다기보다 조종당한다고 느끼기 때문이다.

배우자를 바꾸려고 더 많이 주면
배우자는 지지를 받는다기보다 조종당한다고 느낀다.

관계에서 더 많이 받고 싶어 하는 것은 결코 잘못이 아니다. 다만 배우자를 바꾸려고 하면 좋은 결과를 얻지 못한다. 관계에서 충분히 받지 못한다고 느껴지면, 우선 상대에게 주기보다는 스스로에게 더 많이 주려고 노력해야 한다. 배우자를 바꾸려고 애쓰기보다는 스스로 달라져야 한다. 내가 달라지면 상대의 다른 면이 보인다. 이때는 행동만 바꿔도 새로운 결과가 나오지만 감정을 바꾸면 더 극적인 변화가 일어난다. 이 책에서는 내 감정을 바꾸어 배우자에게 최선의 모습을 끌어내는 새로운 전략을 소개한다. 배우자에게 변화를 요구하지 않고 스스로 행복을 찾는 능력을 기르면 마음껏 베풀고 궁극적으로 많이 얻을 것이다.

배우자에게 변화를 요구하지 않고
스스로 행복을 찾으면 마음껏 주고도 행복해질 것이다.

갈등이 심한 부부는 각자 정당한 불평을 줄줄이 읊어댄다. 양쪽 모두 상대만 탓하고 자신의 잘못을 책임지지 않는다면 해법은 없다. 그런데 내 행복이 배우자에게 달려 있다면 배우자를 탓할 수밖에 없는 노릇이다. 테니스를 치듯이 서로 비난만 주고받는 부부 기분 좋은 데이트 경험을 쌓으면서 새로운 관계 기술을 적용해야 한다.

> 기분 좋은 데이트 경험을 쌓기로 마음을 정하면
> 새로운 기술을 마음껏 써먹을 수 있다.

관계 안에서 행복과 성취감을 얻으려면 먼저 각자의 삶에서 행복하고 만족해야 한다. 오직 배우자를 통해서만 자아를 실현하기란 현실적으로 불가능하다. 친구와 가족과 돈독한 관계를 유지하고, 규칙적으로 운동하고, 좋은 음식을 먹고, 의미 있는 일에 힘쓰고, 사회에 봉사하며, 재미와 오락, 교육과 성장, 영적인 헌신의 기회를 얻어 삶을 풍요롭게 가꿀 때 비로소 사랑하는 관계를 통해 더 행복해질 수 있다. 오늘날 사랑하는 관계를 오래 지속하려면 친밀한 관계에 대한 요구 이외의 다른 요구도 충족시키면서 행복을 찾아야 한다.

> 관계에서 만족하려면 먼저 배우자와 별개로
> 다른 요구들도 충족시켜 행복의 기준을 찾아야 한다.

흔히 바깥일에서 성공하면 사생활도 행복해질 거라고 생각하지만 현실은 그렇지 않다. 사생활에서 행복해지려면 사랑과 새로운 관계 기술이 필요하다. 외부의 성공만으로 충분하다면 성공한 사람들이 약물치료센터에 드나든다는 기사가 왜 타블로이드 신문을 도배하겠는가? 왜 그 많은 성공한 사람들이 이혼하거나 독신이거나 자녀들과 멀어지겠는가? 왜 부자들이 우울과 불안과 수면장애 같은 불행한 증상에서 면제되지 않겠는가?

행복해지기 위해 스스로 더 큰 책임을 떠안음으로써, 행복한 관계를 유지하는 데 필요한 개인적인 사랑과 개인적인 성공의 메시지를 전할 수 있다. 개인적인 사랑과 개인적인 성공을 표현하면서 더 친밀해지고 성취감도 더 커지는 경험은 직접 해보지 않으면 상상하기 어렵다. 아이스크림을 직접 먹어보지 않으면 얼마나 맛있는지 모른다. 오늘날 우리는 돈이나 물건을 많이 가지면 행복해질 거라는 현대사회의 최면에 걸려 길을 잃고 방황하며 사랑의 힘을 깨닫지 못한다.

> 직접 경험해보기 전에는
> 개인적인 사랑의 힘을 상상하기 어렵다.

내가 처음 개인적인 사랑의 힘과 가치를 깨달았던 때가 생각난다. 물론 나는 늘 아내를 사랑했지만 아내에게 개인적인 사랑을 주는 것이 얼마나 중요한지 실감하지 못했다. 아직 돈을 벌어 가족을 부양하고 그에 대한 보상으로 가족에게 사랑을 받는 데만 치중하던 때였다.

결혼한 지 6년 되던 어느 날 아내와 사랑을 나눈 후 내가 이렇게 말했다. "와, 굉장했어. 처음 했을 때만큼 좋았어."

예상외로 긴 침묵이 흐르고 아내 보니가 이렇게 말했다. "난 처음보다 더 좋은 것 같았는데."

그래서 내가 물었다. "그래? 왜 그렇게 생각해?"

아내는 이렇게 답했다. "우리가 처음 사랑을 나눴을 때도 좋았지만 그때는 서로를 잘 몰랐잖아. 6년을 같이 살면서 당신은 최고의 나와 최악의 나를 다 봤어. 그리고 아직 날 사랑해. 그래서 잠자리가 훨씬 더 좋아진 거야."

순간 나는 우리가 처음 잠자리를 갖고 6년이 지나면서 우리 사이에 친밀감이 쌓여서 잠자리가 더 좋아졌다는 걸 깨달았다. 내게는 중요한 깨달음이었다. 특히 남자에게 성관계는 상대를 깊이 사랑하기 위한 문과 같다. 시간이 흐르고 개인적인 사랑을 더 많이 표현하는 사이 친밀감이 깊어지면서 성관계는 여러 가지 사랑의 표현 중 하나가 된다. 독자들도 이 책에서 개인적인 사랑과 개인적인 성공에 대한 현대인의 욕구를 충족시키는 문제에 관한 새로운 통찰을 살펴보며 친밀감을 경험하는 방법은 다양하고 성관계는 그중 하나일 뿐이라는 사실을 깨달을 것이다.

결혼한 지 31년이 지난 지금 나는 더 깊고 친밀한 감정으로 아내를 사랑한다. 잠자리뿐만 아니라 가벼운 포옹과 애정 표현과 서로를 지지해주는 마음과 다정한 대화, 즐거운 외출과 자식이나 손자들과 보내는 시간에서도 사랑이 깊어진다. 이제 나는 성관계라는 문을 통해서만 아내에 대한 사랑을 확인하려 하지 않는다. 우리에게 잠자리는 사랑을 경험하고 나누는 여러 수단 중 하나가 되었다.

친밀감을 느끼는 방법은 다양하고
성관계는 그중 하나일 뿐이다.

6년이 지난 후 잠자리가 더 좋아졌다는 아내의 말에서 나는 성관계를 충만하게 만들어주는 것은 바로 사랑이라는 것을 깨달았다. 그날 나는 개인적인 사랑의 힘과 그 사랑이 주는 깊은 만족감을 얻었다. 아내가 육체적이거나 물질적인 지지 이상으로 나의 성품을 인정해준다는 걸 깨닫자, 나 스스로 사랑을 베푸는 능력뿐 아니라 돈을 버는 능력까지 인정하게 되었다.

이런 통찰이 생기면 남자의 마음이 더 열린다. 더 이상 자신의 소망을 버리고 아내와 가족을 부양하는 데만 힘쓰고 싶어 하지 않는다. 부부가 경제적 책임을 함께 나눔으로써 남자에게도 지갑의 힘만이 아니라 가슴의 힘을 발견할 여력이 생긴다. 이제는 남자도 그저 "일하는 사람"이 아니라 "존재하는 사람"이 된다.

남자는 여자가 개인적인 사랑을 인정해주면

화성남자와 금성여자를 넘어서 ♀

지갑의 힘뿐만 아니라 가슴의 힘도 발견한다.

요즘 남자들이 독신으로 사는 이유는 주로 배우자를 계속 행복하게 해줄 수 있을지 자신이 없어서다. 현대 여성들의 욕구를 채워줄 만큼의 능력을 스스로 깨닫지 못해서다. 현대인의 결혼생활에 맞는 새로운 기술을 배우지 못하면 열정이 식는다. 그래서 남자들은 아내를 행복하게 만들어주려는 노력을 그만두고, 여자들은 남편에게 의지해 사랑과 지지를 구하지 않는다.

남자들이 여자를 새롭게 이해하면 무엇을 해줄 수 있고 무엇을 해주지 못할지 알 수 있다. 그러면 남편이 아내의 행복을 온전히 책임지지 않게 되어 아내가 우울하거나 행복하지 않을 때 패배감에 시달리지 않는다. 남편이 해줄 수 있는 게 없을 때 "상황을 악화시키지 않으면서" 아내가 다시 사랑으로 돌아오는 길을 발견하도록 지지해줄 수 있다. 또 아내가 남편의 사랑에 마음이 열려 있다면 남편은 어떻게 하면 아내를 더 행복하게 해줄 수 있을지 알 수 있다.

사실 오늘날 여자들이 결혼하고 싶어 하지 않는 이유는 남자들에게 기대하는 것이 없어서다. 여자들은 여자친구에게서 얻을 수 없고 혼자서는 채울 수 없는 개인적인 사랑을 줄 남자를 간절히 만나고 싶어 한다. 그러나 그런 남자를 만날 가망이 없어 보이니 결혼을 포기하는 것이다. 하지만 이 책의 새로운 통찰을 이해하면 여자는 자신이 필요한 것을 얻어내기 위해 여성적 힘을 발휘할 수 있고, 남자는 여자의 요구를 들어주면서 그에 대한 보상으로 자신에게 필요한 것을 얻어내는 내면의 힘을 발견할 수 있다.

지미 헨드릭스가 남긴 자주 인용되는 말이 있다. "사랑의 힘이 힘에 대한 사랑을 이길 때 세상에 평화가 온다." 나는 가정에서 사랑의 힘을 발견하고 키우려고 노력하는 사람들이 우리 시대의 영웅이라고 생각한다.

> 사랑의 힘이 힘에 대한 사랑을 이길 때
> 세상에 평화가 온다.

자존심을 버리고 사랑을 갈구하느니 차라리 폭탄을 떨어뜨리는 편이 훨씬 쉬울 수 있다. 실연의 아픔을 겪지 않으려고 사랑을 피하는 것이 훨씬 쉬울 수 있다. 하지만 실수하더라도 끊임없이 시도하는 사람이야말로 세상 누구보다 고귀한 사람이고 더 큰 사랑과 지지를 받아 마땅한 사람이다.

요즘은 누구나 삶에서든 관계에서든 더 많은 것을 원한다.

다행히 더 많이 **얻을 수 있다.** 우선 더 많이 얻기 위한 방법을 배워야 한다.

CHAPTER 1

화성과
금성을
넘어서

가지 주요 요인을 정리했다. 다만 복잡한 현대사회에서는 여자들이 전통적인 남자의 역할을 떠맡기 시작하면서 갖가지 화성인의 성향을 발산한다. 남자들도 집에서 전통적으로 여자들이 맡던 역할을 함께 나누기 시작하면서 금성인의 성향을 드러낸다. 다음 표에서 각자의 성향은 어느 쪽에 가까운지 알아보라. 당신이나 배우자는 어떤 면에서 화성인이거나 금성인인가?

남자와 여자는 이렇게 변함없이 화성인과 금성인의 성향을 드러내지만 시대가 변하면서 남성성을 드러내는 여자도 많아지고 여성성을 드러내는 남자도 많아졌다. 그래서 표에서는 화성인과 금성인의 '성향'만 소개했다. 이런 성향이 개인마다 다르게 조합된다. 옳은 조합도, 그른 조합도 없다.

관계의 성격에 따라 표와는 반대로 여자가 화성에서 오고 남자가 금성에서 온 것처럼 보일 수도 있다. 물론 남자가 화성에서 오고 여자가 금성에서 온 것처럼 보일 수도 있다.

어느 쪽이든 차이를 알면 서로 다른 성향을 드러낼 때 준비된 자세로 대처할 수 있다. 이 책에서는 남녀의 성향이 어떻게 달라졌고 개인마다 얼마나 다른지 알아보고 각자가 어느 쪽 성향에 얼마나 공감하든 모두에게 관계에 도움이 되는 새로운 통찰을 소개하겠다.

역할의 변화

반대 성_{gender}의 성향을 드러내는 사람이 증가하는 현상은 바람직
하다. 사회의 기대에서 벗어나 진정한 자기로 살아갈 수 있게 되
었다는 뜻이기 때문이다. 하지만 전통적인 화성인과 금성인의 역
할을 벗어던지고 그 나름의 제약이 있는 다른 역할을 족쇄처럼 차
는 경우가 종종 있다.

> 전통적인 화성인과 금성인의 역할을 벗어던지고
> 그 나름의 제약이 있는 다른 역할을
> 족쇄처럼 차는 경우가 종종 있다.

요즘은 여자들이 남성성에 치우쳐 스트레스가 심하다거나 지
친다거나 우울하다거나 삶의 여유가 없다고 불평한다.

조앤은 대형 법률회사의 변호사다. 과중한 업무에 시달리고 집에
와서도 편히 쉴 수가 없다. 남편 잭보다 조앤의 수입이 많아서 남편
이 파트타임으로 일하며 집에서 아이들을 돌보기로 했다. 부부는
서로 사랑하고 힘이 되어주지만 여느 부부처럼 서로에게 열정을 느
끼지 못한다.
조앤은 남녀의 차이가 중요하지 않다고 믿었다. 어느 작은 파티에

서 조앤을 만난 날 나는 새 책을 쓰고 있다고 말했다.

조앤이 이렇게 말했다. "《화성에서 온 남자, 금성에서 온 여자》는 솔직히 전혀 공감이 안 가요. 남자랑 여자가 그렇게 다르다고 생각하지 않거든요."

잭은 이렇게 말했다. "전 그 책 얘기가 맞는 것 같던데요. 제목만 《화성에서 온 여자, 금성에서 온 남자》로 바꾸면 딱 우리 부부 얘기거든요. 우리 부부는 달라도 너무 달라요!"

나중에 나는 잭과 따로 만나 이렇게 물었다. "선생하고 부인이 어떻게 다른데요?"

잭은 웃으면서 이렇게 답했다.

"다른 점이 수백 가지는 될걸요. 《화성에서 온 남자, 금성에서 온 여자》를 읽어보면 제 아내는 분명 화성에서 왔어요. 선생님 책에서는 여자가 말을 더 많이 하고 싶어 한다고 했지만, 제 아내는 집에 와서도 일하느라 바빠 말할 새도 없고 대화를 나누더라도 꼭 해결책을 원해요. 하루를 어떻게 보냈는지 함께 나누고 싶어 하질 않아요. 오히려 제 쪽에서 말하고 싶어 해요. 하루를 어떻게 보냈는지 말하고 싶은데 막상 말을 꺼내려고 하면 아내는 묵묵히 들어주지 못하고 성급히 해결책을 꺼내요. 가만히 들어주지를 않아요. 제가 기분이 어떻다고 하면 그게 잘못된 거래요.

사랑이나 애정이나 포옹 따위는 관심도 없어요. 집에 있을 때는 거의 자기 동굴로 들어가 뉴스를 보거나 인터넷으로 일해요. 부부만의 시간을 거의 갖지 못하는데도 아내는 별로 신경 쓰지도 않고요. 오늘도 제가 고집을 부려서 데리고 나오지 않았으면 이렇게 파티에도 오지 않았을 거예요. 둘만의 시간을 만드는 게 무슨 이 뽑는 것처럼 힘들다니까요."

조앤과 잭 부부에게는 역할의 변화가 극단적으로 일어났지만 요즘은 이런 식의 역할과 욕구의 변화를 흔히 볼 수 있다. 현대인은 낡은 사회적 기대를 버리고 자기나 장래의 배우자에게서 남성성과 여성성을 모두 수용할 수 있다. 남자들은 밖에서 사회생활을 하는 여자들을 더 높이 사고, 여자들은 돈 버는 데만 몰두하는 게 아니라 아내의 마음도 알아주고 자녀 양육에 시간을 할애하고 부부 관계에 충실한 남자들을 더 높이 산다.

> 현대인들은 낡은 사회적 기대를 버리고
> 자기나 장래의 배우자에게서
> 남성성과 여성성을 모두 수용할 수 있다.

새로운 변화에 열린 사람은 남녀를 막론하고 경제적 욕구, 나이, 관계 상태, 개인의 취향에 따라 반대 성의 역할을 유연하게 떠맡는다. 여자가 전통적으로 남성의 역할로 여겨지던 역할을 맡아 남성성을 발산하면 실제로 뇌의 일부에 변화가 일어나고 몸에서

화성남자와 금성여자를 넘어서 ♀

분비되는 호르몬도 달라진다. 지난 10년간의 뇌 가소성 연구에서 하루 종일 하는 일의 유형에 따라 뇌가 변형되고 몸에서도 다른 종류의 호르몬이 분비되는 것으로 밝혀졌다.

전통적으로 남성적인 직업은 대부분 남성 호르몬을 더 많이 자극한다. 건설현장에서 일하거나 법정에서 의뢰인을 변호하는 일은 남녀 모두에게 높은 수준의 테스토스테론을 분비시키는 반면, 유치원에서 아이들을 가르치거나 환자를 돌보는 일은 에스트로겐을 더 많이 분비시킨다. 남성적인 역할을 맡은 여자들이 집에서도 《화성에서 온 남자, 금성에서 온 여자》에서 말하는 화성인의 성향을 드러내는 이유는 남성적인 역할이 남성 호르몬을 자극하고 여성 호르몬을 덜 분비시키기 때문이다. 전통적으로 여성의 것으로 여겨지던 역할을 맡은 남자도 금성인 성향을 더 많이 드러낼 수 있다.

여자가 전통적으로 남자의 일로 여겨지던 직업에 종사할 때는 집에서 여성성을 드러내 남성 호르몬과 여성 호르몬의 균형을 찾아야 한다. 호르몬 균형이 깨지면 권태와 불만, 공감과 불안이 심해진다. 그러나 온종일 남성성을 표출하며 일하고도 집에 돌아와서는 여성성을 느끼고 수용하고 표현할 수 있다면 스트레스가 줄어든다.

마찬가지로 남자가 직장에서 남을 돌보는 일을 많이 한다면 연인이나 부부 관계에서는 화성인의 특성을 되찾고 표현해야 한다.

부부가 연애 감정을 잃어버리는 주된 이유는 남성성과 여성성의 균형을 찾기 위한 통찰과 새로운 기술을 터득하지 못하기 때문이다. 남편이 남성성을 억압하거나 아내가 여성성을 억누르면 부부 사이에 권태나 불안이 싹트고 열정은 식는다. 남편이 여리거나 감정적이 되고 아내가 거칠거나 무심해진다. 남편은 집에서 활력이 떨어지고 아내는 감당하기 힘들 만큼 일이 많다는 부담감에 짓눌린다. 이 책에서는 억압의 다양한 증상과 함께 건강한 균형을 찾기 위한 새로운 통찰과 전략을 살펴볼 것이다.

균형을 찾아 열정 유지하기

균형을 찾는 데 가장 큰 걸림돌은 누구나 자연스럽게 남성성과 여성성의 균형을 찾을 수 있는 것도, 또 균형을 찾는다고 당장 기분이 좋아지는 것도 아니라는 점이다. 누구나 자연스럽게 남성성과 여성성의 균형을 찾게 되는 것이 아니라 의지를 갖고 노력해야 한다.

조앤은 하루 일을 마치고 집에 돌아오면 화성인의 성향대로 자기만의 동굴로 들어가고 싶어 하지만 남편 잭은 금성인의 성향대로 아내와 소통하고 싶어 한다. 이처럼 자연스런 성향대로 살아야 기분이 좋아질 것 같지만, 그러면 역효과가 나타나고 부부 사이의 열정이 식을 가능성이 크다.

> 누구나 자연스럽게 남성성과 여성성의
> 균형을 찾을 수 있는 것도, 균형을 찾는다고 해서
> 당장 기분이 좋아지는 것도 아니다.

종일 밖에서 일하고 돌아온 잭과 조앤은 자연히 기분이 좋아지는 행동을 찾는다. 하지만 기분이 좋아지거나 자연스러운 성향대로 행동한다고 바람직한 것은 아니다. 가령 쇼핑하러 가면 기분이 좋아질 수 있지만 사고 싶은 물건을 살 형편이 못 되면 부작용이 생긴다. 부부싸움을 하면서 고래고래 악을 쓰면 분이 풀릴 것 같지만 그래봐야 풀리지 않는다. 또 상대가 불만을 터뜨릴 때 내 불만으로 받아치면 당장은 기분이 나아질 수 있지만, 그렇다고 불만이 해소되는 것은 아니다.

누구나 자기도 모르게 관계를 더 악화시키는 행동을 한다. 관계를 풀어갈 대안도 없이 자기도 모르게 과거의 잘못된 행동을 되풀이한다. 딱히 관계에 도움이 된다고 생각해서가 아니라 무의식중에 나오는 행동이거나 당장 기분이 좋아지기 위해 하는 행동이다.

> 상대가 불만을 터뜨릴 때
> 내 불만으로 받아치면 기분이 나아질 수 있지만,
> 그렇다고 불만이 해소되는 것은 아니다.

몸에 좋은 음식도 있고, 맛은 있지만 몸에는 좋지 않은 음식도 있다. 쿠키를 먹으면 혈당이 올라간다. 쿠키를 먹으면 기분이 좋아지기 때문에 하나 먹고 두 개째 먹지 않으려면 애써 참아야 한다. 쿠키를 하나씩 더 먹을 때마다 혈당의 균형이 점점 더 깨진다. 기분이 좋아지는 행동이라고 해서 항상 옳은 방법은 아니라는 뜻이다.

여자가 지나치게 남성성으로 치우쳐 있다면, 우선 균형이 깨진 상태를 알아채고 균형을 되찾기 위해 보완해야 할 여성성이 무엇인지 파악해야 한다. 남성성과 여성성의 어떤 면을 보완할지 명확히 알아내지 못하면 균형을 찾는 일이 거의 불가능해진다. (뒤에서 남자와 여자가 내면의 균형을 찾는 데 도움이 될 만한 일반적인 남성적 특징과 여성적 특징 열두 가지를 알아보겠다.)

조앤은 퇴근하고 집에 와서 계속 일에 매달리거나 자기만의 동굴로 숨어들어 휴식을 취하면서 그날의 문제를 잊어버리려 한다. 그러나 조앤이 모르는 게 있다. 남편과 감정을 나누고 소통하기 위한 새로운 기술을 익히면 더 편하게 쉴 수 있고 직장에서의 업무 스트레스도 떨쳐낼 수 있다는 점이다.

잭도 아내와 비슷한 난관에 부딪혔다. 남자가 하루 종일 남성성을 억누르고 일해야 한다면 가정에서는 균형을 되찾아야 한다. 잭은 하루 일을 마치고 남성성을 회복해야 한다. 온종일 아이들을 돌보고 나면 아내와 감정을 나누면서 소통하고 싶겠지만, 사실은 일단 자기만의 동굴 시간을 보낸 후 자기 얘기를 많이 하기보다는

화성남자와 금성여자를 넘어서 ♀

전통적인 관계에서는 남편이 직장에서 일하며 여성성을 억압하기 쉽다. 마찬가지로 집에서 자녀 양육을 책임지는 아내는 남성성을 억압하기 쉽다. 남자든 여자든 진정한 자기를 억압하면 열정을 오래 간직하지 못한다.

다행히 남자와 여자에 대한 기대가 변하면서 각자에게 맞게 균형을 찾기가 훨씬 수월해졌다. 예를 들어 요즘은 남편 월급으로 살면서 자녀를 돌보는 가정주부들이 내면의 남성성을 표출할 수 있는 파트타임 일자리를 구한다. 이렇게 밖에 나가 일하면 더 행복해진다. 마찬가지로 가족의 생계를 책임지는 가장이지만 일을 조금 줄이고 여가 시간을 늘려서 자녀 양육에 더 많이 참여하는 남자들도 늘어났다.

이런 변화 덕분에 우리는 자유롭게 살면서 삶의 균형을 찾을 수 있다. 작가이자 사람들에게 영감을 불어넣는 강연자인 내 친구 바버라 막스 허버드는 변화하는 역할에 대처하면서 나이가 들수록 더 현명해졌다. 바버라는 내게 이렇게 말했다. "애들을 다 키워 놓고 보니까 문득 십대 소년처럼 기운이 펄펄 나고 세상에 중요한 일을 하고 싶어졌어요. 직업적으로 한창 끓어오른 상태였어요."

바버라는 아이들의 엄마로서 여성성을 다 발휘한 후 강연자로 승승장구하며 남성성을 더 많이 표출하면서도 여전히 남을 보살피는 여성성을 잃지 않았다. 덕분에 변함없이 행복하고 충만하게 살아간다.

하지만 새로운 시대의 변화로 인해 자신의 일면을 억압하기도 한다. 남자들은 '은퇴 나이'가 되면 매일 하던 의미 있는 일을 중단하고 오로지 즐기고 쉬는 데만 몰두한다. 그러면 남성성이 억압되어 스트레스가 심해진다. 은퇴하고 나서 평생 피하고 싶어 한 스트레스 상태로 돌아가는 셈이다! 이렇게 스트레스가 점점 심해지면 심각한 결과를 초래할 수 있다. 은퇴 후 3년 내에 심장질환 위험이 치솟는다.

새로운 역할을 맡으면서 달라지는 욕구를 이해해야 한다. 더불어 배우자의 욕구가 자신의 욕구와 어떻게 다른지도 알아야 한다. 배우자에게 적절한 사랑과 지지를 보내면 균형을 찾는 데 도움이 될 수 있다. 《화성남자와 금성여자를 넘어서》에서는 배우자를 지지하면서도 균형을 찾는 법을 소개한다.

새로운 가능성

앞으로 이 책에서는 남자든 여자든 전통적인 관계의 제약을 벗어날 때 생기는 새로운 문제와 가능성을 알아볼 것이다. 요즘은 내면의 여성성과 남성성을 잘 들여다보기만 하면 사랑과 성공과 행복을 원하는 만큼 끌어올릴 수 있다.

배우자와 자신이 많이 달라서 관계를 잘 풀어가지 못할 거라고 생각하는 사람이 많다. 각자 다른 성향을 긍정적으로 바라보면 서로를 이해하고 사랑과 지지를 나누는 새로운 전략을 찾을 수 있다.

인간은 저마다 다르다. 그래서 더 서로에게 끌리는 것이다. 상호 보완적이고 정반대인 성향이 서로를 끌어당긴다. 이것은 화학의 기초다. 우리는 서로를 필요로 한다. 누구나 서로에게, 혹은 세상에 기여할 특별한 무언가를 가지고 있다. 우리가 당연하게 생각하는 어떤 면이 누군가에게는 특별한 도움이 될 수도 있다.

> 우리가 당연하게 생각하는 어떤 면이
> 누군가에게는 특별한 도움이 될 수도 있다.

스스로 남성성과 여성성이 균형을 이루는 지점을 알면 내가 누구인지 명료하게 표현할 수 있고, 내게 필요한 구체적인 지지를 새로운 관점에서 얻어낼 수 있다. 그러면 더 행복해질 뿐 아니라 훌륭한 배우자가 될 것이다.

CHAPTER 2

역할을 나누는 관계에서
마음을 나누는 관계로

나는 세미나에서 종종 이렇게 묻는다. "부모
님이 아직 이혼하지 않은 분 계십니까?"

보통 절반쯤 손을 든다.

이어서 이렇게 묻는다. "스스로 부모님보다 대화나 관계 기술이
뛰어나다고 생각하시는 분 있습니까?"

거의 다 손을 든다.

그러면 또 이렇게 묻는다. "다들 그렇게 잘하시는데 왜 부부 관
계는 더 어려워졌을까요? 왜 혼자 사는 사람들이 더 많아졌을까
요? 왜 그렇게 이혼을 많이 할까요?"

두 가지로 답할 수 있다. 지난 반세기 동안 세상은 스트레스가
급격히 심해지는 방향으로 변화했다. 관계에서 바라는 것도 달라
졌다. 오늘날 대화와 관계 기술은 부모 세대보다 나아졌음에도 관
계는 여전히 새로운 측면에서 스트레스를 받고 난관은 훨씬 커졌

다. 요즘 사람들은 새로운 유형의 관계를 맺기 시작한 지 오래다. 서로에 대한 기대가 크고, 기대를 채워줄 방법을 몰라 실망도 크다.

> 오늘날의 남녀는 서로에 대한 기대가 크고,
> 기대를 채워줄 방법을 몰라 실망도 크다.

부모나 조부모 세대에는 배우자가 자기 역할에만 충실하면 거의 만족하고 살았다. 이를 '역할을 나누는 관계 Role Mate Relationship'라고 한다. 하지만 요즘은 자기의 진짜 모습을 마음껏 드러낼 수 있는 관계를 통해 정서적 충만감을 느끼고 싶어 한다. 이를 '마음을 나누는 관계 Soul Mate Relationship'라고 한다.

> 마음을 나누는 관계에서는
> 자기의 진짜 모습을 마음껏 드러낼 수 있다.

부부가 세상이 변화하면서 커가는 스트레스를 줄이는 가장 효과적인 방법은 마음을 나누는 관계를 다지는 것이다. 마음을 나누는 관계를 통해 점차 늘어가는 스트레스를 극복하는 사이, 역할을 나누는 관계보다 더 강렬한 사랑과 충만감을 느낄 수 있다. 새로운 현실에서 발생하는 갖가지 문제와 마주할 준비가 되면 어떤 어려움 앞에서도 더 강인하고 현명해질 것이다.

역할을 나누는 관계

역할을 나누는 관계에서는 성 역할로 나누어 남자는 가족을 부양하고 여자는 가정을 돌본다. 이런 관계의 주된 목적은 남녀의 역할을 분리하여 부족이나 사회를 비롯해 가정의 생존과 안전을 보장하는 데 있었다. 한마디로 배우자는 역할을 충실히 이행할 능력이 있는지를 보고 정했지, 연애 감정으로 정하지 않았다.

셰익스피어의 로미오와 줄리엣이 낭만적 사랑의 상징이 된 이유는, 사실 그들이 결혼하자마자 죽었기 때문이다. 두 사람이 계속 살았다면 그 시대의 여느 부부들처럼 서로에 대한 열정이 식은 채 결혼생활을 이어갔을지도 모른다. 부부 사이에 역할을 나누는 관계가 굳어져 처음 만난 순간의 설렘을 잊었을 것이다.

현대사회에서 마음을 나누는 관계를 위한 새로운 기술을 배우지 못하면 로미오와 줄리엣의 시대처럼 열정이 식어버릴 것이다. 하지만 진짜 자기를 온전히 보여주면서 정서적 지지를 받는다면 우리는 연애 초기의 설레던 감정을 평생 간직할 수 있다.

> 로미오와 줄리엣이 낭만적 사랑의 상징이 된 이유는,
> 사실 그들이 결혼하자마자 죽었기 때문이다.

로미오와 줄리엣이 짧은 사랑을 나누었던 16세기의 사람들은

연애 감정이나 도취된 사랑을 일시적인 감정이자 하찮은 것으로 여겼다. 부모가 자식의 배우자를 정해주던 시대였다. 중매결혼은 세계 각지에서 18세기 이전까지 일반적인 결혼 형태였고, 지금도 일부 국가에서 흔히 볼 수 있다. 중매결혼에서 배우자를 정하는 중요한 기준은 낭만적인 사랑이 아니라 실질적인 자질이다. 시대와 지역을 막론하고 역할을 나누는 배우자를 정하는 기준은 거의 같다. 다음은 사랑보다 중요하게 여겨지는 일반적인 것들이다.

1. 여자의 젊음, 처녀성, 자식을 낳는 능력
2. 남자의 신체적 힘과 키
3. 정신적, 정서적, 육체적 건강
4. 재산
5. 집안의 사회적 지위
6. 동일 인종
7. 동일 종교
8. 부모의 찬성

역할을 나누는 관계는 사회에 도움이 되지만 개인은 주어진 역할에 맞지 않는 자신의 일면을 억압해야 하기 때문에 관계 안에서 만족하지 못했다. 남자는 집에서 자녀를 돌보거나 보수는 적어도 성취감을 느낄 수 있는 직업을 선택하고 싶어도 가족을 부양해야 한다는 책임감에 원하는 대로 살지 못했다. 여자도 지적인 일을 하거나 밖으로 나가 야망을 좇고 싶어도 욕망을 삭이고 가족을 건사하는 데 힘써야 했다.

요즘은 이런 식으로 자기를 억압하는 삶의 자세가 인정받지 못한다. 지난 200년 동안, 그중에서도 지난 50년 동안 세상이 많이 달라졌다. 여자도 경제적으로 독립하고 교육을 받고 자립하는 시대가 되면서 남녀를 막론하고 배우자를 고르는 요건이 달라졌다.

여자들은 이제 남편에게만 의지하여 생존과 안전의 욕구를 해결하지 않아도 된다. 자유롭게 꿈꾸고 마음대로 행동할 수 있다. 결혼생활이 안 풀리면 이혼하기도 수월해졌다. 1969년 한 해 동안 미국의 이혼율이 10퍼센트에서 50퍼센트로 급증했다. 이혼율이 급증한 이유가 있었다. 1969년에 쌍방 책임을 묻지 않는 이혼^{No-fault divorce} 정책이 시행되었을 뿐 아니라 여자들이 이미 경제적으로 독립한 터라 스스로 생계를 책임질 수 있었기 때문이다.

여자들에게 남자의 신체적 힘이나 체격, 사회적 지위나 재산은 더 이상 배우자 선정의 주된 결정 요인이 아니다. 여전히 배우자를 선택하는 기준이긴 하지만 이제는 낭만적 사랑도 중요해졌다. 결혼의 결정적인 요인은 '사랑에 빠지는 것'이다. 여자들은 특히 새로운 정서적 지지를 보내줄 수 있는 배우자를 찾는다. 남자들이 배우자를 고르는 요건도 달라졌다. 집안일을 잘하는 능력은 더 이상 결혼 상대를 고르는 중요한 요건이 아니다. 오늘날 남자들은 여자를

볼 때 요리하고 청소하는 능력이나 인종, 종교, 사회적 지위보다는
그녀가 자신에게 어떤 느낌을 주는지를 더 중시한다.

> 오늘날 남자들은 여자를 볼 때
> 요리하고 청소하는 능력이나 인종, 종교, 사회적 지위보다는
> 그 여자가 자신에게 어떤 느낌을 주는지를 더 중시한다.

남자는 혼자서 가계를 책임지는 부담을 벗고 자유롭게 꿈을 좇
거나, 적어도 열심히 일해서 돈을 버는 삶과 자신의 충만감을 누
리는 데 시간을 골고루 투자해서 삶의 균형을 이루려 한다. 자신
의 정서적 욕구를 희생해서 아내와 가정을 부양하는 부담을 떠안
으려 하지 않을 뿐 아니라, 그렇게 하라고 강요하는 사회적 압력
도 밀쳐낸다. 이전 세대와 달리 사랑과 여가와 자녀 양육에 관여
하고 싶은 욕구를 느낄 만큼 여유롭다.

> 오늘날 남자는 자유롭게 꿈을 좇고 삶을 더 많이 즐긴다.

1960년대에 다양하고 저렴하게 피임할 수 있는 방법이 나오면
서 성 혁명이 일어났다. 사람들은 자유로이 성욕을 충족시키면서
아이를 낳고 결혼하는 시기를 미루었다. 피임이 어렵던 시대에는
여자가 임신하면 남자는 의무적으로 그 여자와 결혼해야 하고, 여

화성남자와 금성여자를 넘어서 ♀

자는 또 남자에게 생계를 의지해야 했다. 속도위반 결혼이 다반사였고, 사회규범상 성관계를 가지려면 일단 결혼부터 해야 했다.

이제는 사회적으로 결혼 전의 성관계를 보는 시선이 크게 달라지면서, 남자든 여자든 교육이나 직업에 시간을 더 많이 투자할 수 있게 되었다. 또 정서적으로 충만감을 안겨줄 배우자를 찾는 데도 시간을 더 들일 수 있게 되었다.

요즘은 남자든 여자든 가족의 생존과 안전을 어느 한 사람이 떠안지 않으므로 자유롭게 더 높은 수준의 욕구를 느낄 수 있다. 이를테면 정서적 지지를 받으며 진짜 자기를 마음껏 표현하고 싶어 한다. 얄궂게도 남자와 여자가 물질적으로 서로에게 덜 의지하면서, 정서적 지지와 개인적 충만감을 위해 남녀는 서로에게 더 많이 의지하게 되었다.

> 남자든 여자든 욕구 수준이 높아졌다.
> 정서적 지지를 받으며
> 진짜 자기를 마음껏 표현하고 싶어 한다.

심리학자 에이브러햄 매슬로 Abraham Maslow는 1943년에 인간의 욕구에는 위계가 있다는 개념을 만들어 널리 알렸다. 매슬로의 이론에 따르면 특정 시기에는 특정 욕구가 지배한다. 우선 온기, 주거지, 음식, 안전의 기본적인 욕구가 충족되어야 사랑과 정서적 충만감 같은 높은 수준의 욕구를 온전히 느끼거나 알아챌 수 있다. 요즘은 남자든 여자든 기본적인 욕구를 해결하기 위해 서로에게 의지할 필요가 없어져 높은 수준의 욕구에 관심이 많아졌다. 그리고 높은 수준의 욕구를 충족시키려는 노력이 현대의 관계를 원만히 유지하기 위한 1차적인 요건이 되었다.

이제는 여자가 남자에게 음식이나 안전을 보장받을 필요가 없으므로, 정서적 충만감, 사랑, 자기표현과 같은 높은 수준의 욕구에 관심을 갖고 새로운 소망과 욕구와 동기도 느낀다. 마찬가지로 남자도 이제 혼자서 가족의 생계를 책임지지 않아도 되므로, 정서적 충만감과 사랑과 자기표현 같은 고차원적 욕구를 느끼기 시작한다. 고차원적 욕구를 기준으로 배우자를 고를 뿐 아니라 결혼생활을 유지하기 위한 이러저런 선택을 내린다. 오늘날의 부부들은 안전하고 안정된 관계를 지키는 데 만족하지 않는다. 그러나 그 이상을 원하면서도 어떻게 해야 원하는 것을 얻을지 알아내지 못했다.

현대의 편의와 새로운 기회 덕분에 누구나 자립할 수 있게 되면서, 역할을 나누는 관계에 대한 의존도가 줄어들고 마음을 나누는 관계를 위한 요건이 부각되었다. 진지하고 오래 가는 사랑, 연애 감정, 정서적 지지, 원활한 소통이 무엇보다 중요해졌다.

> 새로운 기회 덕분에 누구나 자립할 수 있게 되면서,
> 마음을 나누는 관계를 위한 요건이 부각되었다.

마음을 나누는 관계

남자든 여자든 관계 안에서 새로운 차원의 충만감을 찾으려 한다. 마음을 나누는 관계를 원하는 것이다. 오늘날 부부들은 사랑에 빠지고 계속 사랑하고 싶어 한다. 물질적 욕구만 함께 해결하는 관계로는 부족하다. 역할을 나누는 관계의 한계를 넘어 높은 차원의 정서적 친밀감과 진정한 자기표현의 욕구를 채워줄 수 있는 관계를 원한다.

> 오늘날의 부부들은 사랑에 빠지고
> 계속 사랑하고 싶어 한다.

사랑의 감정과 사랑의 표현은 배우자를 선택하고 관계를 지속하는 데 결정적인 요인이 되었다. 마찬가지로, 부모나 조부모 세대에 비해 정서적 불만족이 관계를 끝내는 일반적인 이유가 되는 경우가 많아졌다. 몇 가지 예를 보자.

캐럴은 남편과 이혼하고 싶어 한다.
"저는 계속 퍼주기만 하고 돌아오는 게 없어요."
캐럴을 상담하던 나는 이렇게 물었다.
"뭐가 돌아오지 않는다는 거죠? 좀 더 알아듣기 쉽게 말해줘요."

그러자 캐럴이 말했다.

"그이는 이제 애정이 없어요. 제가 어떻게 지내는지, 어떤 기분인지 도통 관심이 없어서 무척 실망스러워요. 다 변했어요. 연애 감정 따위는 사라져버렸고요. 전 아직 그이를 사랑하지만 그이한테 사랑받지 못해요. 처음부터 이랬던 건 아니에요. 요즘은 그냥 룸메이트처럼 각자 할 일 하며 같은 집에서 살 뿐이죠. 전 더 나은 삶을 원해요. 사랑받고 인정받고 싶다고요."

캐럴은 남편이 역할을 나누는 관계의 배우자 노릇을 제대로 못한다고 불평하는 게 아니다. 사실 남편은 제 역할을 다 해왔다. 캐럴이 불행한 이유는 정서적 욕구가 충족되지 않아서였다. 남편이 더 다정하게 대해주고 관심을 가져주길 바란다. 서로 연결된 느낌을 받고 싶고, 남편에게 특별한 사람이 되고 싶고, 사랑에 빠지고 싶어 한다.

톰도 아내와 이혼하고 싶어 한다. "아무리 애써도 아내가 행복해하지 않아요. 아내가 스트레스를 많이 받은 날은 저도 집에 있으면 기분이 좋지 않아요."

나는 톰의 상담가로서 이렇게 물었다. "왜 기분이 좋지 않습니까? 당신에게 부인의 행복이 그렇게 중요한 이유를 말해봐요."

톰은 이렇게 답했다.

화성남자와 금성여자를 넘어서 ♀

"아내는 기분이 좋으면 다 좋아요. 하지만 기분이 나빠지면 저를 무슨 골칫거리처럼 쳐다봐요. 전 행복하게 살고 싶고 제가 제 역할을 못해낸다는 눈총을 받고 싶지 않아요. 전에는 퇴근하고 집에서 만나면 아내가 정말로 행복해했어요. 제가 아내의 삶에 변화를 주어 기뻤고요. 인정받고 사랑받는 느낌이 들었어요. 이제는 아내가 늘 힘들어 보여요. 예전엔 같이 있는 게 정말 좋았는데 다 변했어요. 침대 밖에서도 침대에서도."

"침대에서는 어떻게 달라졌는데요?"

"제가 잠자리를 갖고 싶어 하면 대부분 응해주긴 하는데 좋아서라기보다 마지못해 받아주는 느낌이에요."

"성생활이 어떻게 달라졌습니까?"

"뻔하고 지루해요. 근사한 성생활을 포기하고 살고 싶진 않아요. 열정이 식어버린 결혼생활을 계속 이어가고 싶진 않아요. 서로 사랑하고 연결된 느낌을 받고 싶어요. 처음처럼."

톰은 아내가 훌륭한 주부가 되거나 음식을 잘하거나 자녀에게 좋은 엄마가 되어주기를 기대하는 것이 아니다. 이들 부부는 함께 음식을 만들고 청소하고 자녀를 돌본다. 톰이 실망한 이유는 정서적으로 만족하지 못해서다. 그리고 원인은 아내가 정서적으로 만족하지 못한 데 있다.

부인이 성욕만 해결해주면 만족하던 아버지 세대와 달리, 톰은 아내가 자기와 함께 있어서 즐겁고 처음 만났을 때처럼 성생활을 즐기기를 바란다.

톰과 캐럴은 전통적인 화성인과 금성인 역할을 넘어선 부부에게 나타나는 일반적 문제를 보여준다. 이들은 열정을 계속 이어가고 싶지만 처음의 낭만적 사랑을 지속할 방법을 배운 적이 없다.

현대의 문제들

오늘날 우리는 새로운 욕구와 기대를 충족시켜 사랑과 열정을 오래 유지하는 방법을 배우는 동시에, 현대의 스트레스가 관계에 미치는 부정적인 영향을 최소로 줄이는 법도 배워야 한다.

지난 50년 동안 삶은 더 복잡해지고 스트레스는 더 심해졌다. 노동 시간이 길어지고 출퇴근길은 더 피곤해지고 도로의 교통량도 늘어났다. 건강보험료와 집세와 식비가 오르고 신용카드 빚도 늘어났다. 맞벌이 가정에서는 일과 육아의 책임을 함께 나눈다. 그밖에도 빠르게 변화하는 현대인의 삶에는 온갖 스트레스 요인이 도사린다. 현대인들은 그 어느 때보다 절실히 서로를 지지하고 스스로 힘을 낼 방법을 배워야 한다.

인터넷과 휴대전화처럼 사람들을 서로 연결해주는 새로운 기술이 출현했음에도, 정보는 넘치게 많고 24시간 내내 연결되어 있어 엽서를 보내는 식의 소통은 크게 감소했다. 남자든 여자든 역량을 최대한 끌어내야 하기 때문에 개인 생활에 에너지를 쏟을 여력이 없다. 독립심도 커지고 직장에서 성공할 가능성도 커지면서, 퇴근하고 집에 돌아오면 고립감에 사로잡히거나 녹초가 된다.

> 독립심도 커지고 직장에서 성공할 가능성도 커지면서,
> 퇴근하고 집에 돌아오면
> 고립감에 사로잡히거나 녹초가 된다.

남녀 모두 전례 없이 심한 스트레스에 시달리다보니 낭만적 사랑도 시들해지고 직장생활에도 제약을 느낀다. 독신이든 부부든 바쁘고 피곤해서 이성에게 매력을 느끼거나 마음이 동하거나 사랑을 느끼는 상태를 오래 지속하지 못한다. 날마다 스트레스에 짓눌린 채 활력과 인내심을 잃고, 지치거나 압도된 나머지 집에서 배우자와 함께하는 시간을 즐기며 서로에게 힘이 되어주지 못하고, 직장 동료들과 고객들에게 최선의 지지를 보내지도 못한다.

> 스트레스 때문에 집에서의 문제가 더 커진다.

요즘은 다들 바쁘게 사느라 날마다 관계에서 충만감을 느끼는 능력을 갉아먹는 선택을 하면서도 현실을 깨닫지 못한다. 남자는

가족을 부양하기 위해 최선을 다해 돈을 벌지만, 집에 오면 이미 진이 다 빠져 가족에게 힘이 되어주기는커녕 가족과 대화를 나눌 기력조차 없다. 여자도 온종일 밖에서 일하고 집에 와 남편에게 필요한 지지를 보낸다. 그러나 남편이 그만큼 돌려주지 않으면 억울한 생각이 들어 마음을 닫아버린다.

　남자든 여자든 스트레스를 받으면 왜 그렇게 열심히 일하는지 잊는다. 사랑하는 가족을 부양하고 보살피기 위해 열심히 일한다는 사실을 망각한다. 배우자를 사랑하면서도 더 이상 배우자와 사랑에 빠지지는 않는다.

바쁘고 지친 세상

나는 세계 각지에서 화성인과 금성인에 관한 통찰을 전하면서, 갈수록 스트레스가 심해지는 현실로 인해 관계에 나타나는 새로운 경향을 목도했다. 사람들은 같이 살든 혼자 살든 바쁘거나 지친 나머지 관계의 문제를 해소할 여력이 없다고 여기고, 배우자의 요구가 너무 지나치다거나 서로 많이 달라서 서로를 이해하지 못한다고 단정한다.

　남자든 여자든 급변하는 삶의 스트레스에 대처하느라 집에서 무시당하는 느낌에 사로잡힌다. 긴장감이 심해지는 부부도 있고,

그냥 단념하고 정서적 욕구를 덮어두는 부부도 있다. 겉으로는 잘 사는 듯 보여도 부부 사이의 열정은 식은 상태다.

물론 경제적 어려움이나 불륜, 마약중독이나 가정폭력 같은 전통적 이혼 사유도 여전하지만, 이제는 심각한 스트레스로 인해 증폭된 정서적 불만이 중요한 이혼 사유가 되었다.

세계 각지의 여러 연구에서, 여자들이 교육을 많이 받고 경제적으로 독립하면서, 혼자 살거나 이혼할 가능성이 커지고, 행복감이 줄어들고 스트레스도 심해진 것으로 나타났다. 그러나 꼭 이런 경우만 있는 것은 아니다. 통계적으로 이혼과 불행한 감정과 스트레스가 증가하는 추세이기는 하지만, 교육 수준이 높고 경제적으로 성공한 여자들 중에는 행복한 결혼생활을 누리고 스트레스를 적게 받는 사람도 얼마든지 있다. 교육이나 경제적 독립이 문제가 아니라 시대가 변하면서 나타난 새로운 욕구를 충족시킬 방법을 배우지 못한 것이 문제다.

직장 환경이 개선되면 스트레스도 줄겠지만, 그렇다고 외부 스트레스를 완전히 제거할 수는 없다. 직장에서는 항상 새로운 도전과 문제가 생긴다. 남녀를 막론하고 스트레스에 대처하는 능력을 결정하는 가장 중요한 요인은 개인적인 관계와 가정생활의 질이다. 직장에서 좌절과 실망과 걱정으로 점철된 하루를 보냈다 해도, 사랑하는 아내와 행복한 가족이 기다리는 집으로 돌아갈 생각을 하면 온갖 스트레스가 녹아내릴 수 있다.

스트레스를 줄이고 자존감을 키우는 데 도움이 되는 각자의 성장 전략은 다양하지만, 관계 안에서 사랑을 나누는 것이 무엇보다 중요하다. 마음을 여는 데 도움이 되는 다양한 방법이 있다 해도, 새로운 관계에 대한 통찰이 없으면 좋은 감정을 지속하기 어렵다.

관계의 소통을 개선해서 스트레스를 효과적으로 관리하는 법을 배우면 누구나 원하는 삶을 살아갈 수 있다. 말하자면 생생히 살아 있는 느낌, 행복, 사랑, 충만감, 그리고 사명감, 의미, 목적의식을 느끼면서 살 수 있다.

관계는 해결해야 할 또 하나의 문제가 아니라 실질적인 해결책이 될 수 있다. 일을 마치고 집에 돌아와 새로운 문제나 스트레스를 마주하는 게 아니라, 집에 돌아오면 애정 어린 지지와 위로가 넘치는 안전한 천국에 들어선 기분이 들 수 있다.

관계는 해결해야 할 또 하나의 문제가 아니라
실질적인 해결책이 될 수 있다.

우리는 피해의식에 빠져 새로운 관계에서 나타나는 문제의 원인을 외부로 돌릴 수도 있다. 반대로 새로운 관계 기술을 배워 갈수록 심해지는 스트레스에 대처할 뿐 아니라 더 행복하게 살 수도 있다. 부부가 동반자로서 새로운 스트레스의 원인에 함께 직면하면, 스트레스를 줄일 수 있을 뿐 아니라 더 큰 사랑과 열정을 느끼고 더 가까워질 수도 있다.

> 부부가 더 나은 소통 기술로 스트레스를 줄이면,
> 더 큰 사랑과 열정을 느끼고 더 가까워질 수 있다.

사랑 안에서 함께 성장하기

누군가에게 마음을 열면, 그 사람이 나를 어떻게 보느냐에 따라 나 자신에 대한 감정과 사랑하고 싶은 의지가 달라진다. 낯선 사람에게 거절당하면 여파가 크지 않지만, 사랑하는 사람에게 거절당하면 고통스러워서, 자기를 보호하기 위해 물러나고 마음을 닫으며 주위에 벽을 둘러치고 방어한다.

그리고 온갖 핑계를 대며 마음을 닫고 결국 고통 속에 살아간다. 이제는 남이 주는 고통이 아니라 스스로 사랑을 철회해서 받는 고통이다. 살면서 가장 큰 고통은 가장 사랑하는 사람들과 사랑을 나누지 않을 때 생긴다.

> 살면서 가장 큰 고통은 가장 사랑하는 사람들과
> 사랑을 나누지 않을 때 생긴다.

이 책의 새로운 통찰을 이해하면 남 탓만 하고 염증을 느끼면서 스스로를 방어하는 게 아니라, 연민과 공감으로 다시 마음을 여는 법을 배울 수 있다. 스스로를 이해하고 사랑할 줄 알면, 날마다 스트레스에 시달리는 배우자가 지지해주지 않는다고 해서 상처받거나 방어적이 되지는 않을 것이다. 마음을 나누는 관계에서는 배우자가 가끔 좌절감과 실망감을 안겨준다 해도 남자와 여자가 마주하는 저마다의 고유한 난관을 이해하면, 공감과 연민의 힘으로 마음을 풀고 스스로를 돌아보며 옹졸한 요구와 비현실적인 기대, 일방적인 비난과 매몰찬 판단을 떨쳐낼 힘이 생긴다.

> 배우자가 스트레스를 줄이기 위해
> 직면하는 새로운 난관을 이해하면
> 인내심을 갖고 너그럽게 대할 수 있다.

배우자가 애정 어린 지지를 보내주면 자신이 더 빛나고 스스로 사랑받을 가치가 있다는 확신이 든다(배우자의 사랑과 나 자신의 사랑). 그러다 배우자가 스트레스에 시달리며 내게 필요한 사랑을 주지 못하면 나는 혼자서 기분이 좋아지는 활동을 할 수 있다. 그러

화성남자와 금성여자를 넘어서 ♀

면 더 이상 배우자가 내 기분을 끌어내리지 못하므로, 나중에 다시 배우자에게 사랑을 받으면 기분이 더 좋아질 수 있다.

자기를 사랑하는 것이라도 사랑받는 느낌은 매우 중요하다. 자기가 아름답다거나 잘생겼다고 생각하고 거울을 보면, 스스로 발산하는 진정한 광채를 발견하고 기분이 더 좋아질 것이다. 마음을 나누는 관계에서 배우자의 눈에 비친 나를 보면 혼자 나를 볼 때보다 충만감이 더 커진다.

> 배우자의 사랑은 내 안에서
> 더 크고 더 고귀한 사랑을 끌어낼 수 있다.

배우자의 사랑과 지지에만 의존하지 않고 스스로 행복해질 수 있다면, 배우자의 난관에 연민을 느끼고 완벽하지 않은 모습을 존중하고 최선을 다하기 위해 노력하는 모습을 인정해줄 수 있다. 배우자를 오래 지켜보면서 최선의 모습을 끌어낼 힘을 스스로 발견하는 것이다.

자기애와 행복감이 마음속에 단단히 자리 잡고 있으면, 배우자에게 사랑을 받아야만 행복해지는 것이 아니라 배우자에게 사랑을 받으면서 **더 행복해진다.** 좋을 때는 배우자에게 사랑을 받아서 더 행복해지고 기꺼이 배우자를 사랑하고 싶어진다. 그러면 혼자서는 불가능한 방식으로 관계 안에서 삶이 풍성해진다.

자신의 장점을 인정하고 이해하며 자신의 한계와 난관을 안타깝게 생각할 줄 알면, 사랑과 친밀감 안에서 성장할 준비가 된 셈이다. 자기 인식과 자기애가 굳건하면 꾸준히 마음을 열고 배우자와 더 진지한 사랑과 수용과 신뢰를 나누며 함께 성장할 수 있다. 나아가 진실로 마음을 나누는 관계로 발전할 수 있다.

　친한 친구끼리는 이런 식으로 성장하지 않는다. 나는 결혼하고 몇 년 지나 아내와의 결혼생활이 얼마나 더 좋아질 수 있는지 알고 무척 놀랐다. 우리 부부는 서로의 장점을 발견하고, 인정해주고, 한편으로는 서로의 한계를 수용하고 이해하면서 함께 숱한 우여곡절을 겪으며 살아왔다. 이제껏 함께 사랑하는 능력을 키워가며 잘 살았다.

　우리 부부에게 사랑은 차를 몰고 굽이굽이 산길을 달리는 것과 같았다. 한 굽이 돌 때마다 상상도 못한 새로운 광경이 펼쳐졌다. 40년 전 둘이 함께 이 여행길에 오른 뒤로 길을 잃은 적이 여러 번이고, 연료가 떨어지고 냉각장치가 과열되고 속도위반 딱지를 받은 적도 한두 번이 아니며, 타이어에 펑크가 난 적도 몇 번 있었다. 어찌어찌 온갖 난관을 헤치고 나오자 훨씬 큰 보람이 느껴지고 눈앞에는 아름다운 광경이 펼쳐졌다.

> 온갖 난관을 헤치고 나오자 훨씬 큰 보람이 느껴지고
> 눈앞에는 아름다운 광경이 펼쳐졌다.

화성남자와 금성여자를 넘어서 ♀

마음을 나누는 관계는 저절로 만들어지는 게 아니다. 스스로에게 진실하고 더 큰 사랑을 찾고 싶다는 확신이 있어야 하고, 지난날의 실수를 용서하고 잊으려는 의지가 굳어야 하며, 내 행동에서 잘못된 점을 고쳐나가려는 지혜가 있어야 하고, 배우자의 한계를 무조건 수용하려는 이해와 아량이 있어야 하고, 끝으로 마음을 열고 또 여는 용기가 있어야 한다.

CHAPTER 3

고유한
자기

마음을 나누는 관계의 중요한 장점은 각자가
고유한 자기를 자연스럽게 표현하도록 격려하고 지지해줄 수 있
다는 점이다.

> 마음을 나누는 관계는 각자가 고유한 자기를
> 자연스럽게 밝히고 표현하게 해준다.

오늘날 우리는 전통적인 남녀의 역할에서 벗어나서 과거에는
억누르거나 숨겨야 했던 자기의 모습을 발견한다. 전통적인 역할
과 관련된 성격만 표현해야 한다는 제약에서 벗어나자, 남자들은
여성성을 더 많이 발견하고 여자들은 남성성을 더 많이 발견한다.

오늘날 남자들은 더 이상 '진짜' 사나이로 보이려고 여성적인
측면을 억누르려 하지 않고, 여자들은 '진짜' 숙녀로 보이려고 남

77

성적인 측면을 애써 숨기려 하지 않는다. 결국 진실하고 고유한 자기, 곧 남성성과 여성성이 각각 고유하게 혼합된 자기를 발견한다.

> 남자들은 '진짜' 사나이로 보이려고 여성적인 측면을 애써
> 억누르려 하지 않고, 여자들은 '진짜' 숙녀로 보이려고
> 남성적인 측면을 숨기려 하지 않는다.

그동안 억누르던 남성성과 여성성이 표출되면서 엄청난 에너지가 발산된다. 진정한 자기를 조금만 표출해도 생생히 살아 있는 느낌과 활력, 사랑과 삶에 대한 열정이 증폭된다.

여자들의 경우 남성적인 사명감이 여성적인 목적의식과 조화를 이룬다. 남성적인 사명감이란 고유한 재능을 발휘해 중요한 변화를 이루는 것이고, 여성적인 목적의식은 궁극적으로 사랑하고 사랑받는 것이다. 여자의 삶에서는 항상 사랑이 최우선이지만, 여자는 중요한 변화를 이루는 방식으로 사랑을 표현하고 싶어 한다. 가정에서 더 많이 사랑하려고 애쓰듯이, 직장에서도 자신의 최선을 끌어내고 남들에게도 최선을 끌어내는 식으로 사랑을 구현하려 한다.

> 여자가 고유한 자기를 발견하면
> 남성적인 사명감이 깨어난다.

남자도 고유한 자기를 발견하면 사랑과 헌신 같은 내면의 여성성이 온전히 깨어난다. 요즘은 남자들도 '사랑에 빠지는' 상태를 거리낌 없이 인정한다. 남자의 마음에 사랑이 커지면 사명감에 더 큰 의미가 생기고 목적의 의미도 확장되어, 남자는 자기만의 욕구를 넘어 타인의 욕구에 봉사하려 한다.

> 남자가 고유한 자기를 발견하면 사랑과 헌신 같은
> 내면의 여성성이 온전히 깨어난다.

내가 어릴 때만 해도 '진짜 사나이'는 사랑의 욕구나 나약한 마음을 드러내서는 안 되었다. 남자는 행동해야 하고 강인해야 하며 힘들고 위험한 일도 마다 않고 견딜 수 있어야 했다. 나약함을 감추는 남성상은 1950년대 서부영화 주인공이 여자를 구한 뒤 말을 타고 석양으로 유유히, 그것도 홀로 사라지는 장면에 잘 그려졌다.

그러다 1960년대에 성 역할에 대격변이 일어났다. 여자들이 지지집단을 만들어 독립심과 힘을 기르고 표출하는 사이, 남자들은 머리를 기르고 분홍색 셔츠를 입고 평화시위에 나섰다. "전쟁이 아니라 사랑을 하자"가 그들의 표어였다.

한편으로 비틀스를 비롯해 1960년대 록 밴드들의 새로운 사운드에 비명을 지르며 열광하던 젊은 여자들의 모습에서도 엄청난 변화의 바람이 엿보였다.

1964년 2월 9일 일요일 밤, 미국의 십대 소녀들은 역사적인 〈에드 설리번 쇼〉에서 처음 비틀스를 보고 세상 사람들이 깜짝 놀랄 만한 반응을 보였다. 젊은 남자 뮤지션 넷이 긴 머리를 치렁치렁 늘어뜨리고 무대에 올라 화음을 넣으며 여자를 향한 순수하고 당당한 사랑과 헌신을 노래했다. 가장 기억에 남는 곡인 〈I Want to Hold Your Hand〉의 가사가 모든 걸 말해준다.

> 비틀스를 비롯해 1960년대 록 밴드들의 새로운 사운드에 비명을 지르며 열광하던 젊은 여자들의 모습에서도 엄청난 변화의 바람이 엿보였다.

비틀스는 이전에는 들어본 적 없는 새로운 방식으로 남자의 사랑을 당당히 표현했다. 내 아내 보니도 비틀스를 보자 저절로 눈물이 나왔다고 했다. 아내는 이렇게 말했다. "드디어 누군가 내게 말을 걸어준 것 같았어."

비틀스는 수많은 젊은 여성들의 마음을 어루만지며 진심에서 우러난 노래를 불러주었다. 재능 있는 네 청년이 내면의 낭만적인 여성성을 발견하고 표출하자, 여자들은 자유롭게 밖으로 나가 진정한 자기를 발견하고 내면의 남성성을 더 많이 표출할 수 있었다. 1960년대와 1970년대에 독립적인 여자들이 늘어가면서, 남자들도 혼자 가족의 생계를 떠안던 구시대의 중압감에서 벗어났다. 마

화성남자와 금성여자를 넘어서 ♀

찬가지로 1960년대에 비틀스와 다른 록 밴드들의 음악에서 드러났듯이 사랑에 빠진 낭만적인 남자들이 늘어나고 전통적인 고정관념에서 탈피하려는 젊은 여성들이 나타났다.

비틀스의 음악은 특히 여자들에게 전에 없이 새로운 에너지를 발산하게 해주었다. 비틀마니아^{Beatlemania}(1960년대 비틀스에 열광하던 팬을 지칭하는 말—옮긴이)는 이런 에너지가 극단적으로 분출된 현상이었다. 그 시대에는 나도 새로운 열기에 휩싸였다. 열네 살 때 가본 비틀스 콘서트에서 나는 새로운 각성의 순간을 경험했다.

그날 콘서트에 가기 전, 나는 절대로 일어나서 소리를 지르지 않겠다고 다짐했지만, 비틀스가 무대에 나온 순간 나도 모르게 벌떡 일어나 남들처럼 비명을 질러댔다. 나와 내 세대의 마음속에서 새로운 무언가가 풀려난 것이다.

1960년대에 시작된 변화가 점점 거세지며 오늘에 이르렀다. 성평등이 서서히 자리 잡고 사회적으로 허용되는 규준과 행동의 폭이 넓어지면서, 오늘날 우리는 그 어느 시대보다 자유롭게 자기를 표현한다.

고유한 자기 자유롭게 표현하기

선사시대에는 여자와 남자가 서로를 지지하며 서로 다른 역할을 동등하게 존중해주었다. 여자들은 남자들이 가족을 지키기 위해 목숨을 걸고 전쟁터에 나가거나 불편과 고난을 무릅쓰고 사냥에 나서는 의지에 기대어 살면서 그런 의지를 인정해주었다. 또 남자들은 자녀와 남편의 욕구를 사랑으로 보살펴주는 여자들에게 의존하며 그런 마음을 인정해주었다.

인류의 역사에서는 남자든 여자든 삶에서 가장 중요한 생존과 안전의 욕구를 충족시키기 위해 노력하며 살아왔기 때문에 각자의 역할에 구속되어 느끼는 갑갑함이 크지 않았다. 그러나 시대가 변하고 남녀의 서로 다른 역할에 대한 요구가 줄어들면서, 이제 사람들은 역할을 나누는 관계만으로는 한계를 느끼기 시작했다. 남자든 여자든 개인적으로나 관계 안에서나 자기의 모든 면을 온전히 드러내고 싶어 한다. 따라서 마음을 나누는 관계에 대한 요구가 생겼다.

> 먼 과거에는 남녀의 서로 다른 역할이 인간의 가장 중요한 생존과 안전의 욕구를 채워주었기 때문에 각자의 역할에 구속됨으로써 느끼는 갑갑함이 크지 않았다.

역할을 나누는 관계에서 마음을 나누는 관계로 넘어가는 현상은 역사상 전례 없는 변화다. 수렵 채집 시대에서 농업과 상업의 시대로 넘어가거나, 농경시대에서 현대의 산업과 컴퓨터 시대로 넘어온 과정만큼 중대한 변화다. 이제 남녀의 진정한 평등이 이루어질 토대가 마련되었고, 평화와 사랑과 이해의 시대가 펼쳐질 가능성이 열렸다.

> 역할을 나누는 관계에서 마음을 나누는 관계로 넘어오며
> 남녀의 진정한 평등이 이루어지는 토대가 마련되었다.

하지만 남자든 여자든 고유한 자기를 표출한다고 해서 마냥 행복해지는 것은 아니다. 고통스러워질 수도 있다. 자유롭고 진정한 자기를 표출해보면, 남성성과 여성성의 일면을 억누르는 일이 더 고통스러워질 수 있다.

가령 여자들이 **독립심**(내면의 남성성)을 표출할 수 있는 시대가 되었기 때문에, 개인적인 관계에서 **상호 의존적인**(내면의 여성성) 역할로 스스로를 제약해야 한다면 여자들은 몹시 고통스러울 것이다.

마찬가지로 남자들이 상호 의존적인 모습을 드러내고 마음이 이끄는 대로 행동할(내면의 여성성) 수 있는 시대가 되었기 때문에, 자신의 소망과 바람과 꿈을 희생하고 혼자 가족의 생계를 책임져야 한다면 남자들도 몹시 괴로울 수 있다.

남성성과 여성성의 일면을 표출하지 못하고 억누르면, 행복하고 생생히 살아 있는 느낌을 잃어버린다. 마음이 고통스럽고 육체적

으로 스트레스에 시달리는 가장 큰 원인은 의식적이든 무의식적이든 고유한 자기를 그대로 표출하지 않으려고 저항하기 때문이다.

우리가 괴로운 이유는 고유한 자기를
그대로 표출하지 않으려고 저항하기 때문이다.

새로운 난관

역사적으로도 독립심과 무심함 같은 남성성을 표출한 여자들이 존재했지만 흔하지는 않았고, 가정을 이루고 살고 싶은 여자라면 더더욱 흔치 않았다. 피임이 어려운 탓에 여자들은 삶의 대부분을 임신하거나 수유하며 보내야 했다. 자식을 키우려면 남편에게 의지하여 경제적 지원과 안전을 확보해야 했다. 여자가 가장의 도움 없이 가정을 건사하기란 거의 불가능했다.

요즘은 여자들이 남성적인 독립심을 자유로이 표출할 수 있는 시대다. 대단한 혜택이다. 결혼하거나 아이를 낳기 전에 교육받는 시간이 길어져서, 열정을 좇아 직업을 선택하고 재능을 발견해 세상에 표현할 수 있을 뿐 아니라 경제적으로도 자립할 수 있다. 첫 성관계 상대와 결혼하지 않고 자기에게 맞는 남자를 만날 때까지 시간을 벌 수 있다. 독립심이 강해지면서, 타인의 허락을 구하지 않고 스스로 다양한 관심사를 탐색할 수 있다.

독립심이 커지면서 여자들은
자기에게 맞는 배우자를 만날 때까지 시간을 벌 수 있다.

여자들은 더 이상 자신의 중요한 일부를 억압하지 않아도 되므로 직장에서든 집에서든 즐거움과 충만감을 누릴 수 있다. 하지만 새로운 자유를 발견하면서 남자든 여자든 자칫 고유한 자아의 또 다른 측면을 억누를 수 있다.

여자들에게는 남성성을 표출하는 것도 중요하지만 여성성을 제대로 표출하는 것도 못지않게 중요하다. 진실로 행복해지려면 남성성을 표출한 후 여성성을 되찾아 적절히 균형을 잡아야 한다. 여자든 남자든 남성성과 여성성의 균형을 이루어야 한다. 여자들은 균형을 이루려는 욕구가 충족되지 않으면 스트레스와 불만에 시달리고, 우울증과 불안증부터 불면증과 음식 중독에 이르기까지 갖가지 심리 증상을 겪는다. 균형을 되찾을 방법을 통찰하지 않으면 불균형과 고통을 더 키우는 식으로 대처할 수도 있다.

예를 들어, 사랑받고 사랑해야 하는 여성성이 충족되지 않으면 외로움을 피하려고 내면의 독립적인 남성성에만 기대어 사랑보다는 성공으로 충만감을 얻으려 할 수 있다. 사랑하는 관계에 시간을 쏟기보다는 일에서 성공하는 데만 몰두한다.

여자가 독립과 성공을 좇는 남성성에 치우치면 사랑받고 사랑하는 여성성에서 더 멀어진다. 여성성과 더 단절되어 고통의 원인을 해결하지 못할 수 있다.

> 외로움에 시달리지 않으려고 여자들은 사랑받고
> 사랑하고 싶은 섬세한 욕구를 단절한다.

남자들도 독립적이고 무심한 남성성을 넘어, 사랑하고 사랑받으려는 욕구를 온전히 느끼면서 더 큰 충만감을 경험할 수 있다. 남자도 내면의 여성성을 발견할 때 연인과 가족과 일에 대한 사랑으로 더 충만해질 수 있다.

남자도 사회의 규율과 기대에 순응하느라 사회적 역할에 얽매이지 않고 내면의 소리에 귀를 기울여 행복해질 방법을 찾아야 한다. 이제는 결혼부터 해야 성적 욕구를 해결할 수 있다는 전통사회의 압박에서 벗어나, 남자도 자유로이 배우자를 선택할 수 있다.

그러나 남자가 마음을 열고 감정을 알아채기 시작하면서 새로운 위험과 난관에 부딪혔다. 마음이 열리자 욕구도 커졌다. 이제는 돈을 벌어 아내와 자식을 부양하는 것만으로는 충분하지 않다. 가족을 위해 자신의 욕구와 소망을 희생하기보다는 진심으로 원하는 일을 하고 싶어 한다. 남자도 인생을 즐기고 싶어 한다.

남자가 이렇듯 여성성을 더 많이 발견하면 자칫 균형이 깨지고 배우자가 아닌 자기의 욕구를 충족시키는 데만 치중할 수 있다. 더욱이 내면의 여성성이 더 많이 드러나고 남성성과는 단절되면 스트레스와 불만에 시달릴 수 있다.

남자가 마음의 소리를 따르다보면
균형이 깨질 수도 있다.

남자들이 여성성으로 넘어가 감정에 치우치다보면 애정을 갈구하거나 자꾸 따지고 요구하게 되기 십상이다. 남자들이 아내에게 관심을 가져달라고 요구하고 아내에게 책임을 떠넘기면서, 아내에게 의존하지 않고도 행복해지는 독립성을 끌어내지 못하는 사례는 무수히 많다. 게다가 아내의 욕구를 충족시킬 방법을 찾기보다 자신의 욕구와 정서와 감정에만 빠져 관계에 헌신하지 못하는 예도 얼마든지 찾을 수 있다.

현재 우리는 전통적인 관계 형태에서 벗어나 고유한 자기를 온전히 표현하는 방향으로 나아가는 과도기에 있다. 새로운 시대로의 전환이 저절로 쉽게 일어나리라 기대해서는 안 된다. 관계에 대한 기대가 높을수록 난관도 크지만, 난관에 맞서려고 노력하면 그만큼 결실도 크다. 현실을 새롭게 통찰하면 사랑하는 관계를 통해 균형을 되찾을 수 있다.

마음을 나누는 관계를 통해 고유한 자기를 진실하게 표현하는 여정에는 새로운 난관이 도사리지만 잘 넘기면 그만큼 충만감도 커진다. 전통사회에서는 역할을 나누는 관계에만 충실해도 행복하고 충만하게 살 수 있었지만, 남자든 여자든 고유한 성향을 자유롭게 표출해서 얻는 열정과 활력을 경험하지는 못했을 것이다.

> 역할을 나누는 관계도 행복과 만족을 줄 수 있지만,
> 열정은 마음을 나누는 관계에서만 오래 지속될 수 있다.

사랑에 빠지면 기분이 좋은 이유는 자기를 온전히 표현할 수 있을 만큼 안전한 느낌이 들기 때문이다. 내면의 남성성과 여성성을 새롭게 조합하면 열정과 연민과 지혜를 포괄하는, 고차원적인 무조건적 사랑을 엿볼 수 있다. 하지만 이런 사랑을 지속하려면 남성성과 여성성이 조화를 이루는 새로운 기술과 통찰이 필요하다.

> 열정을 오래 지속하려면 관계에서 남성성과 여성성을
> 지속적으로 표현할 수 있어야 한다.

남성성과 여성성

이 책에서는 남성성과 여성성의 각기 다른 특성과 남성성과 여성

성을 억압해서 나타나는 부작용을 살펴볼 것이다. 우선 남성성과 여성성을 간략히 살펴보자. 남자든 여자든 남성성과 여성성을 모두 갖고 있다.

진정하고 고유한 자기란 결국 상호 보완적인 성격들이 균형을 이루거나 혼합된 상태를 말한다. 누구에게나 적용되는 완벽한 균형은 없다. 남자들도 자기만의 고유한 방식으로 남성성과 여성성의 균형을 이루고, 여자들도 나름의 균형을 찾는다. 자기만의 고유한 조합을 알아채고 수용하고 표현하여 더 큰 사랑과 행복을 발견할 수 있다.

> 누구나 자기만의 고유한 방식으로
> 남성성과 여성성의 균형을 이룬다.

이어서 남성성과 여성성의 열두 가지 특성 혹은 자질을 알아보자. '측면'이나 '특성'이나 '자질' 등으로 다양하게 표현하겠지만 모두 같은 의미를 담고 있으므로 서로 바꿔 써도 된다. 남성성과 여성성의 특성은 훨씬 다채롭지만, 여기서는 간단히 확인하고 설명하기 위해 열두 가지만 소개하겠다.

개인의 진정하고 고유한 자기에게는 성별과 무관하게 열두 가지 특성이 각기 다른 정도로 다양하게 조합되어 나타날 수 있다. 또 남성성과 여성성의 고유한 균형은 상황에 따라 다를 수 있다.

남성성과 여성성의 열두 가지 특성

	남성성	여성성
1	독립성	상호 의존성
2	무심함	감정적
3	문제 해결 능력	보살피는 성향
4	강인함	취약성
5	경쟁심	협조적
6	분석력	직관력
7	영향력	사랑하는 성향
8	자기주장	수용적인 성향
9	유능함	도덕성·진실성
10	자신감	신뢰성
11	책임감	호응하는 성향
12	목표 지향	관계 지향

이를테면 나는 직장에서는 남성성을 더 많이 드러내고 아이들과 함께 있을 때는 여성성을 더 드러낼 수 있다. 나아가 인생의 각 단계마다 욕구도 달라지고, 더 표출하고 싶은 측면도 달라질 수 있다. 혼자 사는 사람은 자연히 독립성을 더 발휘하려 하고, 결혼한 사람은 서로 의존하는 성향을 더 드러내려 한다.

우리는 이런 다양한 특성이 저마다 고유하게 혼합된 상태를 스스로 발견하고 표현할 수 있어서 누군가에게 매력을 느끼거나 어떤 상황에 끌리는 것이다.

화성남자와 금성여자를 넘어서 ♀

남자든 여자든 자신만만한(남성성) 사람은 믿음직한(여성성) 사람에게 끌리고, 믿음직한 사람은 자신만만한 사람에게 끌린다. 서로 성향이 다른 두 사람이 함께 사랑을 키우면서, 믿음직한 사람은 자신감을 기르고 자신만만한 사람은 신뢰감을 키운다.

독립적인(남성성) 사람은 상호 의존적이고 관계 지향적인(여성성) 사람에게 끌리고, 관계 지향적인 사람은 독립적인 사람에게 끌린다. 이렇게 다른 두 사람이 함께 사랑을 키우는 사이에, 독립적인 사람은 관계와 친밀감의 가치를 알고, 상호 의존적인 사람은 독립성의 가치를 발견하고 스스로 독립성을 드러내기 시작한다.

이처럼 우리는 자신에게 강한 자질을 감싸줄 사람에게 강하게 끌린다. 상대의 보완적인 자질을 받아들여 내 안에서 그 부분을 일깨우는 것이다. 그러면 내 안에서 온전하고 열정적인 자기를 발견하여 사랑을 이어가면서 배우자를 이해하고 수용하고 인정할 수 있다.

남성성과 여성성은 사회적 개념만은 아니다

남녀의 서로 다른 성향을 남성성과 여성성이라고 부르는 것을 자의적이고 인위적이라고 보는 견해도 있지만, 사실 남녀의 차이는 생물학적 차이에 토대를 둔다.

남성성과 여성성이라 부르는 것은
남녀의 생물학적 차이를 토대로 한다.

앞의 열두 가지 남성성을 표출하면 남녀 모두에게서 남성 호르몬 테스토스테론이 증가한다. 남자의 테스토스테론 수준이 훨씬 높아서 남성 호르몬이라고 부른다. 그리고 열두 가지 여성성을 표출하면 남녀 모두에게서 여성 호르몬 에스트로겐이 증가한다. 에스트로겐 수준은 여자에게 훨씬 높으므로 여성 호르몬이라고 부른다.

성별은 일부의 주장처럼 '사회적 개념'만은 아니다. 물론 전통적인 남녀의 역할이 문화적으로 결정된 것은 맞지만, 전통적 역할에서 벗어나 고유한 자기를 발견하고 표출한다고 해서 남자와 여자가 갑자기 똑같아지는 것은 아니다. 남성성을 발견하고 표현해도 여자는 여전히 여자이고 남자와 많이 다르다. 또 여성성을 온전히 표현한다 해도 남자는 여전히 남자이고 여자와는 다르다.

남자와 여자는 생물학적으로 다르므로 호르몬 욕구도 다르다. 또 행동이 다르면 다른 호르몬이 분비되므로, 남자와 여자는 정서적 지지 면에서도 우선순위를 각기 다르게 매긴다. 남자와 여자는 스트레스에서 벗어나 행복하고 충만하게 살기 위해 각기 다른 호르몬의 조합을 필요로 한다.

화성남자와 금성여자를 넘어서 ♀

남자와 여자는 스트레스에서 벗어나기 위해
각기 다른 호르몬의 조합을 필요로 한다.

　남녀의 서로 다른 호르몬 욕구를 이해하면, 현대사회의 나날이 심해지는 스트레스에 효과적으로 대처하기 위한, 사랑과 지지를 나누는 능력을 크게 향상시킬 수 있다.

　스트레스는 내적 스트레스와 외적 스트레스 두 가지로 나뉜다. 앞서 말했듯이 요즘은 누구나 새롭고 심각한 외적 스트레스와 직면한다. 교통체증과 마감, 결혼생활의 불만과 부부싸움 같은 외부의 스트레스 요인은 코르티솔 호르몬을 자극한다. 코르티솔은 내적 스트레스를 유발하고 평온함, 사랑, 행복감, 충만감을 느끼는 능력을 방해하는 호르몬이다. 이 책《화성남자와 금성여자를 넘어서》에서 '스트레스'는 외부의 스트레스 요인에 대한 내적 스트레스 반응을 가리킨다.

　성별에 따라 다른 호르몬을 자극해서 내적 스트레스(코르티솔로 측정됨)를 줄이는 방법으로, 우리는 마음을 열어 남성성과 여성성의 고유한 조합을 표현하고 나아가 배우자도 그렇게 하도록 격려할 수 있다.

호르몬의 균형을 잡으면
고유한 자기를 표현할 수 있는 여지가 커진다.

테스토스테론을 남성 호르몬이라고 부르는 이유는, 어린 시절의 환경이나 교육이나 성적 취향과 무관하게, 남자들이 보통의 건강한 여성보다 테스토스테론을 열 배 이상 분비하기 때문이다. 선천적으로 남성성이 강한 남자가 있는데, 그것은 DNA뿐 아니라 자궁에 있을 때 산모의 호르몬에 영향을 받기 때문이다. 남성성이 강하고 여성성이 약한 남자는 테스토스테론 수준이 항상 높게 유지되어야 최적의 상태라고 느낀다. 여성성이 강한 남자들은 테스토스테론 수준을 높게 유지하지 않아도 된다. 건강한 남자들은 여자들보다 테스토스테론이 열 배 높지만, 남성성이 유독 강한 남자들은 테스토스테론이 보통의 여자보다 서른 배나 높다.

마찬가지로 선천적으로 여성성이 강하고 에스트로겐을 비롯해 각종 여성 호르몬을 자극하는 활동을 많이 해야 기분이 좋아지는 여자도 있고, 남성성이 강해서 에스트로겐을 높게 유지하지 않아도 되는 여자도 있다. 에스트로겐을 여성 호르몬이라고 부르는 이유는, 모든 건강한 여자는 어린 시절의 환경이나 교육이나 성적 취향과 무관하게 건강한 남자보다 에스트로겐을 열 배 이상 분비하기 때문이다. 여자들의 테스토스테론 수준이 지나치게 높으면 에스트로겐이 감소할 수 있다. 직장에서 일하는 동안 테스토스테론을 많이 분비한다면 가정에서는 에스트로겐을 더 많이 분비해야 한다.

길러진 것인가, 타고난 것인가

일각에서는 사람이 남성성이나 여성성을 드러내는 방식을 결정하는 것은 사회적 환경이나 생애 초기의 경험이라고 주장한다. 물론 고유한 균형을 얼마나 잘 표현할 수 있는지는 전적으로 양육 방식과 연관된다는 면에서 맞는 말이다. 누구나 남성성과 여성성의 고유한 균형을 타고나지만 그것을 어떤 식으로 표현하는지는 어릴 때 받은 양육에 따라 결정된다. 남녀의 차이는 타고난 것이기도 하지만 길러진 것이기도 하다.

누구나 DNA와 산모의 자궁에서 호르몬에 노출된 정도에 따라 남성성과 여성성의 고유한 균형을 안고 태어난다. 각자의 고유한 균형은 자연스럽고 진정한 상태다. 여성성이 강한 남자도 있고 남성성이 강한 여자도 있다.

어릴 때 사랑과 지지를 많이 받은 사람은 타고난 균형을 그대로 표현할 수 있다. 그러나 사랑과 지지를 받지 못해 남성성과 여성성의 고유한 균형을 표현하지 못하면 특정 자질을 억압하게 된다.

예를 들어, 어릴 때 부모에게 버려지거나 방치된 여자는 스스로를 지켜야 한다는 이유로 남성적인 자신감과 독립심을 과도하게 표출하는 반면 여성적인 신뢰성과 상호 의존성은 억압한다. 배우자가 될 사람을 믿지 못해 마음을 열고 '사랑받는' 느낌을 만끽하지 못한다. 또 사랑하는 사람을 만난다 해도 이번에는 지나치게 반대편으로 넘어가, 여성성을 과도하게 표출하면서 애정을 지나치게 갈구하거나 배우자를 지배하려 들거나 비판적이 될 수 있다.

마찬가지로 어릴 때 어머니를 아끼는 아버지를 보지 못하고 행복해하는 어머니를 본 적이 없는 남자는 남성적인 독립심을 억압하고 관계에서 과도하게 의존적이고 상대에게 요구를 많이 하거나, 아니면 정반대로 엇나가서 '마초'가 되어 남성성을 찾으려고 여성성을 억압할 수도 있다.

이것은 우리가 사회적 압력에 시달리거나 어릴 때 사랑과 지지를 받지 못해서 진정한 자기를 억압하는 여러 형태 중 두 가지 사례일 뿐이다. 자기의 일부를 부정하거나 차단하면 단기간에 살아남는 데는 도움이 될지 몰라도, 길게 보면 심리적 억압이 스트레스를 줄여주는 호르몬을 억제해 호르몬의 균형에 영향을 미칠 수 있다. 호르몬의 균형을 찾지 못하면 결국 마음을 열지 못할 수 있다. 남성성과 여성성을 받아들이는 저마다의 방법을 배우면 남녀 모두 사랑과 열정을 평생 지키기 위한 열쇠를 쥐는 셈이다.

호르몬의 힘

남자에게는 테스토스테론은 물론이고 테스토스테론과 에스트로겐(그 밖의 여성 호르몬)의 균형이 기분, 감정, 정서, 활력 수준, 반응

시간, 근육 성장과 체력, 동기, 건강, 성욕, 인내력, 행복, 사랑의 감
정, 안녕감, 애착에 직접적이고 중요한 영향을 미친다.

> 테스토스테론은 남자의 기분, 감정, 활력 수준, 체력, 성욕,
> 행복에 직접적이고 중요한 영향을 미친다.

여자에게는 에스트로겐은 물론이고 에스트로겐과 테스토스테
론의 균형과 그 밖의 여성 호르몬이 기분, 감정, 정서, 활력 수준,
반응시간, 지방 저장, 인내력, 동기, 건강, 성욕, 행복, 사랑의 감정,
안녕감, 애착에 직접적이고 중요한 영향을 미친다.

> 에스트로겐은 여자의 기분, 성욕, 활력 수준, 사랑의 감정,
> 안녕감, 행복에 직접적이고 중요한 영향을 미친다.

남자든 여자든 앞의 열두 가지 특성에서 남성성을 표출하면 테
스토스테론이 분비된다. 이를테면 독립심과 무심함과 문제 해결
성향은 모두 테스토스테론을 자극한다. 남성성을 표출하면 테스
토스테론이 분비되어 남자든 여자든 기분이 좋아질 수 있다. 하지
만 스트레스를 받는 순간에는, 남자의 스트레스 반응은 감소하지
만 여자의 반응은 줄어들지 않는다. 여자의 스트레스 반응을 줄이
려면 여성성을 표출해서 여성 호르몬을 자극해야 한다.

남자든 여자든 여성성을 표출하면 에스트로겐이 자극된다. 배우자가 나를 지지해줄 거라 믿고 배우자에게 의지해 감정을 표현하고 보살피는 행동은 모두 에스트로겐을 자극한다. 물론 이런 행동을 하면 남녀 모두 기분이 좋아진다. 그러나 스트레스를 받는 순간에는, 여자의 스트레스 반응은 줄어들지만 남자의 스트레스 반응은 줄어들지 않는다. 남자들은 테스토스테론이 분비되어야 스트레스가 줄어든다.

역할을 나누는 관계가 중심이던 시대에는 주로 성 역할과 연관된 특성을 과도하게 표출할 때 스트레스가 심해졌다. 남자들은 여성성을 억압하라는 사회적 압력으로 스트레스에 시달렸다. 남자는 모든 면에서 '마초'로 살아야 했다. 불평해도 안 되고 걱정이나 두려움을 들켜서도 안 되고 가족의 생계를 책임져야 했다. 여자들은 여성적이어야 하고 독립심과 지적 성취욕을 억누르라는 압박으로 극심한 스트레스에 시달렸다.

> 역할을 나누는 관계가 중심이던 시대에는
> 주로 성 역할과 연관된 특성을 과도하게 표출한 결과로
> 스트레스에 시달렸다.

하지만 세상이 달라졌다. 요즘은 여자들이 남성성으로 지나치게 넘어가 여성성을 억누르며 살고, 남자들은 지나치게 여성성에

98

치우쳐 무심하고 독립적인 남성성을 억제한다.

> 복잡한 현대사회에서 여자들은 남성성으로,
> 남자들은 여성성으로 지나치게 넘어가서
> 양쪽 다 스트레스에 시달린다.

이제 감정적이고 상호 의존적인 여성성을 드러낼 수 있는 자유를 얻자, 남자들은 주로 남성성을 억누르고 여성성을 과도하게 표출해서 스트레스를 받는다. 반면 여자들은 여성성을 억누르고 남성성을 과도하게 표출해서 스트레스를 받는다.

나는 40년 넘게 상담가로 일하며 남녀 모두에게서 호르몬 불균형이 초래하는 증상을 자주 보았다. 남자들이 분노를 느끼거나 배우자에게 성욕을 상실하거나 불만이나 권태에 빠지거나 삶의 열정을 잃어버리는 등의 스트레스 증상을 보이는 것은 대개 일시적으로 여성성 쪽으로 지나치게 넘어간 탓이다. 과도하게 감정에 빠져 테스토스테론은 감소하고 에스트로겐이 지나치게 상승한다. 테스토스테론을 늘리고 에스트로겐을 줄이는 활동에 몰두하는 법을 배우면 스트레스를 줄일 수 있다.

> 남자가 스트레스를 받을 때는 테스토스테론을 늘리고
> 에스트로겐을 줄이면 스트레스가 줄어든다.

반대로 여자가 스트레스를 받을 때 남성성을 많이 표출해 테스토스테론이 증가하면 스트레스가 해소되기는커녕 더 심해진다. 오늘날의 여자들이 스트레스를 받을 때는 에스트로겐을 늘리고 테스토스테론을 줄이는 활동에 몰두하면 스트레스 호르몬이 줄어든다.

> 여자가 스트레스를 받을 때는 에스트로겐을 늘리고
> 테스토스테론을 줄이면 스트레스가 줄어든다.

반대로 남자가 스트레스를 받을 때 여성성을 많이 표현해 에스트로겐이 증가하면 스트레스가 감소하기는커녕 더 심해질 것이다.

진정한 자기 개발하기

앞서 보았듯이 남자든 여자든 남성성과 여성성의 고유한 균형을 안고 태어난다. 아동기부터 청소년기를 거쳐 성인기로 넘어가는 인생의 각 단계에서 진정한 자기를 마음껏 표출하도록 지지를 받으면 내면의 다양한 자질을 서서히 발견하고 표출하고 개발하고 나아가 조합할 수 있다. 각자의 진정한 남성성과 여성성을 조합하면 이 책의 마지막 장에서 알아볼 고차원적 사랑을 경험할 수 있다.

진정한 남성성과 여성성을 조합하면
고차원적 사랑을 경험할 수 있다.

인생의 전반부에는 남녀의 생물학적 차이와 각기 다른 욕구에 중점을 두면서 자기의 다양한 남성성과 여성성을 발견하고 개발하고 표현하는 데 주력한다. 사춘기 소년의 테스토스테론 수준은 이전 단계보다 스무 배까지 증가하고, 사춘기 소녀의 에스트로겐 수준은 이전 단계보다 여섯 배 증가한다. 이처럼 호르몬 수준이 일정하지 않은 시기에는 불필요한 내적 스트레스를 경험한다.

남성성이 강한 사춘기 소녀는 건강한 에스트로겐 수준을 유지하기 위해 여성성을 덜 자극해도 되지만, 여성성이 강한 소녀는 지지를 더 많이 받아야 한다. 남성성의 정도와 상관없이 외부의 스트레스 요인이 있을 때 내적 스트레스를 줄이려면, 일시적으로 여성성을 더 많이 표출해 건강한 에스트로겐 수준을 회복해야 한다. 마찬가지로 사춘기 소년이 스트레스를 받을 때는 각자의 건강한 균형과 상관없이 일시적으로 남성성을 표출해 건강한 테스토스테론 수준을 회복해야 한다.

청소년기를 지나면 여자의 에스트로겐은 서서히 감소하고 테스토스테론이 증가해 서른다섯 즈음 정점을 찍는다. (많은 여자들이 35세 즈음 성적 전성기에 이른다고 보고한다.) 남자들에게는 정반대의 변화가 일어난다. 남자의 테스토스테론은 35세부터 감소하기 시작한다. 그 전부터 에스트로겐 수준이 서서히 증가하고 35세가 지나서도 계속 증가한다. (이처럼 테스토스테론이 서서히 감소하는 현상은 우리 사회의 남자들에게는 흔하지만 원주민 사회의 남자들에게는 흔치 않다.)

인생에서 남자가 에스트로겐을 더 많이 생성하고 여자가 테스토스테론을 더 많이 생성하는 시기에 이르면, 남성성과 여성성을 결합해 고차원적 사랑으로 넘어가는 새로운 여정이 시작된다.

여자가 여성 호르몬을 일정하게 유지하는 법을 배우지 못하면 에스트로겐이 감소하고 테스토스테론은 증가하는 시기에 갖가지 갱년기 증상에 시달린다. 안면홍조나 불면증, 불안이나 우울 같은 증상은 일반적인 갱년기 증상이지만 여성성을 마음껏 표출하도록 지지해주는 원주민 사회에서는 거의 나타나지 않는다. 갱년기 전후로 여성성에 중심을 두지 않으면 테스토스테론의 지배를 받고 스트레스가 심해져 불만과 불행, 분노와 충만감 결핍에 시달린다.

> 갱년기 전후로 여자는 테스토스테론의 지배를 받고
> 스트레스가 심해질 수 있다.

여자가 중년 이후에 여성성을 중심으로 여성적 자질을 온전히 표출하면 남성 호르몬이 증가해도 여성적 자질은 영향을 받지 않고 억압되지 않는다. 그러면 모든 감정과 생각, 판단과 행동에서 남성성과 여성성을 조합하는 법을 배울 수 있다. 이렇게 균형을 찾으면 활력과 열정을 유지하며 고차원적 사랑을 향한 새로운 문을 열 수 있다.

남자들에게도 비슷하면서도 정반대인 상황이 펼쳐진다. 사춘기 이후로 남자의 테스토스테론은 평생에 걸쳐 여자보다 열 배 이상 높다. 중년을 지나면서 에스트로겐이 자연스럽게 증가한다. 각자에게 맞게 남성적 자질을 개발하지 않으면 에스트로겐이 상승해 테스토스테론을 억압하기 시작한다.

> 남자의 테스토스테론 수준은
> 평생에 걸쳐 여자보다 열 배 이상 높아야 한다.

남자가 인생의 전반부에 테스토스테론을 유지하는 법을 배우면 중년에 에스트로겐이 상승하는 시기에도 테스토스테론을 일정하게 유지할 수 있다. 이처럼 호르몬의 균형을 유지하면 고차원적 사랑, 지혜, 연민, 무조건적 사랑과 함께 활력과 정력과 건강도 유지할 수 있다.

문화적 규범과 자기표현

예전에는 남자가 중년에 이르러 여성성을 자유롭게 표현하면서도 테스토스테론을 높게 유지하고, 여자가 중년에 이르러 남성성을 자유롭게 표현하면서도 에스트로겐을 높게 유지하기가 불가능했다. 남자든 여자든 자기를 눌러야 한다는 문화적 규범에 갇혀 있었기 때문이다. 정도의 차이는 있지만 남자는 여성성을, 여자는 남성성을 억압해야 했다. 따라서 결혼한 지 오래된 부부가 계속 열정을 유지하기가 불가능했다.

남성성과 여성성의 조합에서 남성성이 강한 여자는 평생 사회의 제약과 억압에 갑갑해하며 마음의 평화와 사랑, 행복과 충만감을 충분히 누리지 못했다. 사회적 규범을 탈피해서 내면의 남성성을 표출하지 못하면 극심한 스트레스에 시달렸다. 그렇다고 남성성을 표출하는 것만이 정답은 아니었다. 남성성을 표출하기 위해서는 상호 의존성이 특징인 여성성을 억눌러야 했기 때문이다. 독립적이고 자립하는 성향을 감싸주는 남자를 만나지 못해서 여자가 평생 독신으로 사는 일이 잦았다.

> 남성성이 강한 여자는 문화적 규범을 거부함으로써
> 내면의 스트레스를 줄일 수 있다.

여자들이 남성성을 마음껏 표현할 수 있는 요즘은 오히려 여성성이 강한 여자들이 직장에 적응하고 경쟁에서 살아남으려 애쓰다가 결국 여성성을 억압하느라 스트레스에 시달린다. 이런 여자들은 보살피고 보살핌을 받으려는 욕구가 남성성이 강한 여자들보다 강하다. 그렇다고 남성성이 강한 여자가 스트레스에서 완전히 자유로운 것도 아니다. 이런 여자들은 직장에서는 스트레스를 잘 해결하지만 사생활에서는 어려움을 겪을 수 있다. 배우자에게 지지를 받거나 도움을 청하는 데 익숙하지 않기 때문이다.

> 남성성이 강한 여자는 대체로
> 지지를 받거나 도움을 청하는 데 익숙하지 않다.

남자들에게도 비슷하면서도 정반대 상황이 펼쳐진다. 마음 가는 대로 좋아하는 일을 하는 남자들이 많아졌다. 이러한 경우, 여성성이 발산되면서 독립적이고 무심한 남성성이 억압될 수 있다. 결국 차분하고 침착하고 듬직한 자세를 유지하지 못하고, 불안하고 쉽게 화를 내고 관계에 요구가 많아지고 애정을 갈구한다.

남자들이 지나치게 여성성 쪽으로 넘어가 남성성의 일부를 억압하면 지나치게 감정적이 되고 관계에서 쉽게 불만을 느낀다. 그러면 충분히 좋은 여자를 만나지 못해서 독신으로 남는다. 여자를 만나면 금방 연애 감정에 빠져서 잘해주다가도 이내 흥미를 잃는다. 이런 남자들은 대개 마음을 정하지 못한다. 그 여자 없이는 못 살 것 같다가도(상호 의존성), 얼마 안 가 독립적이고 무심한 성향으로 돌아가 상대에게 흥미를 잃는다.

> 그 여자 없이는 못 살 것 같다가도, 얼마 안 가
> 독립적이고 무심한 성향으로 돌아가 흥미를 잃는다.

결혼한 남자들도 아내를 기쁘게 해주려고 남성적 자질을 억누른다. 당장은 좋아도 세월이 지나면 서서히 활력도 잃고 아내에 대한 열정도 식는다. 반대로 사생활의 관계에서는 여성성을 조금도 용납하지 않으려는 남자도 결과는 마찬가지다. 관계를 시작할 때의 열정을 잃어버린다. 열정을 지속하려면 남자든 여자든 자기만의 고유한 남성성과 여성성의 균형을 자각하고 표현해야 한다.

> 열정을 유지하려면 자기만의 고유한 남성성과
> 여성성의 균형을 자각하고 표현해야 한다.

자기 안의 남성성과 여성성을 알아채지 못해서 균형이 깨지면 남성성과 여성성의 고유한 균형을 되찾기 어렵다. 결국 남자든 여자든 사랑 안에서 함께 성장하지 못하고 스트레스에만 시달린다.

다행히 내면의 균형을 새롭게 통찰하면 배우자에게 의존하지 않고 호르몬을 조절하기 위한 구체적인 조치를 취할 수 있다. 앞으로는 이런 조치를 살펴보고, 호르몬 균형을 찾으려는 배우자의 욕구를 지지하려면 무엇을 할 수 있을지도 알아보겠다.

그 전에 남녀의 차이를 아는 것이 왜 중요한지 자세히 알아보자.

화성남자와 금성여자를 넘어서 ♀

CHAPTER 4

차이가
끌어당기고
열정을 지켜준다

남녀가 처음 만나 사랑할 때는 서로를 각별히 사랑하고 영원히 뜨거운 감정을 잃지 않을 거라고 믿는다. 그러나 사랑은 오래가더라도 열정은 식는다.

연애 중이거나 결혼한 사람들이 현대의 복잡한 관계에 관해 가장 많이 던지는 질문이 있다. "열정을 어떻게 이어갈 수 있을까?" 답은 단순하지만 실천하기가 쉽지 않다. 바로 "차이가 끌어당긴다"는 것이다. 배우자와는 다른 자기만의 고유한 자아를 표현할 방법을 배우면 열정을 오래 지속할 뿐만 아니라 더 뜨겁게 만들 수도 있다.

누군가와 사랑에 빠지는 것은 어떤 노래를 처음 듣고 반하는 것과 같다. 처음에는 질리지 않고 언제까지나 들을 것 같지만, 듣고 또 들으면 어느새 시큰둥해지게 마련이다. 처음 들을 때는 몸속의 모든 세포를 흥분시켰던 노래라도 반복해서 들으면 얼마 안 가 흥분이 가신다. 처음 느꼈던 열정이 사라진다. 그러다 새로운 노래를 처음 들으면 다시 생생히 살아 있는 느낌을 주는 뇌 화학물질과 호르몬이 활성화된다. 새롭거나 색다르지 않은 노래를 반복해서 들으면 이런 뇌 화학물질과 호르몬이 더는 활성화되지 않는다.

> 처음 들을 때는 몸속의 모든 세포를 흥분시켰던 노래라도
> 반복해서 들으면 얼마 안 가 흥분이 가신다.

다행히 관계 안의 사람들은 녹음된 노래와는 다르다. 사람은 정적인 녹음과 달리, 변화하고 성장할 수 있고 실제로도 변화하고 성장한다. 관계에서 고유한 자기를 진실하게 표현할 수 있다면 날마다 끊임없이 변화하고 성장할 것이다. 이렇게 늘 새로워지면 끊임없이 매력을 발산하고 서로를 향한 열정을 잃지 않을 수 있다.

반면에 가족의 생계를 유지하거나 사회적 압력과 기대에 부응하거나 배우자를 기쁘게 해주고 싶어서 자기 내면의 남성성과 여성성을 억압하면 성장도 멈추고 매력도 반감된다.

변화하고 성장하면서 늘 새로운 관계를 유지하는 것도 중요하지만, 남성성과 여성성을 진솔하게 표현하는 것이 무엇보다 중요하다. 남자의 남성성은 여자의 여성성이 잘 드러나도록 뒷받침해줄 때 여자의 낭만적인 감성을 자극하고 일깨울 수 있다. 이런 남자가 바로 여자들이 원하는 '진짜 사나이'다.

남자들이 점차 사랑과 취약성과 협조적이고 상호 의존적인 성향 같은 여성성을 표현하면서, 배우자를 더 많이 지지해주는 식으로 남성성을 드러낼 수도 있다. 다만 동시에 독립적이고 무심하고 자신만만하고 유능한 남성성을 제대로 발산하지 못하면 여자에게 사랑을 받을 수는 있어도 매력을 끌지는 못한다. 자칫 여자가 정신적인 사랑이나 모성애로 넘어갈 수도 있다.

마찬가지로 여자는 여성성을 통해 남자가 남성성을 표출하도록 지지해야 이성으로서 남자의 관심을 끌 수 있다. 흔히 기가 센 여자들은 남자들이 그들의 기에 눌려 다가오지 못한다고 여기지만, 사실 남자들이 기가 센 여자한테 다가가지 않는 이유는 이런 여자들이 대개 내면의 여성성을 억압하기 때문이다.

여자가 독립심, 자기주장, 자신감, 힘 같은 남성성을 드러내면서도 여성성과 조화를 이룬다면 남자가 관계 안에서 스스로 잘하고 있다고 생각할 수 있다. 이를테면 아내가 밖에서 일하고 집에 돌아와 여성성을 되찾도록 남편이 잘 도와주면 아내는 남편을 인정하고 결과적으로 남편의 자신감도 커진다.

하지만 아내가 남성성을 표출하면서도 사랑과 수용, 협조와 상호 의존성 같은 여성성을 드러내지 않으면 남편은 아내를 사랑하면서도 아내에게 이성으로서 매력을 느끼지 못한다. 처음에는 아내에게 매력을 느꼈다 해도 시간이 갈수록 아내가 자기를 필요로 한다는 느낌이 들지 않아 열정이 식는다.

차이에 대한 새로운 이해

이렇게 남녀가 서로의 남성성과 여성성을 각자의 고유한 방식으로 온전히 표현하도록 지지하면서 대등하게 만나면 열정도 오래 간다. 처음에는 새롭고 신선한 관계였지만 결국 예측 가능한 편안한 관계가 된다 해도 계속 차이를 잃지 않고 이해하면 서로에게 지속적으로 매력을 느낄 수 있다.

음악계의 몇몇 슈퍼스타는 신선하게 등장해서 인기를 끌고 오랜 세월이 지난 뒤에도 사람들의 관심을 잃지 않는다. 사람들이 계속 흥미를 느끼고 열정을 잃지 않는 이유는 이들의 음악이 새롭기만 한 것이 아니라 다르기 때문이다!

어떤 음악인이 오래도록 잊히지 않는 이유는 음악적으로 뛰어난 재능과 기교 때문만이 아니라 재능과 기교가 그 나름의 고유한 방식으로 표현되기 때문이다. 7500만 장 이상의 음반을 판매하고 오래도록 인기를 끄는 다음의 유명 음악인과 그룹을 살펴보자. 이들 각각의 사운드와 표현이 얼마나 고유하고 다른지 확인하자.

루치아노 파바로티	핑크 플로이드
비틀스	루트비히 판 베토벤
돌리 파튼	비지스
마이클 잭슨	닐 다이아몬드

화성남자와 금성여자를 넘어서 ♀

다이애나 로스	마돈나
스팅	요한 제바스티안 바흐
프린스	휘트니 휴스턴
밥 딜런	퀸
바브라 스트라이샌드	ABBA
볼프강 아마데우스 모차르트	U2
롤링 스톤스	밥 말리
엘튼 존	엘비스 프레슬리

이들 음악가들의 목소리나 연주를 들으면 바로 이들인지 알아 챌 수 있다. 독특하고 고유하고 다르기 때문이다.

마찬가지로 관계 안에서 남성성과 여성성의 고유한 표현을 지지해줄 수 있다면 우리는 열정과 매력을 오래 유지하거나 새롭게 일깨울 수 있다.

남자와 여자의 정반대 성향 이해하기

남녀 관계에서 서로에게 매력을 느끼고 매력을 잃지 않게 해주는 중요한 요인은 차이다. 남녀의 타고난 차이는 연애 감정의 신체적, 호르몬적 기반이다. 남자와 여자는 자석과 같다. 서로 극과 극으로 달라서 서로에게 끌리는 것이다. 남녀가 똑같다면 가까워질수록 서로를 밀쳐낼 것이다.

자석의 행동과 운동을 보면서 남녀의 양극성을 이해할 수 있다. 자석은 반대 극끼리 끌어당기고 같은 극끼리 밀어낸다.

남성성이 북극이고 여성성이 남극이라면 남자가 남성성을 드러내고 여자가 여성성을 드러낼 때 서로에게 끌릴 것이다. 남녀 관계에서 열정이 식지 않도록 해주는 것은 바로 이런 끌어당김이다. 하지만 남녀가 같은 쪽이라면 서로 밀어낼 것이다. 다음의 도식처럼 반대 극끼리는 끌어당기고 같은 극끼리는 밀어낸다.

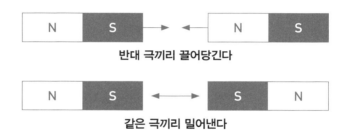

반대 극끼리 끌어당긴다

같은 극끼리 밀어낸다

자석의 비유는 다음 여섯 가지 방식으로 나타난다.

1. 남자가 남성성을 드러낼 때는 여성적인 여자에게 가장 끌린다. 남자의 남성성과 여자의 여성성이 반대 극으로 서로를 끌어당긴다.
2. 여자가 여성성을 드러낼 때는 남성적인 남자에게 가장 끌린다. 여

화성남자와 금성여자를 넘어서 ♀

자의 여성성과 남자의 남성성이 반대 극으로 서로를 끌어당긴다.

3. 남자가 여성성을 지나치게 발산하고 남성성을 억압하면 여성적인 여자에게 끌리지 않는다. 서로 가까워질수록 각자의 여성성이 서로를 더 밀어내기 때문이다. 좋은 친구는 될 수 있어도 연애 감정이 생기지 않는다.

4. 여자가 남성성을 과도하게 드러내고 여성성을 억압하면 남성적인 남자에게 끌리지 않는다. 서로 가까워질수록 각자의 남성성이 서로를 더 밀어내기 때문이다. 멀리서는 남자가 여자의 남성성을 높이 평가하고 존중하며 잘 어울려서 일할 수 있지만, 연인으로 가까워지고 싶은 욕구를 느끼지 못한다.

5. 남자가 여성성을 과도하게 드러내고 남성성을 억압하면 반대로 남성성을 과도하게 드러내고 여성성을 억압하는 여자에게 가장 끌린다. 하지만 서로 가까워지면 여자는 여성성을 드러내고 사랑의 감정에 빠져 점점 취약하고 의존적이고 수용적인 성향을 드러낸다. 여자의 극성이 바뀌면서 남자는 여자에게 느끼던 흥미와 존중을 잃는다. 처음에는 여자에게 매력을 느꼈지만 서서히 밀어낸다.

6. 여자가 남성성을 과도하게 드러내고 여성성을 억압하면 반대로 여성성을 과도하게 표현하고 남성성을 억압하는 남자에게 가장 끌린다. 하지만 서로 가까워질수록 여자는 여성성을 드러내고 결국 사랑의 감정에 빠져 점점 취약하고 의존적이고 수용적인 성

향을 드러낸다. 여자의 극성이 바뀌면서 남자는 여자에게 느끼던 연애 감정을 잃는다.

위의 몇 가지 사례에서도 드러나듯 남자와 여자가 서로에게 매력을 느끼고 만남을 이어가려면 서로가 양립할 수 있는 극성이어야 한다.

열정이 오래가려면 건강한 양극성을 띠어야 한다.

남자든 여자든 직장에서 남성성을 표출하면서 일하다가 집에 돌아오면 남자는 테스토스테론을 회복해서 남성성을 잃지 않을 방법을 모색해야 하고 여자는 여성성을 되찾아 에스트로겐을 회복할 방법을 찾아야 한다.

여자가 계속 여성성을 억압하면 자연히 남자가 여성성으로 더 많이 기운다. 남자가 동굴 시간을 보내기보다는 대화하거나 불평하거나 공유하려 할 수 있다. 남자가 여성성으로 치우쳐 말을 많이 하려고 하면 여자는 남자의 말을 들어주다가 남성성 쪽으로 넘어가 스트레스에 더 시달린다.

아내가 수용적이고 의존적인 여성성을 되찾도록 도와주고 싶다면 남편은 조급하게 감정을 나누려 하기보다는 남성성을 회복하는 시간을 가져야 한다. 그러면 아내가 자신의 말을 들어주어야 가까워질 수 있다고 생각하지 않고도 진심으로 아내의 말을 들어줄 수 있다.

남자가 들어주면
여자가 여성성을 회복하는 데 도움이 된다.

반대로 여자가 남성성에 치우치면 스스로 여성성을 억압하기 때문에 배우자와 대화를 나누거나 공감할 필요를 느끼지 못할 수 있다. 여자는 남자가 들어줄 수 있게 감정을 나누는 방법을 배워서 여성성을 되찾는 동시에 남자가 남성성을 회복하도록 지지해 줄 수 있다.

앞서 보았듯이 오늘날 여자들은 대개 테스토스테론 중심의 남성성에서 에스트로겐 중심의 여성성으로 자동으로 넘어가지 못한다. 학습이 필요한 과정이지만 한번 익혀두면 내면의 균형을 찾는데 도움이 된다. 온종일 감정을 누르고 일하다가 집에 돌아와 감정을 나눈다면 효과적으로 여성성을 되찾을 수 있다.

친밀한 관계에서 양극성 유지하기

친밀하고 사랑하는 관계에서 여자가 지나치게 남성성에 치우치면 남자가 여성성으로 떠밀릴 수 있다. 그러면 남자는 더 수동적이 되고 애정을 갈구하거나 예민해지거나 관계에 대한 요구가 많아질 수 있다. 마찬가지로 남자가 여성성으로 치우치면 여자가 남성성으로 떠밀릴 수 있다.

자석을 N극끼리 혹은 S극끼리 붙이려 할 때 벌어지는 현상과 같다. N극끼리 혹은 S극끼리 서로 밀어내는데도 억지로 붙이려고 하면 어느 한쪽이 반대 극으로 돌아간다.

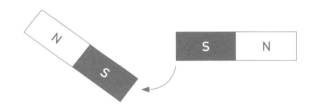

자석 그림처럼, 여성성이 강한 남자가 여자를 남성성으로 밀거나 남성성이 강한 여자가 남자를 여성성으로 밀 수 있다.

긍정적인 방향으로 보면 여자는 여성성이 강할 때 남자의 지지를 받아 남자를 남성성으로 밀어낸다. 마찬가지로 남자는 남성성이 강할 때 여자가 여성성을 회복하도록 도와준다. 이런 현상은 특히 서로 연결하려는 힘이 강한 연인이나 부부 사이에 나타난다.

오늘날의 관계에서는 여자가 남성성이 강하면 남자가 대화를 더 많이 나누고 싶어 하는 반면 여자는 일에 치여 대화할 생각이

화성남자와 금성여자를 넘어서 ♀

없다. 남자가 여자와 가까워지려고 애쓰다보면 여성성으로 더 많이 치우친다.

간혹 남성성이 강한 여자가 남자에게 감정을 털어놓게 하는 식으로 소통을 시도할 때가 있다. 그러면 남자는 여성성 쪽으로 더 넘어가 결국 균형을 찾지 못하고 부작용을 드러낸다.

관계 안에서 배우자와 가까워질수록 서로에게 미치는 영향도 커진다. 배우자의 극성이 건강하지 못한 방식으로 떠밀면, 우리는 내면의 균형을 잃지 않으려고 소통하고 싶은 욕구를 누를 수 있다. 부부가 더 이상 오붓한 시간을 보내지 않거나 서로에게 성적인 흥미를 잃을 때 나타나는 현상이다.

따라서 여성성이 강한 남자가 여성성과 단절된 아내와 살 때 집에 오면 더 여성적이 되는 이유를 알 수 있다. 자석은 같은 극끼리는 붙지 않는다는 사실을 명심하라. 어느 한쪽이 반대 극으로 돌아가야 한다. 여자가 남성성을 띠고 남자가 소통하고 싶어 하면 남자는 여성성 쪽으로 더 밀려난다.

> 여자가 남성성이 강하면 남자는 소통하기 위해
> 여성성 쪽으로 더 넘어갈 수 있다.

이처럼 자동으로 남성성과 여성성을 오가면 어느 한쪽을 억압해서 서로에게 느끼는 매력이 감소하고 호르몬의 균형이 더 깨지는 문제가 생긴다. 남자가 여성성에 치우치면 테스토스테론이 줄어들고, 여자가 남성성에 치우치면 에스트로겐이 줄어든다.

더구나 여자가 남자를 이미 산적한 문제에 얹힌 또 하나의 문제로 생각하면 남성성에 갇힐 수 있다. 그래서 여자가 불만을 터뜨리면 남자는 여자가 자기를 바꾸려 한다는 생각에 반발한다. 남자가 반발하면 여자도 다시 남자에게 반발하고 둘 사이의 갈등은 더 심해진다.

> 배우자에게 반발하는 측면은 계속 남을 것이다.

내면의 균형을 찾아가는 법을 이해하면, 배우자에게 저항하는 대신 새로운 대화법으로 배우자에게서 최선의 모습을 끌어낼 수 있다.

그래야 하는 이유는 여자가 수용적이고 애정이 넘치는 여성성을 억누르거나 차단하면 남편을 제대로 이해하기 어렵기 때문이다. 마찬가지로 남자가 남성성을 억압하면 아내를 온전히 이해하기 어렵다. 결국 남자는 아내의 감정보다 자신의 감정에만 몰두해서 걸핏하면 화를 내거나 이것저것 시시콜콜 요구만 하게 된다.

남자가 여성성을 드러내면 일시적으로는 사랑과 애정과 배려의 성향을 더 보여줄 수 있어도 결국에는 억울한 감정에 사로잡힌다. 남성적인 독립성이 뒷받침되지 않으면 애정을 갈구하게 되고,

받는 것보다 주는 것이 많다고 억울해한다. 그러나 남성성을 회복하면 애정을 갈구하던 마음이 줄어들고 이것저것 요구하지 않게된다. 또 판단을 미루고 비판적인 태도를 줄이고 배우자의 요구를 더 잘 이해할 수 있다.

결혼생활에서 역할의 역전

내가 강연에서 남자들의 일반적인 행동과 태도와 반응을 소개할 때, 자기는 금성인이 아니라 화성인 같다고 말하는 여자들이 있다. 이렇게 남녀의 뒤바뀐 경험은 《화성에서 온 남자, 금성에서 온 여자》가 처음 출간되었던 25년 전보다 요즘 더 흔해졌다. 요즘은 여자들이 내면의 남성성을 발견하고 표현할 기회가 늘어났다. 자기 남편이 금성인이라고 말하는 여자들도 있다.

예를 들어 내가 "연애나 결혼생활에서 여자가 남자보다 말을 많이 한다"고 말하거나 "직장에서는 주로 남자가 여자보다 말을 많이 한다"고 말하면 모두가 동의하지는 않을 것이다. 각자의 경험은 다르기 때문이다. 나는 남자들이 동굴에 들어가 시간을 보내야 스트레스를 줄일 수 있다고 말하지만, 요즘 남자들은 아예 동굴에 들어가지 않거나 취미생활을 하거나 신문을 보거나 기도하거나 명상하거나 스포츠 경기를 보면서 자기가 동굴에 들어간 줄도 모른 채 동굴 시간을 보낼 수 있다.

지금은 역할을 나누는 관계에서 드러나는 남녀의 차이에
모든 남자와 여자가 공감하는 것은 아니다.

하지만 생물학적 호르몬의 차이로 보면 남자는 여전히 화성에
서 왔고 여자는 여전히 금성에서 왔다. 자세히 들여다보면, 여자든
남자든 고유한 호르몬 욕구를 충족시키지 못하면 스트레스를 받
는다. 결국에는 배우자에게 매력을 잃고 열정도 식는다.

남성성이 강한 여자는 직장보다 집에서 말수가 줄어든다. 말을
해봐야 남편이 해결책만 내놓으려 할 거라고 생각하기 때문이다. 그
러나 여자가 남편에게 감정을 털어놓고 남편이 귀담아들어주면 여
성 호르몬이 원활히 분비되어 스트레스를 효과적으로 줄일 수 있다.

남성성이 강한 여자는 직장보다 집에서 말수가 줄어든다.

여성성이 강한 남자는 직장에서든 집에서든 말이 많다. 다만 직
장에서는 문제를 해결하기 위해서라기보다는 감정을 나누려고 말
을 하고, 집에서도 아내의 감정보다는 자신의 감정과 골칫거리만
털어놓는다. 하지만 직장에서든 집에서든 감정을 많이 나눠봐야
스트레스가 줄어들지도 않고, 오히려 직장 동료들이나 아내와 더

멀어질 수 있다. 이럴 때는 말을 줄이고 아내의 말을 더 들어주면 스트레스를 효과적으로 줄일 수 있다.

남자든 여자든 직장에서는 문제를 해결하기 위해 말하고(남성성 드러내기), 집에서는 서로 소통하고 친밀해지기 위해 말한다(여성성 드러내기). 남성성이 강한 여자는 집에서 말수가 적지만 그렇다고 여성성이 없는 건 아니다. 남성성이 강한 여자도 생물학적으로는 금성인이므로 집에서 감정을 많이 나누는 법을 배우면 효과를 볼 수 있다. 마찬가지로 여성성이 강한 남자는 집에서 말이 많지만 내면에 남성성이 없는 건 아니다. 역시 생물학적으로 화성인이므로 말수를 줄이고 많이 들어주는 법을 배우면 효과를 볼 수 있다.

여자는 감정을 많이 말하면 여성성을 회복하고 스트레스를 줄여주는 여성 호르몬을 많이 분비할 수 있다.

반면에 남자가 스트레스에 대처하는 가장 좋은 방법은 말수를 줄이고 동굴 시간을 보냄으로써 스트레스를 줄여주는 남성 호르몬을 많이 분비하는 것이다.

> 남자가 여성성을 드러내면 말이 많아져서
> 결국 스트레스를 더 많이 받는다.

남성성과 여성성의 균형을 깨뜨리는 행동을 하면 균형을 더 깨뜨리는 방향으로 흐르기 쉽다. 균형을 회복하려면 균형이 깨진 상태를 자각하고 균형을 되찾을 방법을 모색해야 한다.

남자들이 말을 너무 많이 하는 습관을 버리면 처음에는 중독을 끊는 느낌이 들 수 있다. 감자칩이나 쿠키를 딱 하나만 먹는 게 쉽지 않듯이, 결코 쉽지 않은 일이다. 일시적으로 금단증상까지 경험할 수도 있다. 마찬가지로 일을 많이 하는 여자가 일을 멈추고 쉬는 법을 배우기도 어렵다. 의지와 지혜를 요하는 일이다. 이런 특성을 이해하지 못하면 진심으로 사랑을 느끼지 못한다.

왜 사랑에 빠지지 못할까

남성성이 지나치게 강한 여자들 중에는 자신이 남자와 사랑에 빠지지 못하고 남자에게 아무런 매력을 느끼지 못하는 이유가 궁금한 사람이 있을 것이다.

마흔 살의 스테퍼니는 여러 남자를 만났지만 사랑에 빠져본 적은 없다. 스테퍼니가 매력을 느끼면 남자 쪽에서 그녀에게 관심을 보이지 않았다.

"이유는 모르지만, 그간 만난 남자들한테는 매력을 느끼지도 못했어요. 흥분되지도 않았고요. 좋은 시간을 보내도 특별한 감정이 들진 않았어요. 아직 제 짝을 만나지 못한 것 같아요."

스테퍼니만 그런 게 아니다. 많은 여자가 이렇게 묻는다. "내 영혼의 짝은 어디서 찾을 수 있나요?"

그러면 나는 이렇게 말해준다. "분명 어딘가에 있지만 그 사람을 찾거나 그 사람 눈에 띄려면 그 사람이 어디 있냐고 물으면 안 됩니다. '내 영혼의 짝은 **어디** 있나요?'가 아니라 '내게 맞는 사람을 **어떻게** 만날 수 있나요?'라고 물어야 합니다."

> '내 영혼의 짝은 *어디* 있나요?'가 아니라
> '내게 맞는 사람을 *어떻게* 만날 수 있나요?'라고 물어야 한다.

여자가 내면의 여성성을 수용하고 남성성과 균형을 잡지 못하면 자기에게 맞는 남자를 끌어당기지도 남자에게 매력을 느끼지도 못한다. 남성성이 강한 여자는 여성성이 강한 남자들, 이를테면 여자를 보살피기보다는 자기가 보살핌을 받으려고 '여자를 필요로 하는' 남자들을 끌어당기거나 이런 남자들에게 매력적으로 비친다.

그러나 남성성이 강한 여자는 오히려 남성성을 과시하고 내면의 여성성을 누르는 남자에게 매력을 느낄 수 있다. 강렬한 남성성이 여자의 남성성과 충돌하여 여자를 여성성 쪽으로 떠밀 수 있다. 남성성이 강한 남자는 여자를 '여자로 느끼게' 해주지만, 그 자신이 내면의 여성성을 억압하는 탓에 관계에서 지배적으로 군림하고, 협조하거나 타협할 생각을 하지 못한다. 여자의 독립성 욕구를 충족시켜주지 못하고 여자가 자신에게 의존하고 자기 뜻에 복종하기만을 요구한다.

관계에서 남성성과 여성성의 균형을 찾는 법을 배우면 자기에게 꼭 맞는 짝을 끌어당기기 위한 첫걸음을 떼는 셈이다. 데이트에서 성공하기 위한 '과정'에 들어선 것이다.

물론 여자에게만 해당되는 이야기가 아니다. 남자도 마찬가지다. 남자가 관계에서 호르몬의 균형을 유지하는 법을 익히지 못하면 처음에는 여자에게 강렬히 끌렸다가도 이내 감정이 식는다.

여성성이 강한 남자는 남성성이 강한 여자를 선택할 것이다. 특유의 여성성으로 처음에는 여자에게 다정하고 낭만적으로 다가갈 수 있다. 그러나 다시 물러나 내면의 남성성을 회복해야 한다. 물러나야 할 때 물러나지 않으면 과도하게 애정을 갈구하고 요구가 많아지고 비판적이 된다.

남성성이 강한 남자들은 처음 만나서 사랑할 때는 문제가 없지만 열정을 오래 이어가지 못해 상대에게 확신을 주지 못한다. 그리고 상대에게 더 이상 매력을 느끼지 못하면 떠난다. 이 책《화성남자와 금성여자를 넘어서》에서 소개하는 기본 개념을 통해, 남자들은 오늘날 여자들의 욕구를 이해하여 연애 감정을 유지할 수 있다. 남편이 아내의 여성성을 지지해주는 법을 배우면 아내는 남편을 더 인정하게 되고 남편은 감정이 되살아날 수 있다.

요즘은 여성성이 강한 여자가 흔치는 않지만 이들 또한 마찬가지다. 이런 여자들은 남자에게 이해를 많이 받으면 호르몬의 균형을 회복하고 사랑과 지지를 토대로 사랑을 키워나갈 수 있다.

쉽지 않은 균형 찾기

요즘처럼 남자든 여자든 남성성과 여성성을 마음껏 표출할 수 있는 시대에는, 여자들은 남성성으로 치우치기 쉽고 남자들은 여성성으로 치우치기 쉬워서 결국 남녀 모두 서로에게 매력을 느끼지 못한다. 여자든 남자든 왜 점점 서로 멀어지는지 이해하지 못한 채 계속 멀어지기만 할 수 있다. 새로운 시대의 변화를 이해한다 해도 쉽지는 않다!

마사와 톰 부부가 부부 관계를 위한 주말 세미나에 참석했을 때, 그들은 화성인과 금성인을 넘어섰지만 아직 새로운 욕구를 충족시킬 통찰과 기술을 습득하지 못한 상태였다. 마사는 국제적인 의류 업체의 CEO다. 오늘날의 많은 여자들처럼 하루 종일 남성성을 발산하며 일한다. 경제적으로는 크게 성공했지만 집에서도 잘 쉬지 못하고 인생도, 사람들과의 관계도 즐기지 못한다. 항우울제를 복용하고, 성욕을 느끼지 못하고, 처방받은 수면제를 먹고 잠든다.

마사는 상담에서 이렇게 말했다. "선생님 말씀을 들어보면 저는 화성에서 온 것 같아요. 부부 사이에서 여자들이 말을 더 많이 한다면서요. 저는 집에서도 일을 많이 해요. 감정을 나눌 시간도 없고, 또 그러고 싶지도 않아요."

마사는 오늘날의 여느 여자들처럼 집에서도 남성성을 지나치게 표출하여 계속 스트레스에 시달릴 뿐 아니라, 남편에게 매력을 느끼지도 못하고 주지도 못한다. 스스로 여성성을 발견하고 표현하여 균형을 되찾아야 한다. 그러면 여성 호르몬이 분비되고 결혼 생활의 열정을 되찾을 수 있을 뿐 아니라, 잠 못 이루게 만드는 스트레스 호르몬도 줄어들 것이다.

문제는 마사가 감정을 나누거나 연약해지는 순간을 자연스럽게 받아들이지 못한다는 점이다. 마사는 평생 자기주장이 강하고 자신만만하고 독립적인 자신에게 자부심을 느껴왔다. 이런 마사에게 감정을 나누거나 도움을 구하는 것은 나약함의 신호였다.

마사는 남성성을 표출할 때는 감정을 접어두고 일에만 몰두하고 싶어 한다. 이런 자연스러운 욕구를 거슬러 균형을 잡으려면 강인한 의지가 필요하다. 새로운 기술을 습득하려면 연습을 해야 한다. 당장은 기분이 좋지 않을 수 있다.

마사의 남편 톰은 부동산 중개인이다. 마사가 하는 일만큼 업무 부담이 크지도 않고 돈도 많이 벌지 못한다. 그래서 파트타임으로 일하면서 일정에 여유를 두어 가사의 부담을 더 많이 진다. 여성성이 강한 일부 남자들과 달리 톰은 남성성을 회복하고 싶은 욕구를 잃지 않았다.

마사는 집에 돌아오면 남편이 자기에게 시간을 더 많이 내주지 않아서 불만이다. 마사는 이렇게 말했다. "제가 우리 집 가장 노릇을 하는데 일하고 집에 와보면 남편이 놀러 나가고 없어서 화가 나요."

그러자 톰이 이렇게 대꾸했다. "난 온종일 장 보고, 청소하고, 애들을 태우고 다니잖아. 당신은 온종일 밖에 있고. 당신은 내가 집에서 한 일을 알아주지도 않잖아. 나도 내 시간이 필요해."

톰이 집에서 벗어나고 싶은 욕구를 강하게 느끼는 이유는 아내보다 수입이 적어 집안일을 많이 떠맡는 여느 남자들처럼 아내가 자신의 노고를 인정해주는 느낌을 받지 못해서다. 마사는 집에 오면 톰이 **해놓은** 일보다 **해야 할** 일에 대해서만 따질 때가 많다. 마사는 집에 와서도 여성성을 회복하지 못한 채 톰이 해놓은 일을 고마워하고 칭찬하고 기뻐해주는 여성적인 능력을 끌어내지 못한다.

> 여자가 가장 노릇을 할 때, 남자들은 대개 자기가
> 집에서 한 일에 대해 인정을 받지 못한다고 생각한다.

이 사례에서 톰은 자기가 하고 싶은 것과 반대로 행동하여 아내를 지지하고 자신의 스트레스도 줄일 수 있다. 이를테면 당장 동굴에 들어가지 말고 우선 아내가 여성성을 회복하도록 도와줄 수 있다. 남자와 여자가 생물학적으로 다르다는 사실을 기억하고 서로의 차이와 각자의 호르몬 욕구를 이해하면 배우자에게 계속 매력을 느낄 수 있다.

여전히 남자는 화성에서, 여자는 금성에서 왔다

전통사회에서 각기 다른 역할을 수행하던 남녀가 직업 세계에서
는 같은 역할을 수행하기 시작하면서 남녀의 차이도 덜 분명해졌
다. 더 이상 남자와 여자가 서로 다르게 잘하거나 관심을 갖는 분
야에 대한 고정관념이 통하지 않는다. 수학을 잘하는 여자도 있고
수학을 못하는 남자도 있다. 오페라나 패션에 관심이 있는 남자가
있는가 하면 사냥과 스포츠에 관심이 있는 여자도 있다.

고정관념은 전통적으로 주어진 역할만 수행하던 시대에 남자
들은 여성적인 성향을 억누르고 여자들은 남성적인 성향을 억눌
렀기 때문에 생겨났다. 이제 우리는 전통적인 남녀의 역할을 넘어
내면의 남성성과 여성성을 쉽게 들여다볼 수 있다. 모든 남자가
알게 모르게 내면의 여성성을 더 많이 끌어내고, 모든 여자가 내
면의 남성성을 더 많이 끌어낸다. 이런 변화로 인해 남녀 구분이
모호해졌다.

내면의 모든 측면을 마음껏 표출할 수 있는 시대가 되었지만,
남자는 여성성을 드러낸다 해도 여전히 남자이고 여성성을 드러
내는 여자와는 분명 다르다. 여자는 남성성을 드러낸다 해도 여전

히 여자이고 남성성을 드러내는 남자와는 상당히 다르다. 남녀가 다른 이유는 생물학적으로 다르기 때문이다.

> 남자는 여성성을 드러낸다 해도
> 여성성을 드러내는 여자와는 확연히 다르다.

이런 명백한 차이를 간과하고 남녀의 구분이 모호해져 차이를 간과하면 남녀의 고유한 정서적 지지의 욕구를 이해하기가 더 어렵다. 결국 남자도 여자도 각자에게 필요한 정서적 지지를 받지 못한다.

남성성을 표출하는 여자가 늘어나면서 여성의 몸에서 분비되는 남성 호르몬이 여성 호르몬을 억제하고 나아가 연애 감정까지 죽일 수도 있다. 반대로 남자가 남성성을 드러내고 싶어 하는 여자의 욕구를 지지해주지 않으면 남성 호르몬은 줄어들고 여성 호르몬은 늘어나 역시 연애 감정이 생기지 않을 수 있다.

우선 남녀의 생물학적 차이를 받아들이면 여자들이 여성성을 잃지 않으면서도 남성성을 더 많이 표현하게 해주는 방법을 알 수 있다. 마찬가지로 남자들이 남성성을 잃지 않도록 지지해줄 방법을 발견할 수 있다. 남자가 사랑이 넘치고 다정하고 협조적인 여성성을 많이 드러내다보면 남성성을 제대로 유지하기 어려울 수 있다. 호르몬의 차이를 지지해주는 방법으로 매력을 지속시킬 수 있지만 먼저 남녀가 여러 중요한 측면에서 서로 다르다는 사실을 인정하고 받아들여야 한다.

부부가 각자의 고유하고 상이한 호르몬의 균형을 유지하지 못하면 관계에 대한 열정이 식을 뿐 아니라 사랑을 키우지 못한다. 실망과 불만이 쌓일 뿐 아니라 복잡하고 빠르게 돌아가는 세계에서 각자 더 큰 난관에 직면한다.

다음의 문제에는 여러 가지 요인이 작용하겠지만 이렇게 사회적으로 표출된 문제에는 기본적으로 남녀의 고유하고 상이한 어려움이 반영된다. 전통적인 역할이 줄어든 반면 남자든 여자든 저마다의 균형을 찾기 위해 무엇을 해야 하는지 새롭게 이해하지는 못했다. 남녀 문제의 간극이 더 벌어졌다.

1. "교도소에 수감되는 비율은 남자가 여자보다 90퍼센트 높고, 사고로 사망할 가능성도 남자가 여자보다 높다." 남자들은 테스토스테론의 영향으로 여자보다 위험을 감수할 가능성이 크고 반응 시간 또한 더 빠르다. 생각하거나 느끼기 전에 행동을 먼저 할 수 있다는 뜻이지만, 달리 보면 잠재적 결과를 고민하지 않고 섣불리 행동할 가능성도 크다는 뜻이다.

2. "자살률은 남자가 여자보다 네 배 높지만 자살 시도 비율은 여자가 남자보다 두 배 가까이 높다." 여자들은 자살하고 싶다고 털어놓을 가능성이 훨씬 높지만 남자들은 당장 실행에 옮기는 경향이

있다. 여자들은 에스트로겐의 영향으로 스트레스를 받으면 남자보다 더 많이 말하고 싶어 한다. 반면에 남자들은 테스토스테론의 영향으로 사는 게 고통스러워지면 곧바로 행동에 돌입하는 경향이 있다. 스트레스를 없애기 위한 치료를 받으러 가는 대신 삶을 끝내버리는 것이다. 상담을 하러 가는 사람의 90퍼센트가 여자다.

3. "이혼을 신청하는 사람 중에는 여자가 많고 온라인 포르노에 중독된 사람 중에는 남자가 많다." 여자들은 에스트로겐의 영향으로 관계 지향적이다. 관계에 대한 기대가 더 큰 실망으로 돌아오면 이혼을 원한다. 반면에 남자들은 테스토스테론의 영향으로 육체적 친밀감과 지속적인 열정에 대한 욕구가 충족되지 않으면 고통을 숨기려고 섹스 중독에 빠져들 가능성이 크다.

4. "술과 마약에 중독된 사람 중에는 남자가 많고, 항우울제와 수면제를 복용하는 사람 중에는 여자가 많다." 개인이 점차 독립적인 성향을 띠면서, 남자들은 술을 많이 마시거나 중독성 약물로 스스로 고통을 다스리는 데 반해, 여자들은 고통을 억누르거나 고통에서 벗어나기 위해 의사와 약물의 도움을 구하는 편이다.

5. "고등학교와 대학을 졸업한 여자의 비율이 남자의 절반 수준에 이르자 고등교육을 받은 여자들은 자기 수준에 맞는 배우자를 만날 수 없다거나 아예 배우자를 원하지 않는다는 걸 깨닫는다." 남자와 여자는 근본적으로 달라서 이혼 가정의 자녀가 아버지를 만나지 못하면 딸들은 남자에게 건강하게 의존해본 경험이 없어 지

나치게 독립적이 되고, 아들들은 어머니를 행복하게 만들어준 남자를 겪어본 적이 없어서 가정을 위해 열심히 일할 동기를 끌어내지 못한다. 남자는 테스토스테론의 영향으로 변화를 이끌어낼 수 있다는 자신감에서 동기를 얻는다. 어머니를 행복하게 해주고 가족의 생계를 책임지던 자신감 넘치는 아버지를 본 적이 없는 남자아이는 학업을 계속하는 등 성공을 위한 노력을 해나갈 의지가 부족하다.

6. "여자들은 직장에서 병가를 두 배 많이 내고, 남자들은 일중독자가 되는 비율이 훨씬 높다." 집 밖 직업의 세계에서는 주로 테스토스테론을 자극하기 때문에 여자들은 스트레스를 집까지 가져올 가능성이 높고, 그로 인한 병에 걸릴 위험도 커질 수 있다. 남자들은 특히 가정생활이 원만하지 않으면 일중독에 빠지기 쉽다. 오래 일하면 테스토스테론이 증가하여 당장은 스트레스가 줄어들기 때문이다.

전국적인 통계에서 나타난 이상의 명백한 차이를 들여다봐도 개인적인 관계를 개선하기 위한 아무런 해법을 찾을 수 없다. 그러나 남녀의 난관과 취약성이 얼마나 다른지는 명백히 드러난다. 남녀가 스스로 필요한 지지를 구하는 방법을 배우면 문제가 해결될 것이다. 실질적인 해결책은 모두 사랑의 공간에서 나와야 한다. 부부가 가정에서 사랑과 열정을 지키는 법을 배우면 각자의 난관을 함께 극복할 수 있다.

개인적인 관계에서 서로의 차이를 지지해주기 위한 통찰을 얻지 못하면 세계적으로 사회문제가 증가하는 추세를 뒤집지 못한다. 요즘은 남녀가 남성성과 여성성을 모두 발견하여 전통적인 화성인과 금성인의 역할을 뛰어넘는 시대이므로 그 어느 때보다 남자와 여자가 다르고 각자의 욕구도 다르며 각기 다른 지지를 필요로 한다는 사실을 명심해야 한다.

> 요즘은 전통적인 화성인과 금성인의 역할을
> 뛰어넘는 시대이므로, 그 어느 때보다
> 남자와 여자가 얼마나 다른지 명심해야 한다.

남자와 여자가 똑같다면 여자는 마음껏 남자처럼 행동하고 남자도 자유롭게 여성성을 드러낼 수 있는 시대이므로 앞서 소개한, 남자들과 여자들이 부딪히는 난관이 줄어들었을 것이다. 그러나 그런 난관은 실상 더 늘어났다.

노르웨이의 역설

세계에서 1인당 국민소득이 가장 많고 석유 보유량 또한 가장 많은 노르웨이는 세계 어느 나라보다 성 평등을 많이 이루었다고 자부하지만, 일각에서는 남녀 사이에 열정이 사라졌다고 불평한다. 이혼율이 높고 비혼 독신도 늘어났다. 남녀가 직장과 집에서 거의 비슷한 역할을 해야 하고 성별 구분이 없는 것처럼 행동한다. 명백한 신체적 차이를 제외하고, 남녀가 다르다고 전제하는 것은 문화적으로 부적절한 태도로 간주된다.

사실 노르웨이에서는 화성인과 금성인 개념을 꺼내기조차 어려울 때가 있다. 전국 텔레비전 방송에서 수상과 인터뷰하며 동굴 시간에 관해 이야기한 적이 있다. 남자는 여자와 달리 테스토스테론을 다시 생성하기 위해 혼자만의 시간을 가져야 한다는 얘기였다. 수상은 남자가 동굴 시간을 가져야 한다는 것도, 남자와 여자가 다르다는 것도 인정하려 하지 않았다. 고리타분한 성차별적 주장으로 치부했다.

나는 수상이 매일 일과를 마치고 20분에서 30분쯤 애완견을 산책시킨 후 가족과 함께 저녁을 먹는다고 한 말을 지적했다. 이 시간이 그의 동굴 시간이고, 그런 시간을 보내는 사이 스트레스를 막아주는 남성 호르몬이 생성되어 집에 오면 더 편하게 가족과 시간을 보낼 수 있는 거라고 말했다. 그 프로그램에서는 이 대목을 삭제했다.

남자와 여자가 똑같다면, 노르웨이처럼 성 평등이 이루어져 선택의 폭이 넓은 환경에서는 모든 분야에서 남녀의 비율이 거의 비숫해야 한다. 그러나 현실은 그렇지 않다. 놀랍게도 남녀가 다르지 않고 공무원의 성비가 동일해야 한다고 믿는 나라이지만 민간 부문에서는 여자들이 전통적으로 여성적이라고 여겨지던 직업을 많이 선택하고 남자들은 전통적으로 남성적이라고 여겨지던 직업을 많이 선택한다.

예를 들어 여자들은 유치원과 초중고 교육, 청소, 간호처럼 남을 보살피는 분야에서 주도적인 역할을 맡고 건설 노동자, 운전사, 기술자, 엔지니어 등은 남자가 많다.

> 성 평등이 상당히 이루어진 노르웨이에서도
> 전통적으로 여자들은 여성적이라고 여기던 직업을,
> 남자들도 남성적이라고 여기던 직업을 많이 선택한다.

이런 현상을 노르웨이의 역설이라고 한다. 사회적으로나 경제적으로 역할을 나누는 제약에서 벗어나 원하는 일을 자유롭게 선택할 수 있게 되자, 여자들은 전통적으로 여성적인 직업을 택하고 남자들은 전통적으로 남성적인 직업을 택한다는 것이다. 미국에서도 이와 유사한 변화가 일어나고 있다. 출판, 교육, 의료처럼 소통과 교육과 환자를 돌보는 역할을 하는 직업군에서 남자의 비율이 현저히 줄어들고 있다.

남성적인 직업이든 여성적인 직업이든 자유롭게 선택할 수 있는데도 남성적인 직업에 종사하는 여자가 늘지 않고 여성적인 직업을 택하는 남자가 늘지 않는 이유는 무엇일까?

한편 남자와 여자가 가정에서는 여전히 전통적인 역할을 수행해야 하고, 특히 여자들은 최근까지도 남성적인 직업을 갖기 어려웠던 인도와 비교해보자. 인도의 상황은 전혀 다르다. 여자들이 적극적으로 남성적인 직업에 뛰어든다. 남성적인 일을 할 기회가 주어지자 억눌린 남성성을 표출할 기회를 잡으려 한다.

> 인도에서는 새로운 자유가 주어지자
> 남성성을 표출하려는 여자들이 늘어나고 있다.

일례로 인도에서는 엔지니어 3분의 1이 여자다. 노르웨이에서는 정부가 엔지니어 분야에서 여성의 비율을 높이려 해도 20퍼센트 정도에 머무른다. 인도에서는 초등학교 교사의 52퍼센트가 남자다. 노르웨이에서는 25퍼센트만 남자다. 왜일까?

> 선택의 자유가 주어졌는데도
> 왜 여성적인 직업을 택하는 여자가 많을까?
> 또 전통적인 문화가 남아 있는 사회에서는
> 왜 여자들이 남성적인 직업에 적극적으로 뛰어들까?

화성남자와 금성여자를 넘어서 ♀

답은 **균형**에 있다. 노르웨이 여자들은 집에서도 여성성을 마음 껏 드러내지 못하고 남자들도 남성성을 마음껏 표출하지 못한다. 가정에서 남녀의 차이를 인정하지 않으므로 여자들은 여성적인 직업을 택하고 남자들은 남성적인 직업을 택해 저마다의 삶에서 균형을 이루려 하는 것이다. 여자는 집에서는 여성성을 드러내지 못해도 직장에서는 드러낼 수 있다. 남자도 직장에서는 남성성을 드러낼 수 있다.

인도는 정반대다. 여자들이 집에서 남성성을 드러내지 못하므 로 남성적인 직업에 적극적으로 뛰어든다. 남자들도 여성적인 직 업을 택해 정부 당국을 실망시키곤 한다. 일례로 인도의 한 주에 서는 간호사를 지망하는 남자의 비율이 높다고 보고, 간호사 프로 그램에 남자를 받지 말라는 조치를 취했다.

두 사례 모두에서 남녀가 전통적인 역할에서 벗어나서도 서로 의 차이를 이해하고 존중하는 법을 배워야 하는 이유가 잘 드러 난다.

노르웨이와 스웨덴은 여성의 평등한 권리 면에서는 가장 앞서 간 나라들이고, 우리는 두 나라의 장점과 실수에서 배울 점이 많 다. 두 나라에서는 여자와 남자가 전통적으로 남성적인 직업과 여 성적인 직업을 자유롭게 선택할 수 있고, 가정에서도 남녀가 똑같 은 역할을 해야 한다. 모든 것이 반드시 '평등'해야 한다. 마치 성 별이 없는 것처럼 모든 일을 동등하게 해야 한다.

이곳 남자들은 가정에서 집안일을 하면서 여성성을 드러내고 싶어 하지만 하루 일을 마치면 우선 남성 호르몬을 회복하는 데 필요한 지지를 받아야 한다는 사실을 이해하지 못하고 문화적으로 지지나 용인을 얻지 못한다. 여자들도 밖에서 직업을 갖고 가족의 생계를 책임진다고 자부하지만 여성성을 회복하는 데 필요한 지지를 받아야 한다는 점을 이해하지 못한 채 문화적 지지나 용인을 얻지 못한다.

성 평등은 성 맹목이 아니다

노르웨이와 스웨덴에서 주장하는 성 평등gender equality은 사실 성 맹목gender blindness에 가깝다. 가정에서 남자들은 남성성을 억누르고 여자들은 여성성을 억누른다.

이처럼 남녀의 차이를 부정하는 방식은 진정한 평등이 아니다. 평등은 똑같다는 뜻이 아니다. 서로의 차이를 동등하게 존중하고 긍정적으로 수용한다는 뜻이다. 사람은 저마다 다르다. 각자의 고유한 남성성과 여성성이 섞여 있다. 모두에게 한 가지 기준을 따르라고 요구하는 것은 존중이 아니다.

모두가 같아야 한다고 고집한다면, 우리는 각자의 취약성과 욕구에 연민을 느끼지도 못하고 최선을 다하려는 노력도 이해하지 못한다. 서로의 고유한 차이를 이해하고 수용하고 인정하고 존중하는 법을 배우지 못하면 진정한 성 평등을 이루지 못한다. 결국 성 맹목이 성 평등을 밀어낼 것은 불 보듯 뻔하다.

남자와 여자 모두 직장에서 똑같이 잘못된 관계를 기대할 것이고, 또한 연애나 부부 관계도 더 어려워질 것이다. 노르웨이와 스웨덴에서 30년 이상 남녀의 차이를 강연한 경험으로 미루어보건대, 남녀가 다르지 않다고 믿을수록 관계에서 열정을 더 빨리 잃는다. 부부들이 열정을 잃은 채 룸메이트처럼 지낸다. 노르웨이와 스웨덴은 이혼율이 세계에서 가장 높은 축에 속한다(각각 44퍼센트와 47퍼센트).

성 맹목이 성 평등을 밀어낸다.

남녀의 타고난 차이를 인정하지 않으면 서로에게 연애 감정이나 매력을 느끼지 못한다. 감정은 화학반응처럼 자연스럽게 일어나는 것이지, 일부러 선택하여 '알아내거나' 만들어내는 것이 아니다. 누군가에게 매력을 느끼고 성적으로 흥분하기로 마음먹을 수는 없다. 신체 화학은 남녀의 다르면서도 상보적인 호르몬 수준과 함께, 냄새나 접촉이나 입맞춤을 통해 페로몬으로 전달되는 유전자의 보완적인 차이에 반응하여 저절로 일어나는 호르몬 반응이다.

신체 화학은 남녀의 다르면서도 상보적인 호르몬 수준에
반응하여 저절로 일어나는 호르몬 반응이다.

사회적으로 남성성과 여성성을 억눌러야 한다면 우리는 서로에게 매력을 느끼는 감정이나 신체 화학을 유지하지 못한다. 남자가 남성성을 억압하거나 여성성을 과도하게 드러내 에스트로겐이 과도하게 분비되고 테스토스테론이 줄어들면, 결국 여자는 그에게 성적 매력을 느끼지 못한다. 마찬가지로 여자가 관계에서 여성성을 억압하고 남성성을 과도하게 표출하면, 남자는 점차 여자에게 매력과 관심을 잃는다. 부부가 각자 내면의 남성성과 여성성을 억압해 결국 남성 호르몬과 여성 호르몬이 제대로 분비되지 않으면, 서로에게 열정도 느끼지 못하고 육체적으로 끌리지도 않는다.

남녀의 타고난 차이를 부정하면 화학 반응과 매력처럼
저절로 생기는 감정을 느끼지 못한다.

과거 역할을 나누는 관계에서는 다른 이유로 열정을 잃었다. 여자는 내면의 남성성을 억누르고 남자는 여성성을 억누르며 사회가 요구하는 남자의 역할과 여자의 역할만 수행해야 했기 때문에 남자든 여자든 사적으로 자기를 표현하지 못했다.

하지만 오늘날 마음을 나누는 관계에서 부부 사이에 열정이 식

화성남자와 금성여자를 넘어서 ♀

을 때 불만을 느끼는 이유는 역할을 나누는 관계와는 달리 거기에 더 큰 가능성이 열려 있다는 걸 알기 때문이다. 실제로도 그렇다. 다만 어떤 가능성이 열려 있는지 알려면 먼저 서로의 차이를 인정하는 동시에 양쪽 모두 남성성과 여성성을 자유롭게 표현할 수 있어야 한다.

서로의 차이를 수용하면서 남자와 여자의 역할에 관한 고정관념에서 벗어나야 열정을 오래 지켜나갈 수 있다.

서로의 차이를 수용해야 열정을 오래 지켜나갈 수 있다.

앞으로는 호르몬의 균형을 유지하기 위한 행동과 기법을 소개하겠다. 심리적으로만 접근하지는 않을 것이다. 우리의 안녕감을 높여주는 중요한 신체 반응을 끌어내는 기법도 소개하겠다. 행동으로 호르몬에 영향을 미치는 방법을 더 깊이 이해하면 관계에서 열정을 잃지 않고 마음을 나누는 관계를 만들 수 있다.

CHAPTER 5

화성에서 온
테스토스테론

Beyond
MARS
and
VENUS

《화성에서 온 남자, 금성에서 온 여자》가 처음 출간되었을 때는, 남녀의 일반적인 차이를 인정하고 이해해서 소통의 수준을 높이고 연애 감정을 되찾는 것이 쟁점이었다. 당시나 지금이나 독자들은 이런 통찰이 매우 유용하다고 여긴다. 다만 요즘은 남성성과 여성성을 조화롭게 표현해 스트레스를 줄이는 방법이 더 중요한 쟁점으로 떠오르고 있다. 집에서 부부가 서로를 대하는 태도가 스트레스에 대처하는 능력을 저해하기도 하고 호르몬의 균형을 되찾아 스트레스를 해소하기도 한다.

지금은 남성성과 여성성을 조화롭게 표현하는 방법이
중요한 쟁점으로 떠오르고 있다.

요즘은 여자들이 의사결정권자와 지도자의 자리에 많이 오르면서 문제 해결 능력과 감정에 치우지지 않는 태도, 독립성 같은 남성적인 자질을 많이 보여준다. 이처럼 마음껏 남성성을 표출하는 것도 중요하지만 여성성을 회복해 균형을 되찾지 못하면 오히려 스트레스가 심해지고 배우자나 삶 전반에 불만이 쌓일 수 있다.

마찬가지로 남자들도 직장과 집에서 여성성을 많이 표출하며 스트레스를 더 많이 받는다. 요즘은 직장에서 협력과 배려와 상호 의존 같은 여성적 자질을 잘 표현하는 남자가 많아졌다. 또 직업의 세계에서도 지난 50년간 다양한 여성적 자질을 수용해왔다. 가령 협력과 상호 의존의 가치를 중심으로 팀 빌딩team building 작업이 이루어지고, 고객을 배려하고 지지하기 위해 의사소통 기술이 발달하며, 직원들을 배려하기 위해 업무 조건이 개선되고 업무 시간이 유연해지고, 여자의 역할을 포용하고 존중하고 인정한다.

남자들이 직장에서 여성성을 많이 표출하자 직장이 모두에게 열린 공간이 되었다. 그러나 남성성을 회복하려는 남자들의 성향을 이해하고 지지해주지 않으면 스트레스에 시달리고 가족에게 쏟을 에너지를 잃는다. 균형을 유지하지 못하면 배우자나 삶 전반에 불만이 쌓인다.

직장과 가정에서 여성성을 더 많이 드러내며
남자들은 스트레스에 시달린다.

오늘날의 남자들은 아버지 세대보다 배우자를 더 많이 사랑하고 지지해주며 여성성을 더 많이 표현한다. 남편이 직장에서 일하고 돌아온 아내를 지지해주면 아내는 일하며 받은 중압감과 압박감을 떨쳐낼 수 있다. 그런데 집에서 남편의 이런 배려는 부부뿐 아니라 자녀에게도 값지고 소중한 시간을 선사하지만 정작 남편의 테스토스테론 수준은 떨어뜨린다.

남자가 여성성을 많이 드러내면 다시 균형을 찾고 싶은 욕구도 강해진다. 균형을 회복하지 못하면 활력도 떨어지고 불만과 스트레스만 쌓인다. 과거 역할을 나누는 관계에서는 남자들이 직장에서 힘든 하루를 보내고 나면 재충전을 하려고 신문이나 텔레비전을 보면서 스트레스를 줄이기 위한 시간을 가졌다. 느긋하게 술도 한잔 마시면서 그날의 골치 아픈 문제를 털어냈다. 하지만 복잡한 현대사회에서는 남자든 여자든 균형을 찾으려면 느긋하게 쉬는 것만으로는 부족하다. 남자들은 스스로 남성성을 회복하려고 노력하는 동시에 배우자가 여성성을 회복하도록 도와줄 새로운 의사소통 기술을 습득해야 한다.

여자들이 직장에서 집으로 돌아올 때 여성성을 되찾아 스트레스를 줄이고 행복해지려면 새로운 지지를 받아야 한다. 남자들도 남성성을 되찾아 스트레스를 줄이고 행복해지려면 새로운 지지를 받아야 한다. 화성인과 금성인을 새롭게 통찰하면 남녀 모두의 욕구를 충족시킬 수 있다.

스트레스를 줄여주는 호르몬의 차이

남녀의 차이를 이해하고 논의하면서 남성성과 여성성의 균형을 어떻게 찾는지 알아보는 간단한 방법이 있다. 남녀의 스트레스에 대한 반응이 호르몬에 의해 달라지는 기제를 이해하는 방법이다. 앞에서도 잠깐 살펴보았지만 여기서 더 자세히 알아보겠다.

남자와 여자가 크게 다르지 않다는 연구 결과가 몇 년에 한 번씩 발표될 때마다 언론에서는 그것을 주요 뉴스로 다루면서 "화성인과 금성인의 거짓 신화"니 "남자는 화성에서 오지 않았다" 같은 제목을 붙인다. 그러나 이런 연구들은 남자도 여성성을 개발할 수 있고 여자도 남성성을 개발할 수 있다고 지적하는 선에서 그치는 정도다. 언론에서는 누구나 남성성과 여성성을 모두 갖고 있다는 개념을 소개하면서도 남자와 여자의 호르몬 기제가 다르고 호르몬이 기분과 행동과 건강에 다양한 방식으로 직접적인 영향을 미친다는 사실은 빠뜨린다.

앞서 보았듯이 남자는 테스토스테론 수준이 크게 떨어지거나 여성 호르몬 수준이 지나치게 상승할 때, 여자는 에스트로겐과 기타 여성 호르몬 수준이 지나치게 낮거나 높을 때 스트레스를 많이 받는다. 남자는 건강한 여자보다 테스토스테론이 열 배 이상 높아야 건강하고 행복하게 살 수 있다. 여자는 건강한 남자보다 에스트로겐이 열 배 이상 높아야 건강하고 행복하게 살 수 있다. 이렇게 현격한 호르몬의 차이는 모든 남자와 여자에게 해당된다.

남자와 여자의 호르몬의 차이
남자: 테스토스테론이 열 배 이상 높음
여자: 에스트로겐이 열 배 이상 높음

《화성남자와 금성여자를 넘어서》에서는 기본적인 호르몬의 차이를 반복해서 거론할 것이다. 비슷해 보일 때도 있지만 남녀의 차이가 실제로 존재한다는 점을 일깨우기 위해서다.

남녀의 차이를 명확히 이해하면 의식적으로 행동과 태도를 바꾸어 호르몬의 균형을 유지하는 데 필요한 통찰을 얻을 수 있다. 구체적인 변화를 통해 호르몬 균형을 유지하면 스트레스가 줄어들고 직장과 가정에서 온전히 잠재력을 발휘할 수 있다.

행동과 감정의 변화는 항상 호르몬에 반영된다.

스트레스가 뇌에 미치는 영향

남자든 여자든 스트레스를 받으면 코르티솔을 분비한다. 방어적이 되거나 사랑받지 못하거나 위협을 느끼면, 뇌에 코르티솔이 차서 싸움 – 도주 중추를 활성화시키고, 지혜와 연민을 관장하는 뇌 앞부분에서 원시적 본능에 따라 반응하는 뇌 뒷부분으로 혈류가 흐른다.

남자든 여자든 코르티솔의 영향으로 사랑을 하기 위한 잠재력을 제대로 발휘하지 못한다. 하지만 코르티솔을 줄이는 기제는 남녀가 다르다. 남자는 테스토스테론이 증가하면 코르티솔이 줄어들지만, 여자는 에스트로겐과 프로게스테론 호르몬이 균형을 이루어야 코르티솔이 줄어든다.

테스토스테론과 공격성

최근에는 남자들이 테스토스테론 보충요법을 받는다는 기사가 자주 나온다. 건강한 테스토스테론 수준이 남자의 젊음, 건강, 체중 감량, 정력, 집중력, 기억력, 기분, 체력, 성욕과 관련이 있는 것으로 알려진 탓이다. 그 밖에 남자에게 좋은 것이 있다면 모두 건강한 테스토스테론 수준과 연결된다.

흔히 테스토스테론 수준이 높으면 남성적인 공격성과 분노가 일어난다고 보았다. 그러나 지난 10년의 연구에서 정반대의 결과가 나왔다. 남자들은 **에스트로겐**이 과도하게 증가할 때 공격적으로 변하는 경향이 있다.

테스토스테론은 코르티솔 수준을 떨어뜨리기 때문에 남자의 스트레스를 조절하는 데 중요하다. 스트레스가 심하거나 몹시 피곤하거나 우울할 때도 테스토스테론 수준이 낮기 때문인 경우가 많다. 남자는 에스트로겐이 과도하게 높으면 감정적이 되고 화를 잘 내고 방어적이고 공격적으로 변하기 쉽다.

> 남자는 에스트로겐이 과도하게 높으면 감정적이 되고
> 화를 잘 내고 방어적이고 공격적으로 변하기 쉽다.

테스토스테론은 남자가 남성성과 여성성을 온전히 드러내는 데 중요한 요인이다. 테스토스테론이 지나치게 높으면 내면의 여성성을 발견하지 못할 수 있고, 지나치게 낮으면 남성성을 표출하지 못할 수 있다.

테스토스테론이 떨어지면 여유를 갖고 남성성을 되찾아 표출할 방법을 찾아야 한다. 그러지 못하면 내면의 여성성이 부정적인 방향으로 발현되어 결국 남성성을 억제할 수 있다.

> 남자가 건강한 테스토스테론 수준을 유지하지 못하면
> 내면의 여성성이 부정적인 방향으로 발산된다.

남자가 위협이나 난관에 부딪히면 자연히 테스토스테론이 증가한다. 하지만 위협에 맞설 자신감을 상실하면 코르티솔 수치가 상승하고 아로마타제^aromatase라는 효소가 분비되어 테스토스테론이 에스트로겐으로 전환된다. 진화의 관점에서 볼 때, 이렇게 에스트로겐이 증가하면 남자는 분노나 공포 같은 감정이 더 많이 일어나서 싸우고 싶어 하거나 생존을 위한 취후의 방편으로 도망치고 싶어 한다.

하지만 이렇게 테스토스테론이 에스트로겐으로 전환되어 여성성이 발산되면 남성성이 발현될 가능성이 점차 줄어든다. 결국 남자는 무심하고 독립적인 남성성을 잃고, 지나치게 통제하려 하거나 요구가 많아지거나 감정적이고 예민하고 순종적이 되거나 애정을 갈망하게 된다.

분노와 방어적인 태도

오늘날의 관계에서 가장 어려운 문제는 남자가 배우자와 다투면서 분노를 표출한다는 점이다. 그러다보면 관계에서 정서적으로 안전한 느낌이 사라진다. 신뢰감이나 자신의 연약함을 느끼기는 커녕 오히려 안전한 느낌을 받지 못하면 여자는 마음을 닫고 스스로 더 강해지려 한다. 사랑과 열정으로 스스로 마음을 여는 데 필요한 만큼의 여성 호르몬이 분비되지 않는다.

화성남자와 금성여자를 넘어서 ♀

남자는 분노가 얼마나 파괴적으로 폭발할 수 있는지 가늠하지 못한다. 심리학에서는 여전히 남자들에게 분노를 느끼고 분출하라고 말한다. 분노를 온전히 느끼되 사랑과 인내, 이해, 너그러움, 다정함으로 승화하도록 유도하지 않는다.

> 남자들이 배우자에게 분노를 표출하면,
> 배우자는 마음을 닫고 스스로 더 강해지려 한다.

분노를 느끼고 억누르지 않는 것도 괜찮은 방법이기는 하지만, 말이나 행동으로 배우자에게 상처를 주면서 화를 터뜨리는 방법은 전혀 바람직하지 않다. 역사적으로 남자가 분노하면 사람들이 죽거나 벌을 받았다. 그러나 여자가 화를 내면 남자는 그냥 자버리기 때문에 남자들은 자신의 분노가 여자들에게 어떤 영향을 미치는지 모른다.

수천 년 동안 여자들은 남자의 화를 돋우지 않으려고 남자 앞에서는 진실한 감정을 누르고 살았다. 여자들은 남자의 말에 반발하지 않고 남자가 이끄는 대로 순종하고 항상 행복해 보여야 했다. 그러면 여자는 남자의 화를 건드리지는 않을지언정 진정한 자기를 표현하지는 못한다.

진정한 남녀평등을 이루려면 남자들이 스스로 분노와 방어적인 태도를 다스리는 법을 배워야 한다. (앞으로 남자가 스스로 화를 다스리도록 도와주는 소통 방법을 살펴보겠다. 남자를 방어적으로 밀어붙이지 않고도 여자가 진실하게 자기를 표현하게 해주는 새로운 기법이다.)

여자가 관계에서 진정한 자기를 표현하려면 우선 감정을 꺼내도 될 만큼 안전한 느낌이 들어야 한다. 남자가 감정적으로 분노를 터뜨리지 않고 무덤덤하게 다스릴 수 있다면, 여자는 관계에서 안심하고 자기가 한 말이나 행동 때문에 남자가 화가 나서 떠나거나 자신에게 상처를 주지는 않을 거라 믿을 수 있다.

역사적으로 남자는 여자를 안전하게 지키는 역할을 맡았다. 다소 변형된 형태이긴 하지만 요즘도 남자는 과거 어느 때보다도 더 이런 역할을 해야 한다. 과거에는 여자를 물리적 위험으로부터 지켜주었다면, 지금은 여자가 자기를 표현하고 솔직한 감정을 드러낼 수 있도록 정서적 안전을 마련해주어야 한다.

물론 남자가 무조건 화를 참아야 한다는 건 아니다. 표출하지 말라고 해서 억누르라는 뜻은 아니다. 가장 큰 문제는 남자가 분노를 느끼느냐 마느냐가 아니라 그것을 배우자에게 표출한다는 데 있다. (앞으로 어떻게 하면 남자가 분노를 느끼고도 배우자에게 바로 표출하는 대신 남성성을 회복하고 테스토스테론을 끌어올려 분노를 해소할 수 있는지를 알아보겠다.)

관계에서 가장 큰 문제는 남자가 분노를
느끼느냐 마느냐가 아니라

화성남자와 금성여자를 넘어서 ♀

그것을 배우자에게 표출한다는 데 있다.

　　남자들은 사랑하는 관계에서 분노를 표현한다고 상황이 반드시 나빠지는 것만은 아니라는 사실을 이해하지 못한다. 물론 아내에게 직접적으로 분노를 표출하면 아내는 방어적이 되고 남편 자신의 스트레스 수준도 상승해서 양쪽 모두 균형을 잃는다. 생물학적으로 남자가 화를 내면 테스토스테론이 에스트로겐으로 전환되고 남성 호르몬이 여성 호르몬으로 전환된다. 따라서 일단 화를 삭이고 테스토스테론을 다시 끌어올리는 방법을 배워 남성성을 회복하고 차분하고 침착하고 냉정한 상태가 되면 그때 다시 마음을 열고 분노가 아닌 사랑을 표현할 수 있다.

　　남자가 새로운 경청 기법을 배워서 화내지 않고 여자의 말을 들어주면 여자가 가장 사랑스럽고 고마워하는 모습으로 돌아갈 거라고 자신할 수 있다. 이렇게 자신감이 붙으면 테스토스테론이 에스트로겐으로 전환되지 않아서 방어적이 되거나 감정에 치우치지 않고 진정한 관심과 공감으로 여자의 말을 들어줄 수 있다.

분노는 남자다운 것이 아니다

분노와 방어적인 태도는 오히려 남자가 남성성을 억누르고 여성성을 과도하게 표출할 때 나타난다. 우리는 흔히 남자가 화를 내면 거칠어 보여서 남자답다고 착각한다. 남자는 남에게 겁을 주거나 남을 통제하려고 폭력과 공격성을 드러낸다. 이렇게 남에게 힘을 과시하려는 욕구는 사실 남자 스스로 강인하다고 생각하지 못할 때 나온다. 원하는 것을 얻기 위해 스스로 바뀌어 책임감 있고 능숙한 남성성을 드러내기보다 남을 바꾸거나 통제하려 드는 것이다. 남자는 화가 나면 남자답고 강인해 보이려고 애쓰지만, 실제로는 여성 호르몬(에스트로겐)이 급증한다.

> 남자는 화가 나면 남자답고 강인해 보이려고 애쓰지만,
> 실제로는 여성 호르몬이 급증한다.

남자가 남성성을 억누를 때 여성성이 부정적으로 표출되는 예를 보자.

- 남자가 남성적인 차가움을 잃으면 여성적인 뜨거움이 과열된다. 문자 그대로 열을 많이 받아서 분노로 시뻘겋게 달아오를 수 있다.
- 남자가 남성적인 **독립성**을 잃으면 여성적인 **상호 의존성**이 과도하게 표출되어 애정을 갈구하고 요구가 많아진다. 무엇에도 만족하지 못한다.

• 남자가 남성적인 *자신감*을 잃으면 여성적인 *신뢰성*이 과도하게 표출된다. 내면의 욕구와 예민한 정서가 비현실적인 기대로 바뀐다. 그리고 기대가 충족되지 않으면 상처를 받고 억울해한다. 마땅히 누려야 할 권리를 누리지 못한다는 생각에 자신을 존중해주길 요구하고, 그러다보면 다시 화가 치밀 수 있다.

• 남자가 남성적인 *분석력*을 잃으면 여성적인 *직관력*이 과도하게 표현된다. 반응하지 않고 묵묵히 들어주는 태도가 가장 남자다울 수 있다. 요즘은 남자들이 묵묵히 들어주면서 배우자의 입장을 이해하고 인정하기보다 자기가 느끼는 감정을 사실로 믿어버린다. 감정에 휩쓸리고 정의감에 사로잡혀 쉽게 화를 내고 방어적인 태도를 취한다.

• 남자가 실수를 인정하고 사과하는 남성적인 *책임감*을 잃으면 여성적인 *민감성*이 과도하게 표출된다. 문제를 성급히 해결하고 싶어서 문제를 무시하거나 최소화하려고 한다. 그리고 이렇게 말한다. "별거 아니야", "신경 쓸 거 없어", "별것도 아닌 걸로 왜 난리야!" 그래도 배우자가 사과해주길 바라면 남자는 화를 내고 방어적이 된다.

예를 들자면 한도 끝도 없다. 양상을 파악하는 것이 중요하다. 남자는 테스토스테론이 낮으면 여성성이 과도하게 표출되어 남성성의 여러 측면을 가려버린다. 남성성과 여성성의 균형이 깨지면 상황에 맞지 않거나 비합리적이거나 역기능적인 반응과 행동이 나와 목표를 이루는 데 방해가 된다.

남자의 스트레스 증상

남자는 테스토스테론이 일정하게 분비되어야 행복하다. 외부 스트레스 요인에 압박을 받으면 테스토스테론 수준이 크게 떨어진다. 더불어 여성성이 과도하게 표출되어 남성성의 여러 측면이 억눌리면 테스토스테론이 더 많이 감소한다. 테스토스테론이 낮거나 에스트로겐이 높으면 여러 가지 스트레스 증상이 나타날 수 있다.

다음은 남자에게 흔히 나타나는 만성 스트레스 증상이다. 남자가 남성성을 회복할 방법을 찾지 못하면 시간에 걸쳐 다음의 순서로 증상이 나타날 수 있다.

1. 낮은 동기
2. 무관심
3. 경직성 혹은 완고함
4. 심술궂음
5. 분노와 짜증
6. 변화에 대한 저항

7. 배우자에 대한 성욕 감퇴(포르노에 중독될 가능성이 높음)

8. 침울함

9. 불안

10. 절망

11. 공격성

다른 증상도 나타날 수 있지만 위의 증상이 가장 흔하다. 이들 증상은 일단 여성성을 자극하는 활동을 중단하고 남성 호르몬을 자극하는 활동에 몰두해야 한다는 신호이다.

요즘 남자들은 진지한 쪽으로 넘어가서 여성성을 더 많이 수용

테스토스테론을 분비하는 활동

운전	위험 감수
결정	자신만만하게 도전하기
열심히 노력하고 일하기	성공
(불평이 아닌) 문제 해결	승리
프로젝트 추진	경쟁
효율적인 행동	스포츠
이타적인 봉사 활동	운동 (예: 달리기)
변화	성관계
대의를 위한 희생	사랑
기도, 명상, 침묵	경청
단식	조사 활동
기술을 배우고 익히기	남자들끼리 농담을 주고받거나 문제를
돈 벌기	가볍게 만들기

하고 표현하느라 남성성을 유지하기가 더 힘들어졌다.

남자가 여성성을 억누를 때

과거에는 남자들이 여성성을 누르고 남성성을 과도하게 표출했다. 현대사회에는 많이 줄어들었지만 아직도 제2, 제3세계에서는 흔히 나타나는 현상이다.

남자들은 자기들이 이전 세대의 남자들과 얼마나 다른지 자각하지 못한다. 아내가 밖에서 일하는 걸 지지해주기만 해도 남자는 여성적인 상호 의존성을 표현한 셈이다. 전통적인 관계에서 여자들은 경제적으로 남자에게 전적으로 의존하고 남자들은 독립적으로 가장의 역할을 수행했다. 지금은 여자가 독립성을 드러내자 남편이 상호 의존성을 드러내기 시작했다.

그럼에도 남자는 여전히 과거의 불균형한 상태로 돌아갈 수 있다. 남자가 여성성을 억누르고 남성성을 과도하게 표출하면 독립적이고 무심한 성향이 지나치게 강해지고 정서적 친밀감에 대한 욕구가 줄어들어 다른 유형의 스트레스에 시달릴 수 있다.

> 테스토스테론이 높고 에스트로겐이 낮으면
> 정서적 친밀감에 대한 욕구가 줄어든다.

남성성을 과도하게 표출하면 자기애에 도취되어 타인에게 공감하지 못한다. 남성성을 표출하는 정도는 사람마다 다를 수 있다.

온건한 수준에서는 자기중심적이고 타인의 욕구를 알아채지 못한다. 선의의 행동이라도 도자기 가게에 들어간 황소처럼 굴면서 자기도 모르는 새 주변의 물건을 깨트릴 수 있다. 감수성과 공감 능력이 떨어져서 남들을 배려하지 못한다. 스스로 취약하고 서로에게 의존하고 배려하는 여성성을 발견하지 못한다.

이런 남자를 '마초'라고 부를 수 있다. UrbanDictionary.com에서는 마초를 이렇게 정의한다. "여자들 앞에서 '체면을 잃으면' 안 되는 남자. 마초들은 대개 티스푼만큼의 감정 폭과 펜의 잉크튜브를 채울 만큼의 공감 능력만을 갖고 있다." 일반적으로 정의하면 마초는 강력하거나 과장된 권력 의식을 갖고 있거나 타인을 지배하고 통제할 권리를 주장하는 남자를 말한다.

남성성의 표출이 극단으로 흐르면 남자는 오로지 자기만 알고 자신의 욕구를 넘어 타인의 욕구를 고려하거나 보살피는 능력이 거의 없는 소시오패스가 될 수 있다. 이런 남자는 내면의 여성성을 철저히 억압한다. 역사적으로 이런 남자들은 강력한 지도자가 되거나, 양심 없고 타인을 해칠까 봐 두려워하는 마음도 없는 범죄자가 되었다. 한마디로 남을 전혀 신경 쓰지 않는다.

남자가 남성성을 극단적으로 표출하면

테스토스테론을 회복해서 스트레스 줄이기

앞에서 열거한 남성적인 활동에 몰두하면 테스토스테론이 생성되지만 일상적으로 접하는 외부 스트레스 요인에 반응하여 생기는 내면의 스트레스는 테스토스테론을 소진시킨다. 따라서 남자는 스트레스를 많이 받은 날이면 테스토스테론 수준을 회복해야 한다. 게다가 여성성을 많이 표현하는 직업에 종사한다면 테스토스테론이 더 떨어지므로 테스토스테론 수준을 반드시 회복해야 한다.

다음의 네 가지 상황은 하루 동안 테스토스테론이 분비되고 감소하는 과정을 보여준다.

1. 남자가 남성성을 표출해야 하면 테스토스테론을 소모하는 만큼 더 많이 분비한다. 결국 계속 새로 분비되는 양만큼 소모하기 때문에 테스토스테론 수준을 회복하는 데 힘쓸 필요가 없다.

2. 남자가 외부 스트레스 요인에 직면하여 자신감이나 능력 같은 남성성을 표현해야 하면 테스토스테론을 분비하는 양보다 더 많이 소모한다. 예를 들어 나는 운전할 때 자신감이 생기지만 교통 체증 같은 외부 스트레스 요인을 만나면 테스토스테론을 분비하

는 양보다 더 많이 소모한다. 따라서 비축된 양에서 일부를 꺼내써서 테스토스테론 수준을 회복해야 한다.

3. 남자가 자신감이나 능력 같은 남성성을 끌어내지 못한 채 외부 스트레스 요인에 직면하면 코르티솔이 증가하고 테스토스테론이 에스트로겐으로 전환되기 시작한다. 다시 운전을 예로 들자면, 이미 중요한 회의에 늦은 상황에서 속도를 늦추라는 교통신호를 만날 경우 나는 테스토스테론을 새로 분비하는 양보다 더 많이 소모한다. 결국 테스토스테론 수준을 회복할 필요성이 더 커진다.

4. 남자가 하루 종일 여성성은 드러내고 남성성은 억누르고 지내면 에스트로겐 수준은 지나치게 상승하고 테스토스테론은 감소한다. 가령 내가 토요일에 온종일 손자들을 돌보며 무심하고 유능하고 자신감 있는 남성성보다 남을 보살피는 여성성을 더 많이 발산하면 테스토스테론이 감소할 것이다. 따라서 손자들이 가고 나면 우선 테스토스테론부터 회복해야 한다.

남자들은 동굴로 들어간다

테스토스테론을 회복하려면 일시적으로 여성성에서 벗어나 남성성을 회복할 시간을 가져야 한다. 나는 이 시간을 동굴 시간이라고 부른다. '동굴 시간'은《화성에서 온 남자, 금성에서 온 여자》에서 소개한 개념이다. 이 개념 덕에 여자들은 남편이 혼자 있고 싶어 하는 시간을 오해하지 않을 수 있었다. 이제 여자들은 남편이 동굴에 들어가면 스트레스를 회복하는 그만의 방식이라고 생각한다. 남편의 행동에 상처받지 않고, 그만의 시간을 방해하지도 않고, 동굴 시간에 남편과 소통하려고 시도할 필요를 느끼지 않는다.

동굴 시간의 개념은 어느 아메리칸 인디언의 전통에서 빌려온 것이다. 남녀가 혼례를 올릴 때 신부의 어머니는 딸에게 혼례를 치르고 나면 신랑이 그만의 동굴로 들어갈 거라고 일러둔다. 그럴 때 신랑의 동굴로 따라 들어가면 안 된다고, 그의 용에게 타 죽을 거라고. 물론 용은 신랑의 분노에 대한 은유다.

> "남자의 동굴로 따라 들어가지 말라.
> 그의 용에게 타 죽을 것이다."

테스토스테론을 회복할 시간을 충분히 갖지 못하면 남자는 자기도 모르는 새 이타심과 너그러움과 인내심을 발휘하는 능력을 잃는다. 테스토스테론을 회복하지 못하면 쉽게 짜증을 내고 이기적이거나 까다롭게 굴고 가족이나 배우자를 챙기지 못할 수 있다.

남자는 동굴에 들어가 있을 때 잠시나마 에스트로겐을 자극하는 행동에서 벗어나 테스토스테론을 자극하는 활동에 몰두한다.

> 남자는 동굴 시간에 잠시나마 에스트로겐을 생성하는
> 활동에서 벗어나 테스토스테론을 회복한다.

스트레스가 낮을 때 동굴 시간 활동을 하면 테스토스테론을 회복하고 관계와 가족과 내일의 업무에 정력을 쏟을 수 있다. 동굴 시간 활동으로 테스토스테론을 회복하려면 외부 스트레스 요인이 없어야 한다.

> 동굴 시간 활동으로 테스토스테론을 회복하려면
> 외부 스트레스 요인이 없어야 한다.

예를 들어 운전은 테스토스테론을 자극하는 활동이다. 약속 시간에 늦었는데 교통체증에 갇히면 외부 스트레스 요인으로 인해 테스토스테론이 줄어든다. 그러나 평소 운전을 즐기고 조급하거나 당황하지 않은 상태에서 운전하면 테스토스테론을 소모하는 양보다 분비하는 양이 많아진다. 외부 스트레스가 없다면 운전하면서 좋은 음악을 듣는 시간이 유익한 동굴 시간이 될 수 있다.

테스토스테론을 자극하는 활동은 남자가 자신만만하고 스스로 유능하다고 느끼는 상태에서만 테스토스테론 수준을 회복시킨다. 무언가에 도전하는 활동은 테스토스테론을 많이 분비시킨다. 하지만 스트레스를 받으면 이미 분비된 테스토스테론이 소진된다.

남자가 도전하면서 스트레스를 받는 상태라면
테스토스테론이 소진된다.

남자가 테스토스테론을 회복하는 방법 중에 남성적인 경쟁력과 문제 해결 능력을 자극하는 축구 경기 관람이 있다. 그러나 경기 결과에 돈을 많이 걸었다면 경기를 보면서 스트레스를 더 많이 받고 테스토스테론 수준을 회복하지 못한 채 새로 분비되는 테스토스테론을 다 써버릴 것이다. 마찬가지로 경기를 보면서 골치 아픈 일들을 잊고 싶지만 아내가 축구 보는 걸 못마땅하게 생각한다면 아내를 실망시킬 거라는 생각 때문에 테스토스테론 수준을 회복하지 못한다. 둘 중 어떤 상황이든 남자는 동굴 시간을 더 많이 가질 필요성을 느낀다.

일반적으로 스트레스 없이 느긋하게 20분 내지 30분 정도 테스토스테론을 자극하는 활동에 몰두하면 테스토스테론을 충분히 회복할 수 있다. 하지만 하루 종일 외부 스트레스에 시달렸거나 다른 이유로 에스트로겐 수준이 지나치게 높은 상태라면 테스토스테론을 회복하기 위한 동굴 시간을 더 많이 보내야 한다. 게다가 남성성이 강한 남자는 남성성이 약한 남자보다 동굴 시간을 더 많이 필요로 한다.

화성남자와 금성여자를 넘어서 ♀

쓰지 않으면 퇴화한다

이제 남자들이 스트레스를 받지 않고 동굴 시간을 보내면서 건강한 테스토스테론 수준을 회복하는 것이 얼마나 중요한지 알 것이다. 그러나 사람들이 잘 모르는 사실이 있다. 남자는 우선 일에 몰두하거나 난관을 극복하면서 이전에 분비된 테스토스테론을 소진한 다음 새로 보충할 수 있고, 새로 보충할 시간을 갖지 못하면 더 많이 분비하는 능력을 잃는다는 점이다. 테스토스테론이 줄어드는 난관에 직면한 후 스트레스 없이 느긋하게 남성성을 발산할 시간을 보내면 자동으로 테스토스테론이 회복된다.

역도 선수들에게는 익숙한 상황이다. 역도 선수들이 몸을 혹사시키면서 연습할 때 테스토스테론이 떨어진다. 테스토스테론을 회복하려면 충분히 휴식을 취해야 한다. 따라서 하루 역기를 들었으면 하루나 이틀 정도 근육이 충분히 쉬도록 해줘야 한다. 그러면 몸에서 테스토스테론을 더 많이 생성해 근육 양을 회복하고 더 키울 수도 있다.

마찬가지로 남자가 온종일 일만 하고 쉬면서 균형을 회복하지 않으면 테스토스테론이 감소한다. 하지만 테스토스테론을 다 쓰지도 않고 그냥 쉬면 몸에서 테스토스테론을 더 생성하지 않는다. 행동과 휴식이 모두 필요하다.

사실 몸에서 분비하는 테스토스테론을 다 쓰지 않으면 몸은 새로 테스토스테론을 생성하지 않는다. 남자들은 은퇴하면 대개 테스토스테론 수준이 급격히 떨어진다. 미국에서 50세 보통 남자의 테스토스테론은 젊은 남자의 절반 수준이다. 반면에 원시부족에서 건강한 90세 남자의 테스토스테론은 젊은 남자와 동일하다. 65세인 나의 테스토스테론 수준은 젊었을 때보다 높다.

한편 낮은 테스토스테론을 끌어올리기 위해 스테로이드를 복용할 때도 테스토스테론을 분비하는 능력이 퇴화한다. 스테로이드는 합성 테스토스테론이다. 근육 양을 늘려주고 성욕을 끌어올리고 슈퍼맨이 된 듯한 느낌을 줄 수 있지만 부작용이 따른다.

> 미국에서 50세 보통 남자의 테스토스테론은
> 젊은 남자의 절반 수준이다.

테스토스테론 보충요법을 받거나 스테로이드를 복용하면 더 이상 테스토스테론을 생성할 필요가 없어져 고환이 무감각해지고 실제로 크기도 줄어들기 시작한다. 스테로이드를 장기 복용한 사람은 내 건강 블로그 MarsVenus.com에서 소개한, 남자의 테스토스테론 수준을 높이는 자연요법을 따른다 해도 정상 수준을 회복하기까지 몇 달에서 몇 년이 걸릴 수 있다.

> 테스토스테론 보충요법은 일시적으로

화성남자와 금성여자를 넘어서 ♀

다시 젊어진 느낌을 주지만 부작용이 따른다.

여자가 남자를 지지해줄 수 있는 방법

배우자의 애정 어린 지지는 남자의 테스토스테론을 끌어올리는 데 큰 도움이 될 수 있다. 반대로 배우자에게 지지를 받지 못하면 테스토스테론이 크게 떨어질 수 있다.

남자가 가진 남성성의 열두 가지 기본 자질을 살펴보고 배우자의 사랑과 지지가 어떻게 테스토스테론 수준을 끌어올릴 수 있는지 알아보자.

남자가 테스토스테론을 높이기 위해 표출해야 할 남성성

	남성적 자질	남자에게 필요하고 여자가 지지해줄 수 있는 측면	남자가 얻는 혜택
1	독립성	여자는 남자가 부탁하지도 않은 조언을 해서는 안 된다.	스스로 결정할 수 있고 혼자 힘으로 해냈다는 자신감이 생긴다. 성과를 인정받는 느낌이 들어 배우자와 시간을 더 많이 보내고 싶어진다.
2	무심함	남자는 배우자의 반대 없이 동굴 시간을 보낼 수 있어야 한다.	자기만의 공간과 시간에서 주어진 난관을 고민하고 감정이나 생각을 솔직히 털어놓지 않아도 된다. 상황을 명확히 이해하고 나서 배우자에게 더 많이 공감할 수 있다.

3	문제 해결 능력	여자는 스트레스를 받으면 그냥 대화를 나누고 싶고 남자는 들어 주기만 하면 되지 해결책을 내놓을 필요는 없다는 점을 남자에게 주지시킨다.	여자의 욕구를 이해하여 더 도와 주고 싶어진다. 배우자가 고민을 털어놓을 때 느긋하게 들어줄 수 있다. 그러면 배우자는 남자에게 더 지지받는 느낌을 받는다.
4	강인함	남자는 희생과 노고를 인정받아 야 한다.	남자는 내면의 힘과 용기를 발견 할 수 있고, 여자는 남자에게 상 처를 주거나 남자를 기분 상하게 하지 않고 마음껏 자기를 표현할 수 있다.
5	경쟁심	남자는 실패하는 한이 있어도 인 정받기 위해 최선을 다해야 한다. 당당히 축하받고 싶어서 꼭 성공 하려고 애쓴다.	타인의 장점을 기꺼이 인정하고 필요하면 도움을 요청할 수 있다.
6	분석력	남자는 분석적인 사고를 지지해 주는 말을 들어야 한다. "일리가 있네요." "당신 말이 맞아요."	여자가 하는 말에 더 관심을 갖고 스스로 실수를 기꺼이 인정한다.
7	영향력	남자는 도와달라는 부탁을 받아 야 하고, 또 도와주면 칭찬을 받 아야 한다.	여자의 영웅이 된 듯한 기분이 든 다. 필요한 존재라는 느낌이 들 때 삶의 의미가 커지고 여자를 지 지해줄 만큼 기운이 샘솟는다.
8	자기주장	남자는 꿈을 말하거나 무언가를 자랑스럽게 생각할 때 옆에서 걱 정스런 참견을 듣고 싶어 하지 않 는다. 배우자는 '이런저런 참견으 로 하루를 망치지 않도록' 주의해 야 한다.	더 많이 지지받고 신뢰받고 인정 받는 느낌을 받는다. 배우자의 감 정을 훨씬 더 지지하고 배려하고 존중해줄 수 있다.
9	유능함	남자는 사소한 부분에서 여자의 하루를 기분 좋게 만들어주려고 애쓰는 것에 대해 인정을 받아야 한다.	관계가 잘 풀린다고 믿고 배우자 를 더 사랑하고, 존중하고, 인내 하고, 인정할 수 있다.
10	자신감	배우자가 불평이나 판단을 드러 내기보다 있는 그대로 받아들여 야 한다.	배우자를 행복하게 해줄 수 있다 는 자신감이 생기고, 참을성 있게 경청하여 배우자를 더 잘 이해할 수 있다.

화성남자와 금성여자를 넘어서 ♀

| 11 | 책임감 | 남자는 실수를 최소로 줄여야 하고 배우자는 사과를 받아들여주고 인정해주어야 한다. 미안하다고 사과했는데도 잘못을 뉘우쳐야 하는 이유를 듣고 싶은 사람은 없다. | 실수를 사과하고 더 좋은 배우자가 되려고 노력한다. |
| 12 | 목표 지향 | 남자는 계획을 세울 수 있어야 한다. 배우자는 남자에게 계획하고 이행하기를 원하는 여러 가지 선택 사항을 제시해야 한다. | 남자는 공을 인정받을 수 있고, 여자는 배려받는 기분을 누릴 수 있다. 여자를 기쁘게 해주고 싶은 마음이 커진다. |

한마디로 호르몬의 균형을 찾으면 남자는 스스로 행복해질 뿐 아니라 더 좋은 배우자가 되고 싶어진다.

여자도 마찬가지다. 다음 장에서는 여자가 행복하고 건강하게 사랑하면서 살려면 건강한 에스트로겐 수준을 유지해야 하는 이유를 알아보자.

CHAPTER 6

금성에서 온
에스트로겐

지난 20년간 갱년기 증상을 완화하기 위해 에스트로겐 보충요법을 받는 여자들이 증가했다. 에스트로겐 보충요법이 갱년기 증상인 안면홍조를 막아주고, 기분을 좋게 해주고, 활력을 끌어올리고, 불안을 줄일 수 있다고 믿는 사람들도 있다. 에스트로겐 감소로 인한 증상이 심각해서 여성 호르몬 보충요법이 일반적인 치료법으로 자리를 잡았다.

여자는 에스트로겐이 감소하면 골다공증, 활력 저하, 집중력 부족, 기분 변화, 우울증, 기억력 감퇴, 불임, 성욕 감퇴, 불안증이 나타날 수 있다.

테스토스테론이 증가하고 에스트로겐이 감소하면 여성의 치매 위험이 남성보다 높아진다. 미국 알츠하이머병 환자 3분의 2 이상이 여자다. 여자는 65세 이상 여섯 명 중 한 명이 알츠하이머병에 걸리는 반면, 남자는 열한 명 중 한 명 수준이다. 여자는 에스트로겐 수준이 지나치게 낮으면 심장질환이나 당뇨병, 암과 같은 질환에 더 취약하다는 연구도 있다.

하지만 호르몬 요법이 항상 정답은 아니다. 세계적으로 호르몬 요법의 부작용과 효과에 관해서는 의견이 분분하다. 호르몬을 복용하면 유방암 위험이 높아진다는 연구가 있는가 하면, 유방암 위험을 오히려 줄여준다는 연구도 있다. 또 인체친화형bioidentical 호르몬은 식물 화학물질로 만들어 더 안전한 반면, 합성이나 동물성 호르몬은 안전하지 않다는 주장도 있다. (이 문제에 관해서는 다음 장에서 논의하겠다.)

에스트로겐 수준이 지나치게 낮으면 여성이 질병에 걸릴 위험이 높지만, 호르몬 요법이 항상 정답은 아니다.

호르몬 보충요법에 관한 논의에서 간과하는 부분이 있다. 여자들이 호르몬을 복용하지 않고도 적절한 호르몬 균형을 유지할 수 있다는 점이다. 건강한 식습관을 유지하고, 규칙적으로 가벼운 운동을 하고, 무엇보다도 행동을 바꾸고 새로운 관계 기술을 활용하면 나이에 맞게 건강한 에스트로겐 수준을 회복할 수 있다.

새로운 관계 기술을 적용하여 나이에 맞는 건강한 에스트로겐 수준을 회복할 수 있다.

갱년기의 호르몬

여자의 호르몬은 갱년기에 감소하는 것이 정상이지만, 스트레스에 시달리지 않으면 부신에서 적절한 호르몬 균형을 유지해주기 때문에 호르몬 보충요법을 받지 않아도 된다.

하지만 요즘은 남성성에 치우치고 여성 호르몬이 적절한 수준에 미치지 못해 만성 스트레스에 시달리는 여자가 많다. 결국 폐경기 이후 여성 호르몬을 생성하는 주요 기관인 부신에도 피로가 쌓인다.

여자는 여성 호르몬이 부족하면 만성 스트레스에 시달리고, 결과적으로 부신에 피로가 쌓여 호르몬이 결핍된다.

갱년기 여성의 몸에서 부신이 피로에 지치면 에스트로겐을 충분히 생성하지 못해 안면홍조, 울화, 억울함, 불면증, 질 건조증, 성욕 감퇴, 활력 저하, 그 밖에 앞서 언급한 갖가지 증상에 취약해진다.

젊은 여자들도 남성성을 드러내는 동시에 여성성도 표현해 균형을 잡지 못하면 호르몬 불균형과 관련된 각종 여성 스트레스 증상에 시달릴 수 있다. 일반적인 증상으로 기분 변화, PMS(월경전증후군), 월경통, 우울증, 열정이나 매력을 유지하지 못함, 혼자 시간을 즐기지 못함, (가장 일반적으로는) 할 일은 많고 시간이 부족해서 압도당하는 기분을 들 수 있다.

젊은 여자든 갱년기 여자든 호르몬 보충요법으로 증상이 완화될 때도 있지만, 부신 피로와 호르몬 결핍 같은 근본적인 원인이 치료되는 것은 아니다. 증상을 완화하기 위해 호르몬을 복용할 때는 용량을 정확히 지켜야 한다. 잘못하면 부작용이 생길 수 있다. 신체의 호르몬 요구량은 끊임없이 달라진다. 더욱이 호르몬을 복용하면 앞 장에서 남자와 테스토스테론에서 보았듯이 몸에서 더 이상 그 호르몬을 생성하지 못할 수 있다.

남자들에게 테스토스테론이 충분해야 하듯이 여자가 여성성과 남성성을 조화롭게 발산하려면 에스트로겐이 충분히 분비되어야 한다. 에스트로겐 수준이 낮으면 여성성을 표현하지 못해서 남성성을 과도하게 표현하게 된다. 반대로 에스트로겐 수준이 지나치게 높으면 내면의 남성성을 억압할 수 있다. 이런 식으로 균형이 깨져도 스트레스가 상승한다.

여자의 스트레스 수준을 낮추는 데 중요한 호르몬으로는 에스트로겐만 있는 것이 아니다. 다른 여성 호르몬이 있는데도 굳이 호르몬 보충요법을 받아야 하는지에 관한 논의에서 이런 사실은 거의 거론되지 않는다. 여자의 몸에서 완벽한 호르몬 균형을 이루도록 지지해주는 옥시토신oxytocin이라는 호르몬이 있다. 여자가 생각과 행동을 바꿔 옥시토신을 더 많이 생성하는 법을 배우면 에스트로겐을 끌어올리기 위한 열쇠를 쥔 셈이다. 부작용도 없다.

화성남자와 금성여자를 넘어서 ♀

사랑의 호르몬 옥시토신

지난 15년 동안 옥시토신을 증가시키는 경험이나 활동이 여성의 스트레스를 줄여준다고 밝히는 연구가 나왔다. 획기적인 돌파구가 된 연구로서 생물학적으로 볼 때 남녀가 관계에서 정서적으로 다른 욕구를 갖는 이유를 이해할 수 있는 계기가 되었다.

남자에게든 여자에게든 옥시토신은 사랑, 애정, 신뢰, 안전과 관련이 있지만, 옥시토신이 증가하면 남녀에게 각기 다른 영향을 미친다. 옥시토신은 남녀 모두의 테스토스테론 수준을 낮춘다. 테스토스테론 수준이 상당히 높은 상태라면 상관없지만 낮은 상태라면 남자는 옥시토신의 영향으로 졸리거나 스트레스를 많이 받는다. 따라서 남자들은 본능적으로 여자만큼 옥시토신을 자극하는 활동을 원하지 않는다.

> 옥시토신은 사랑, 애정, 신뢰, 안전과 관련이 있지만
> 남자와 여자에게 각기 다른 영향을 미친다.

여자는 옥시토신이 분비되어야 오르가슴을 느낄 수 있지만, 남자는 옥시토신 수준이 높으면 오히려 성욕이 감퇴할 수 있다. 연구에 따르면 남자가 결혼을 하거나 자녀를 얻으면 아내와 가족에게 느끼는 사랑이 커져 옥시토신 수준이 높아지고 테스토스테론

수준이 떨어지며 성욕도 줄어든다고 한다. 그래서 결혼한 지 오래된 부부는 성관계를 갖는 횟수가 줄어드는 것이다(다만 남자가 새로운 관계 기술을 적용하면 결혼생활에서 테스토스테론을 증가시키고 성욕을 유지하면서도 옥시토신 수준 또한 높일 수 있다).

옥시토신이 여성의 스트레스 호르몬을 줄여주긴 하지만 옥시토신만으로는 스트레스가 줄어들지 않는다. 에스트로겐의 도움이 필요하다. 옥시토신은 에스트로겐과 특수한 관계에 있다. 여자의 에스트로겐 수준이 낮으면 옥시토신도 스트레스를 줄여주지 못하는 것으로 보인다. 반대로 옥시토신의 스트레스 감소 효과가 커지면 에스트로겐 수준도 높아진다. 따라서 여자는 직장에서는 남성성을 표출하고 집에서는 여성성을 표출해 균형을 잡아야 한다. 사생활에서는 여성성을 표현하면 에스트로겐이 상승하고, 옥시토신이 효과적으로 스트레스를 낮출 수 있다.

> 옥시토신의 스트레스 감소 효과는
> 여성의 에스트로겐 수준이 높아질수록 커진다.

여자는 옥시토신이 증가할수록 테스토스테론은 줄어들고 에스트로겐은 늘어난다. 이렇게 에스트로겐이 증가하면 앞서 보았듯이 옥시토신의 스트레스 감소 효과도 커진다. 이런 기능이 오늘날 여자들에게 특히 중요한 이유는, 직장에서 남성성을 표출하면 테스토스테론이 증가하고 테스토스테론이 에스트로겐의 분비를 방해해서 직장에서 분비된 테스토스테론에 의해 에스트로겐 수준이 떨어지기 때문이다. 다행히 옥시토신이 분비되면 높은 테스토스테론 수준을 떨어뜨려서 에스트로겐 생성 활동을 통해 에스트로겐 수준을 끌어올릴 수 있다.

여자와 신체 접촉

옥시토신을 분비시키는 방법에 관해서는 8장에서 자세히 알아보겠지만, 먼저 중요한 방법 중 하나인 신체 접촉을 살펴보자. 신체 접촉은 중요한 옥시토신 생성 요인으로, 에스트로겐 기능과 결합하여 여성의 스트레스를 낮춰준다. 따라서 여자가 남자보다 신체 접촉에 더 큰 영향을 받는다. 애정과 관심 같은 옥시토신 생성 요인도 여자에게 더 큰 영향을 미친다.

내가 여자들을 상담하면서 흔하게 듣는 불만은 남편이 자신에게 관심과 애정을 보이지 않는다는 것이다. 왜 이런 불만이 많을까? 여자들은 스트레스에 대처하는 데 필요한 옥시토신을 생성하기 위해 접촉과 관심과 애정을 더 많이 필요로 하기 때문이다.

내가 남녀의 이런 차이를 처음 깨달은 것은 30년도 더 전이었다. 상담을 하면서 이런 하소연을 자주 들어서였다. "남편은 부부 관계를 원할 때만 절 만지려고 해요."

아직 여자들을 제대로 이해하기 전이라 나는 내심 이런 생각이 들었다. "그게 뭐가 문제지?"

그 뒤로 나는 여자들에게 성관계와 상관없이 접촉하고 포옹하는 행위가 얼마나 중요한지 깨달았다. 성관계를 원하지 않을 때 여자는 성적인 접촉에 조금도 흥미가 없다. 그래서 성관계와 무관한 접촉과 포옹과 애정 어린 관심이 성적인 접촉보다 옥시토신을 더 많이 생성한다. 일단 옥시토신 수준이 높아지면 여성성을 회복해 에스트로겐을 끌어올릴 수 있다. 이렇게 에스트로겐이 증가하면 옥시토신과 결합하여 여자는 성적인 접촉을 온전히 즐길 수 있다.

반면에 여자는 여성성과 단절될수록 에스트로겐 수준이 낮아서 옥시토신이 스트레스를 줄여주지 못하고 신체 접촉도 아쉬워하지 않는다. 그러면 남편은 아내가 자신에게 애정과 관심을 보이지 않는다고 불평할 수 있다. 아내의 에스트로겐 수준이 낮을 때 애정과 관심에 대한 남편의 욕구가 커지면 남편의 에스트로겐 수준이 올라가 아내가 남편에게 전혀 흥미를 느끼지 못할 수도 있다.

옥시토신과 에스트로겐의 관계는 여자가 한 달 동안 똑같은 신체 접촉에도 시기마다 다른 반응을 보이는 이유를 설명해준다. 에스트로겐 수준이 높은 배란기에는 약간의 접촉만으로도 스트레스에 강력하고 유익한 영향을 미칠 수 있지만, 에스트로겐이 현격히 떨어지는 갱년기에는 신체 접촉의 효과가 크게 감소한다.

여자는 에스트로겐 수준이 가장 높은 시기에 접촉과 관계에 대한 욕구가 가장 커진다. 갱년기가 지나고 배란이 끊긴 이후에는, 에스트로겐 기능이 보름달이 뜰 즈음 정점에 이르고 초승달이 뜰 즈음 최저로 떨어진다. 연구에 따르면 남자든 여자든 뇌의 멜라토닌 수준은 보름달이 뜰 무렵에 30퍼센트 감소한다. 여자는 배란기에 비슷한 수준으로 감소하고, 결과적으로 에스트로겐 기능이 강화된다.

지난 몇 년간 진행된 여성의 호르몬 연구에 따르면, 여성 호르몬 프로게스테론의 생성을 자극하는 특정 사회적 행동이 여성의 스트레스 수준을 떨어뜨리긴 하지만, 이런 효과는 배란 이후 12일에서 14일 사이, 곧 월경 전에만 나타나는 것으로 밝혀졌다. 앞으로 여성의 프로게스테론, 옥시토신, 에스트로겐 수준을 높이는 다양한 활동과 한 달 주기에서 각각의 호르몬을 높일 수 있는 최적의 시기를 알아볼 것이다. 호르몬의 변화를 이해하면 여자들이 호르몬 주기에서 시기마다 정서적으로 다른 반응을 보이는 이유를 알 수 있다.

남자들이 여자가 더 감정적이라고 생각하는 이유

아름다운 석양을 바라보는 것부터 사업에서 거래를 성사시키는 경험까지, 모든 경험은 고유한 생물학적 반응을 유발한다. 여자는 위협을 받거나 도전에 직면하는 정도의 외부 스트레스를 경험하면 우선 에스트로겐이 증가한다. 에스트로겐이 증가하면 뇌의 정서 중추인 변연계로 흐르는 혈류가 증가한다.

남자들이 흔히 여자가 지나치게 감정적이라고 생각하는 이유는, 동일한 정도의 외부 스트레스에 대한 남녀의 반응이 판이하기 때문이다. 남자의 뇌는 적당한 외부 스트레스에 직면하면 정서를 차단하도록 설계되어 있다. 스트레스 반응으로 테스토스테론이 증가하는 동안 정서 중추로 가던 혈류가 방향을 바꾼다. 따라서 적당한 스트레스에 대한 남자의 첫 반응은 정서를 차단하는 것이다.

반면에 여자는 먼저, 더 강렬한 정서 반응을 보인다. 적당한 외부 자극에 대한 정서 반응이 커지는 현상은 과잉 반응이 아니라, 직관을 강화하여 문제의 우선순위를 정할 뿐 아니라 스트레스를 해소하기 위해 어디서 지지를 구할지 파악하기 위한 적절한 반응이다. 마찬가지로 남자가 감정을 분리하는 반응도 무관심이나 무정함이 아니라, 일단 뒤로 물러나 문제를 분석하고 중요도에 따라 순서를 정하고 해결책을 찾는 방법이다.

이렇게 성별에 따라 다른 반응은 뇌에 각인되어 있다. 반사적인 반응이라는 뜻이다. 따라서 여자가 감정을 나누지 않는 식으로 타고난 정서 반응을 거스르면 여성성을 억눌러 내면에 스트레스가

화성남자와 금성여자를 넘어서 ♀

더 많이 쌓일 수 있고, 또 남자가 감정을 바로 말하는 식으로 감정을 차단하는 타고난 반응을 거스르면 남성성을 억눌러 내면에 스트레스가 더 많이 쌓일 수 있다.

> 여자의 정서 반응이 커지는 것은 과잉 반응이 아니라
> 직관을 강화하는 적절한 반응이다.

남녀의 차이를 이해하면 여자가 고민을 털어놓을 때 남자가 왜 자꾸 끼어드는지 알 수 있다. 연인이나 부부 사이에서 여자가 문제를 해결하고 싶어서가 아니라 기분 전환을 하거나 배우자에게 다가가고 싶어 말을 꺼낼 때 이렇게 말을 끊는 상황이 벌어진다.

남자는 문제에 부딪히면 문제를 해결하고 싶어 하는 반면, 여자는 우선 그 문제에 관해 말하고 싶어 한다. 말을 해서 상대에게 감정이 전달되고 이해되면 옥시토신이 분비되어 에스트로겐이 증가하고 스트레스가 감소한다. 여자는 감정을 표현하며 여성성을 되찾아 호르몬 균형을 찾고 스트레스를 줄인다. 여자는 이런 식으로 불가피한 외부 스트레스에 대처할 수 있다.

> 남자는 문제에 부딪히면 문제를 해결하고 싶어 하는 반면,
> 여자는 우선 그 문제에 관해 말하고 싶어 한다.

남자는 해결책을 고민할 때 테스토스테론이 증가하고 스트레스가 감소한다. 당장 할 수 있는 게 없다면 뭔가 할 수 있게 될 때까지는 문제를 잊는 것도 해결책이다. 그래서 처음에는 여자가 어떤 문제에 관해 말할 때 남자가 묵묵히 들어주기 어려울 수 있다.

여자가 어떤 일로 기분이 좋지 않을 때 남자는 해결책을 제시하거나(그래서 말을 자르고 끼어든다) 그냥 잊어버리라고 말하고 싶어 한다. 하지만 여자가 말을 할 때는 이 두 가지 반응을 보여서는 안 된다. 여자가 기분이 좋지 않아 고민을 털어놓을 때 남자가 말을 자르는 또 하나의 이유가 있다. 여자의 강렬한 정서 반응을 보고도 그것을 적당한 수준의 외부 스트레스로 오인하기 때문이다. 남자는 여자가 기분이 나빠지면 여자 혼자 문제를 해결하지 못해서 기분이 나빠진 것으로 잘못 가정한다. 여자의 강렬한 정서 반응을 도움을 요구하는 신호로 해석하고 도와주려고 나선다.

남자가 여자보다 강렬한 감정을 느낄 때

여자가 스트레스에 정서적으로 강하게 반응한다고 말할 때 여자들이 동의하지 못하는 데는 두 가지 이유가 있다. 먼저 남성성이 강한 여자는 감정을 느낄 만큼 에스트로겐이 충분하지 않아서 외부 스트레스에 감정적으로 반응하지 않을 수 있다.

화성남자와 금성여자를 넘어서 ♀

다음으로 거의 모든 여자가 남자가 화가 났을 때 격하게 감정을 표출하는 모습을 본 적이 있어서다. 남자는 위협을 느낄 때 자신감이 충만한 상태라면 감정적으로 나가지 않는다. 하지만 자신감이 떨어지고 대책이 없을 때는 테스토스테론이 에스트로겐으로 전환되어 스트레스가 심해지고 감정적으로 변한다.

남자는 화가 나면 감정적으로 변한다.

남자는 적절한 수준의 외부 스트레스에는 감정을 차단하지만, 외부 스트레스가 심해지면 여자보다 더 감정적으로 반응할 수 있다. 반면에 여자는 극도로 화가 나고 필요한 지지를 받을 수 없을 때 오히려 감정을 더 차단한다. 감정을 분출해도 안전하다는 느낌이 들지 않아서 남을 잘 믿고 취약한 여성성을 억제한다. 그리고 남성적인 독립성의 칼을 뽑는다. 이렇게 심장에 벽을 둘러치는 사이 테스토스테론은 상승하고 에스트로겐은 감소한다. 여성성을 억눌러 감정을 차단하고 차분하게 자기를 보호한다. 여성성이 차단되면 상처를 받지도 않지만 사랑에 빠지지도 못한다. 안전하지만 외로운 처지가 된다.

감정이 격해지면 남자는 더 감정적이 되고 여자는 감정을 차단한다.

감정이 격해지면 남자는 더 감정적이 되고 여자는 감정을 차단한다.

이런 통찰이 중요한 이유는, 남자들은 대개 여자가 감정을 표현하면 무엇이 필요한 거라고 오해하기 때문이다. 남자들은 여자가 감정적으로 나오면 혼자서 해결하지 못하는 엄청난 문제를 떠안고 있다고 생각한다. 남자들은 문제의 해결책을 모를 때 화가 나기 때문이다. 그래서 막상 여자가 감정적으로 반응하며 토로하는 문제가 별것 아닌 걸 알고 나면, 남자는 여자가 과잉 반응을 보인다고 생각한다. 남자들은 적정 수준의 스트레스에는 감정적으로 반응하지 않는다. 그리고 문제가 정말 감당 못할 만큼 크고 대책이 없을 때만 격한 감정을 드러내기 때문에 여자가 별것도 아닌 일로 유난을 떤다고 생각한다.

한편 남자든 여자든 주어진 상황에 정서적으로 과잉 반응을 보일 수 있고 실제로도 그렇다. 마음속에 스트레스가 쌓이면 과잉 반응을 보이게 된다. 적당한 외부 스트레스에 잠시 좌절감을 느끼고 떨쳐 일어나는 것이 아니라 화를 낸다. 그리고 잠시 실망하는 게 아니라 슬퍼하거나 상처받거나 우울해한다. 잠시 걱정하는 게 아니라 겁을 먹거나 무서워하거나 불안해하거나 마음을 닫아버린다.

이런 부정적인 감정이 달라지지 않으면 서서히 마음을 닫는다. 사랑과 연민과 지혜를 키워나가는 타고난 능력을 잃어버린다.

배려와 친교 반응

심리학적으로 여자는 스트레스를 받으면 우선 상호 의존성이나 신뢰나 감성이나 배려 같은 여성성을 드러낸다. 남자처럼 싸우거나 도주하는 반응을 보이는 것이 아니라, 연구자들이 '배려와 친교 반응'이라고 일컫는 반응을 보인다. 배려는 도움이 필요한 사람을 돌보는 반응이고, 친교는 지지하거나 지지받을 대상을 찾는 반응이다. 생물학적으로 '배려와 친교 반응'은 옥시토신을 분비시키고 에스트로겐을 증가시켜 스트레스를 떨어뜨린다.

여자가 옥시토신을 늘리는 가장 효과적인 방법은 감정을 나누는 것이다. 해결책을 찾으려는 의도 없이 감정을 나누면 에스트로겐이 증가하고 스트레스가 감소한다. 하지만 해결책을 찾거나 감정을 표출할 때 배우자를 바꾸려는 의도가 있으면 테스토스테론이 증가하고 에스트로겐은 감소한다. 그러면 감정을 나누어도 스트레스가 줄기는커녕 진만 더 빠지고 배우자는 배우자대로 기분이 상한다.

요즘은 많은 여자가 남성성에 치우쳐 있어서 직장이나 가정에서 억눌러야 했던 감정을 표현하기만 해도 스트레스가 줄어들고 기분이 좋아지는 심리를 제대로 이해하지 못한다.

여자는 좋은 감정이든 나쁜 감정이든 감정을 나누면,

꼭 해결책을 찾으려는 의도가 없는 한,
에스트로겐이 증가하고 스트레스가 감소한다.

여자들도 직장에서 문제를 해결해야 할 때는 테스토스테론이 높은 상태라 적당한 외부 스트레스에는 정서 중추를 차단하고 신속히 해결책을 찾는다. 그날의 문제에 대한 감정을 털어놓으며 굳이 해결책을 찾지 않는 태도는 일종의 치유책으로서, 온종일 남성성을 발산하며 일한 여자가 여성성을 되찾게 해준다. 이를테면 남자의 동굴 시간과 비슷한 회복 효과를 준다.

하지만 여자는 위협이나 난관에 부딪힌 상태에서 전혀 지지를 받지 못하면 여성성을 끌어내는 능력을 잃는다. 신뢰, 상호 의존성, 배려 등 에스트로겐을 자극하는 여성적 자질이 억압된다. 여자는 에스트로겐이 감소하면 테스토스테론이 증가한다. 그리고 두 호르몬이 균형을 이루지 못하면 문제를 직접 해결하기 위해 남성성을 끌어내지만, 수용적인 여성성을 억눌러서 도움을 구하는 것의 가치를 모른다.

테스토스테론이 상승하면, 여자는 지나치게 독립적으로 변하고, 초연해지고, 목표 지향적이 된다. 남에게 도움을 구하는 데 어려움을 느낀다. 도움을 구할 때는 여성적인 연약함과 수용성이 드러난다. 의료계에서는 여자가 남자보다 의사의 도움을 더 부지런히 구하는 것으로 알려졌다. 남자들도 여성성을 억누를 때는 도움을 구하려 하지 않는다. 예를 들어 남자들은 운전하면서 길을 찾을 때 도움을 구하려 하지 않는다. 여자들도 여성성을 억압하면 도움을 구하지 않는다.

남녀 관계에서 흔한 예로, 여성성이 강한 여자는 남성성에 치우치면 남자에게 직접 지지를 구하지 않는다. 대신 남자가 '마음을 읽고' 알아서 지지해주기를 바란다. 그래서 남자의 지지를 기대하다가 남자에게 자신을 도와줄 생각이 없다는 걸 알면 몹시 당황한다. 남자들은 부탁을 받지 않으면 도와주지 않고 가만히 기다리는 성향이 있다는 걸 여자는 모른다. 한편 남성성이 강하거나 남자가 도와주지 않아도 기분 나빠 하지 않는 여자들은 도움을 구하기보다 직접 해결하는 편이 낫다고 판단한다. 혼자 다 해결할 수는 있지만 여자는 과도한 중압감과 스트레스에 시달리며 밤잠을 이루지 못할 수 있다.

> 혼자 다 해결할 수는 있지만 여자는 과도한 중압감과 스트레스에 시달리느라 밤잠을 이루지 못할 수 있다.

여성성을 누르고 남성성을 과도하게 표출하면 여자는 중압감에 짓눌릴 수 있다. 흔히 중압감에 시달리는 여자를 보면 여성성이 강하다고 생각한다. 이런 여자는 모두를 기쁘게 해주려고 안간힘을 쓰기 때문이다. 하지만 이런 경우일수록 남성 호르몬인 테스토스테론이 크게 증가한다.

　여자가 여러 가지 여성적인 자질을 억누르면 결국 스트레스에 시달리다 '시간 기근time famine'이라는 현상을 겪는다. 이는 과중한 업무에 시달리며 항상 시간이 부족하다고 느끼는 상태를 말한다. 이런 현상이 나타나는 과정과 원인에 관한 몇 가지 예를 보자.

- 여자가 여성적인 '정서적 온기'를 잃으면 남성적인 '차가운 무심함'으로 지나치게 경직된다. 여성적인 사랑과 수용과 취약성을 끌어내 삶을 느긋하게 즐기지 못하고 감정과 차단된다. 결과적으로 지나치게 과제 지향적이 되고 문제를 해결하는 데만 몰두한다. 그러면 심리적으로 고통스럽고 압박감에 시달린다.
- 여자가 여성적인 '상호 의존성'과 단절되면 남성적인 '독립성'이 과도하게 표출되어 순교자처럼 살 수 있다. 모든 일을 혼자 해내야 한다. 주위의 지지를 거부하고 어떤 제안에도 만족할 줄 모른다.
- 여자가 여성적인 '신뢰성'과 단절되면 남성적인 '자신감'이 과도하게 표출된다. 일을 제대로 해낼 사람은 자기밖에 없다고 자신한다. 주위의 도움을 거부하고 '모든 일을 다 해야' 해서 억울한 감정이 든다.
- 여자가 여성적인 '취약성'과 단절되고 감정을 나누지 않으면 내면의 욕구를 무시하고 남성적인 '강인함'을 과도하게 표출한다.

남들의 욕구를 들어주면서도 자신의 욕구는 끝없는 할 일 목록의 맨 밑으로 밀려난다.

예를 들자면 한도 끝도 없다. 일정한 양상을 파악해야 한다. 여자의 테스토스테론이 에스트로겐보다 높으면 남성성이 과도하게 표출되어 여성성의 여러 측면이 발현되지 못한다. 이런 불균형은 상황에도 맞지 않고 목표를 달성하는 데 방해만 되는 온갖 반응과 행동을 끌어낸다.

여성의 스트레스 증상

여성의 생식 주기 동안 여성 호르몬의 균형이 끊임없이 변하고 행복감과 직결된다. 여자의 몸은 여성성을 수용하고 적절히 지지를 받아 남성성과 여성성을 조화롭게 표출해야 에스트로겐, 프로게스테론, 옥시토신, 테스토스테론의 균형을 이룰 수 있다는 것을 잘 안다.

앞서 본 것처럼 남성성을 과도하게 표출하여 여러 가지 여성성이 감춰지면 호르몬 균형이 깨진다. 그러면 다양한 스트레스 증상에 취약해진다.

다음은 여자들이 경험하는 가장 일반적인 만성 스트레스 증상이다. 여자가 여성성을 회복하여 호르몬 균형을 되찾을 방법을 찾지 못하면 다음의 순서로 증상이 나타난다.

1. 중압감
2. 부정적인 생각의 순환
3. 탈진
4. 수면 장애
5. 억울한 감정
6. 불만
7. 성욕 감퇴
8. 심리적 경직성
9. 변화에 대한 반감
10. 우울증

이 밖에 다른 증상도 있겠지만 여자가 남성성을 과도하게 표출하고 여성성을 억누를 때 가장 흔히 나타나는 증상은 위의 열 가지다.

에스트로겐이 지나치게 상승할 때

반대로 여자가 남성성을 마음껏 발산하지 못하면 여성성의 여러

화성남자와 금성여자를 넘어서 ♀

가지 측면이 과도하게 표출된다. 그러면 갖가지 스트레스 증상에 시달린다. 남성성을 억압하면 지나치게 감정적이 되고 나약해져, 우유부단해지거나 남을 조종하려 들거나 수동공격성을 보이거나 불안해진다.

과거에는 사회 규범상 여자가 남성성을 마음껏 발산하지 못했다. 그로 인한 불균형 상태를 흔히 '히스테리 hysteria'라고 불렀다.

히스테리는 한때 여자에게만 내리는 진단이었지만 현재는 의학계에서 인정받지 못한다. 히스테리 증상으로는 기절, 신경과민, 성욕, 불면증, 신경질, 식욕 상실, '말썽을 일으키는 성향'이 있었다. 극단적으로 정신병원에 강제 입원당하는 사례도 있었다.

1952년까지 유럽과 미국의 히스테리 치료법은 환자가 더 많이 쉬게 해서 과도한 책임감에서 벗어나게 해주는 것이었다. 하지만 남성성을 억누르자 증상이 더 심해졌다. 사실 환자가 스트레스에 시달리는 이유는 남성성을 마음껏 표출하지 못해서였다. 이처럼 에스트로겐 수준이 높고 테스토스테론이 전혀 없는 상태의 환자에게는 남성성을 표출하도록 지지하는 것이 효과적이다.

물론 당시의 모든 여자가 히스테리 진단을 받은 것은 아니지만, 히스테리는 일반적인 질병으로 보고되었다. 여자들은 네 명 중 한 명꼴로 히스테리 증상을 보였다. 남자들이 여성이 나약한 성이라고 잘못된 결론을 내리기에 충분한 비율이었다.

사실 여자가 나약한 이유는 여성성이 드러나서가 아니라 남성성을 억압하기 때문이다. 반대로 세상에 악과 부패가 만연하는 이유는 여성성이 억압되고 남성성이 과도하게 표출되기 때문이다.

여자가 나약한 이유는 여성성이 드러나서가 아니라
남성성을 억압하기 때문이다.

역사적으로 히스테리 증상을 완화한 치료법이 하나 있었다. 일주일에 두 번씩 수음을 시켜주는 방법이다. 이 치료법에 관한 기록은 1세기로 거슬러 올라간다. 어떤 여자가 일주일에 두 번 의사나 간호사를 찾아가 수음을 받았다. 일시적으로 증상이 완화되는 이유는, 전혀 낭만적이지 않은 임상 장면에서 수음을 하면 일시적으로 테스토스테론이 증가하고 지나치게 높은 에스트로겐이 줄어들기 때문이다.

남성성을 억누르는 여자에게 이렇게 낭만적이지 않은 임상 자위 치료법을 처방하면, 높은 수준의 에스트로겐이 테스토스테론과 균형을 이루어 안도감을 느끼게 해줄 수 있다. 현대의 관점으로 보면, 이 여자 환자가 내면의 남성성을 표출할 수 있는 직업이나 생활양식을 가졌다면 같은 치료 효과를 볼 수 있었을 것이다.

그렇다면 왜 여자들이 안도감을 얻기 위해 자위하지 않는지 의문이 들 것이다. 물론 일부 여성은 자위를 하겠지만 지난 2000년 동안 여자들은 혼자 자위하거나 성생활을 즐기는 데 수치심을 느끼도록 강요받았다.

자위를 하면 테스토스테론이 상승한다. 테스토스테론이 지나치게 높은 여자들은 이 점을 유념해야 한다. 여성성을 회복하지 못해 고민이라면 자위행위가 테스토스테론을 더 증가시킨다는 사실을 기억해야 한다. 그보다는 옥시토신을 자극하는 활동에 몰두해서 호르몬 균형을 찾고 스트레스를 줄일 수 있다. 또 성관계 중에 배우자에게 다정한 자극을 받으면 혼자 자위할 때와는 달리 옥시토신과 에스트로겐이 증가할 수 있다.

여성의 스트레스를 줄여주는 옥시토신

여자가 테스토스테론 수준이 지나치게 높고 일시적으로 여성성을 억제하여 스트레스에 시달리면, 몸에서 스트레스 호르몬 코르티솔을 과도하게 분비해 사랑을 할 수 있는 잠재력을 차단한다. 여자의 경우 남자와 달리 옥시토신이 코르티솔을 낮춰주는 것으로 밝혀졌다. 남자에게는 테스토스테론이 스트레스를 줄여주듯, 여자에게는 옥시토신이 스트레스를 줄여준다.

여자가 스트레스에 시달리면
옥시토신이 코르티솔을 낮추어 스트레스를 줄여준다.

앞서도 말했듯이 나는 결혼한 부인들에게서 남편이 더 이상 다정하게 대해주지 않는다는 하소연을 자주 듣는다. 접촉하고 안아주는 행위는 옥시토신을 자극하는 중요한 방법이다. 테스토스테론이 떨어진 채로 집에 돌아온 남자는 아내를 다정하게 대해주고 싶은 욕구가 일지 않는다. 억지로 다정하게 대하려고 하면 테스토스테론이 더 떨어진다. 하지만 시간이 지나 테스토스테론 수준이 어느 정도 회복되면 아내에게 다정하게 대할 수 있다. 아내에게 다정한 행동이 얼마나 중요한지 알면 더 그렇다.

침대에서 잠들기 전에 꼭 안으면 남자와 여자가 각기 다른 식으로 도움을 받는다. 여자는 옥시토신이 분비되어 스트레스가 줄어들고 온갖 문제와 걱정거리를 잊고 잠들 수 있다. 남자는 옥시토신이 생성되어 잠을 잘 수 있다. 다만 남자들은 너무 오래 안으면 오히려 스트레스가 심해져 배우자를 가만히 밀어내지 않는 한 잠들지 못한다.

> 침대에서 잠들기 전에 꼭 안고 있으면
> 남자와 여자가 각기 다른 식으로 도움을 받는다.

여자는 애정, 관심, 배려, 이해, 존중 같은 지지를 받으면 옥시토신이 증가하고 스트레스가 줄어들어 더 자유롭고 균형 잡힌 방식으로 사랑을 베풀 수 있다.

새로운 만남이 시작될 때는 여자의 옥시토신이 크게 증가한다. 그래서 여자는 관계에 시간, 배려, 에너지를 많이 쏟아붓는다. 여자는 많이 받기보다 많이 주는 편이다. 이렇게 베푸는 행동은 순수한 여성성의 표현이므로 에스트로겐이 과도하게 증가할 수 있다. 여성성과 남성성이 균형을 이루지 못하면 스트레스가 심해진다.

지금은 여자들이 남성성을 표출할 기회와 권리를 충분히 누릴 수 있는 시대이므로 지나치게 많이 베풀어 에스트로겐이 과도하게 상승하면 테스토스테론을 끌어올려 에스트로겐을 낮출 수 있다.

하지만 테스토스테론이 지나치게 높을 때는 옥시토신이 에스트로겐을 정상 수준으로 회복시키고 호르몬의 균형을 잡게 해주어야 한다. 옥시토신이 테스토스테론을 떨어뜨리면 에스트로겐이 적절한 수준으로 상승해 스트레스가 줄어들 수 있다.

남자가 여자를 지지할 수 있는 방식

여자는 여성성을 표현하고 에스트로겐을 높이는 데 필요한 지지를 받거나 받을 것으로 기대할 때 옥시토신이 분비된다. 옥시토신은 여자에게 더 많이 베풀도록 동기를 부여하는 호르몬이다.

여자는 낭만적인 데이트를 기대하면 여성스러워지고 사랑이 넘친다. 배우자가 관심을 가져줄 거라는 기대에 차서 더 많이 베풀고 싶어진다. 또 실제로 사랑이나 공감을 받으면 보답하고 싶어진다.

다음으로 여자의 열두 가지 여성성을 살펴보고, 여자가 여성성을 마음껏 발산하는 데 배우자가 무엇을 지지해줄 수 있는지 알아보자.

여자가 옥시토신과 에스트로겐을 높이기 위해 표출해야 할 여성성

	여성적 자질	여자에게 필요하고 남자가 지지해줄 수 있는 측면	여자가 얻는 혜택
1	상호 의존성	여자에게는 포옹과 애정이 필요하다.	혼자가 아니고 든든하게 지지해주는 사람이 있다고 믿고 안심한다. 사랑을 줄 만큼 안전하다고 느끼고 배우자의 지지를 더 많이 인정할 수 있다.
2	감정적	배우자는 여자가 느끼는 감정을 섣불리 판단하지 않고 여자의 말을 경청해야 한다.	이해와 인정을 받는 느낌을 받는다.
3	보살피는 성향	여자에게는 타인의 성장과 성공의 욕구를 지지해줄 시간과 여유가 필요하다.	배우자를 비롯해 타인의 욕구를 더 잘 지지해줄 수 있다.
4	취약성	배우자는 여자의 감정을 존중하고 관심을 보여주어야지, 반박하거나 화를 내거나 충돌해서는 안 된다.	안전하게 감정을 느끼고 스스로 욕구를 더 많이 살피면서 즐겁고 고마운 마음으로 지낼 수 있다.
5	협조적	배우자는 여자의 소망과 욕구를 이해하고 존중해주어야 한다.	배우자가 여자를 위해 희생하면 여자도 기꺼이 배우자를 위해 희생한다. 양쪽 모두에게 바람직한 해법을 찾으려 노력하고 기꺼이 타협한다.

화성남자와 금성여자를 넘어서 ♀

6	직관력	여자는 직관적인 통찰을 인정받아야 한다.	직관을 발휘해서 자신과 배우자 모두 잘 살게 해준다.
7	사랑하는 성향	배우자는 여자의 욕구를 살피고 우선순위에 올려야 한다.	마음껏 사랑할 수 있다. 사랑하면 더 행복해지고 배우자에게도 성공한 기분을 선사한다.
8	수용적인 성향	배우자는 여자에게 배려하는 태도를 보여야 한다.	배우자가 자기를 위해 최선을 다하고 더 많이 베풀 거라고 믿을 수 있다.
9	도덕성 · 진실성	배우자는 불평하거나 비판해서는 안 되고, 여자가 사랑스런 아내가 되기 위해 항상 최선을 다하려 한다는 진심을 알아주어야 한다.	사랑의 잠재력을 더 많이 발휘할 수 있다. 남자는 여자의 결점뿐 아니라 자신의 결점까지 용서할 수 있다.
10	신뢰성	배우자는 여자에게 이해심을 보여주어야 하고, 화가 나거나 방어적이 되려는 순간 잠시 멈추고 시간을 두어야 한다.	배우자와 함께여서 안전한 느낌이 들고 배우자가 상처 주지 않을 거라 믿고 성장할 수 있다. 배우자를 있는 그대로 사랑하고 받아들일 수 있다.
11	호응하는 성향	배우자는 여자에게 책임을 추궁하거나 사과를 요구해선 안 된다.	배우자가 못마땅해하거나 책임을 추궁하는 느낌을 주지 않으면 여자도 원망과 못마땅한 감정을 품지 않는다. 스스로를 변호하지 않아도 되므로 배우자의 욕구를 마음껏 들어줄 수 있다.
12	관계 지향적인 성향	배우자는 함께 시간을 보내고 싶은 여자의 마음을 무시하거나 가볍게 여겨서는 안 된다.	수치심 없이 욕구를 충족시키고 배우자에게 마음껏 사랑과 애정을 베풀 수 있다. 배우자는 남자들이 성공을 좇느라 억누르기 쉬운 내면의 여성성을 발견할 수 있다. 부부가 함께 성장할 수 있다.

앞으로 옥시토신을 효과적으로 자극하는 여러 가지 요인을 알아보겠지만, 남자가 여자의 옥시토신을 자극하고 테스토스테론을 줄이고 에스트로겐을 높이기 위해 해줄 수 있는 가장 강력한 지지

는 좋은 대화다. 좋은 대화에서는 주로 남자가 많이 듣고 적게 말해야 한다.

대화 치료가 효과적인 이유

여자들이 상담에서 남편에 대한 감정과 불만을 토로하면 스트레스가 줄어들고 치료 효과도 볼 수 있다. 나는 상담자로서 묵묵히 들어주고 내담자는 내게 문제의 책임을 따지지 않아도 되기 때문이다. 내담자는 또한 상담자인 나를 바꾸려 하지도 않고, 내가 어떤 식으로 달라지기를 기대하지도 않는다. 감정을 꺼내고 이해받을 뿐 아니라 스스로 감정을 더 잘 이해한다.

하지만 같은 감정과 불만이라도 배우자에게 직접 말할 때는 의도가 온전히 전해지지 않는다. 배우자가 달라지기를 바라는 마음이 있기 때문이다. 그러면 배우자는 비난을 받는 느낌에 방어적으로 돌아서거나 문제를 해결하려고 나선다. 여자로서는 상담자에게 말할 때만큼 배우자가 반박하지 않고 들어준다는 느낌을 받지 못한다.

여자는 배우자가 진심으로 들어주어야 스트레스가 풀린다. 배우자가 잘 들어주었는데도 문제 해결에 배우자의 도움이 필요하다면 다음에 다시 속내를 털어놓으며 어떤 도움을 받고 싶은지 구체적이고 명확하게 부탁해야 한다.

남자들은 경청하는 과정이 문제 해결의 첫 단계만이 아니라는 점을 알아야 한다. 여자가 스트레스에 시달릴 때는 배우자가 들어주기만 해도 문제가 저절로 해결될 수 있다. 아무것도 '하지' 않고도 여자에게 영웅이 될 수 있다는 뜻이다.

여자들도 배우자에게 아무리 불만을 늘어놔도 소용이 없다는 사실을 알아야 한다. 따라서 배우자에 대한 불만 말고 다른 일에 대한 불만을 털어놓으며 배우자가 경청해주기를 바라는 욕구를 해결하는 법을 알아내 배우자에게서 최선의 반응을 끌어낼 수 있다. 배우자는 방어적으로 나가지 않고 더 열심히 들어주다보면 어느새 여자에게 더 공감하고 연민을 느끼고 도와주고 싶어진다. 남자들은 이런 연습을 통해 아무 말도 아무것도 하지 않아도 여자는 마음껏 감정을 털어놓을 수만 있다면 우울한 기분을 떨쳐내고 기분이 좋아진다는 걸 깨닫는다. 그러면 여자의 다양한 감성과 욕구를 경청하고 이해하기도 훨씬 수월해진다.

하지만 여자가 이런 점을 이해하지 못하고 불만만 터뜨리면 서로 가까워지지도 않고 배우자는 여자의 말을 경청하지 못한다. 여자는 배우자를 변화시키려는 의도에서 감정을 나누는 것이므로 내면의 남성성에서 출발한다. 내면의 남성성은 문제를 해결하라고 말하는 반면, 내면의 여성성은 배우자와 가까워지고 소통하라고 말한다. 이처럼 문제를 해결하라고 요구하면 스트레스가 심해지고 여성성을 회복해야 할 순간 더 남성성에 치우친다.

상담에서는 내담자가 상담자인 나를 변화시키려 하지 않고, 나역시 스스로를 방어하거나 상대를 바로잡으려 하지 않기 때문에 내담자가 속내를 털어놓고 홀가분해한다. 여자는 상대가 귀담아 들어준다는 느낌이 들면 여성성을 회복하고 기분이 좋아진다. 여성성을 안전하게 표현할 수 있다는 느낌이 들면 몸에서 호르몬 균형을 되찾는다.

배우자에 대한 감정을 말하면서 불만을 쏟아내지 않기란 처음에는 쉽지 않다. 나는 이런 과정을 금성인 대화^{Venus Talk}라고 부른다.

내가 금성인 대화를 설명하자 어떤 여자가 내게 이렇게 물었다. "문제를 해결하거나 부부 관계에 관해 대화하면서 불만을 터뜨리지 말라면, 도대체 무슨 할 말이 있겠어요?"

연습하면 할 말은 얼마든지 생긴다. 여자에게는 하루 동안 묵살 당하거나 억눌린 감정과 정서 반응이 있다. 상처받기 쉽고 감성적인 여성성을 회복하려면 내면을 들여다보고 그 속에 든 것을 표현해야 한다. 시간을 들여 살펴보지 않으면 애초에 그런 감정이 있는 줄도 모른다. 시급히 해결할 문제만 끌어안고 스트레스에 시달릴 뿐이다.

화성남자와 금성여자를 넘어서 ♀

금성인 대화 연습

금성인 대화는 불만을 말하지 않고 감정을 나누는 대화법이다. 이 대화법의 구체적인 목적은 문제를 해결하는 데 있는 것이 아니라, 여자는 여성성을 되찾고 남자는 남성성을 되찾는 데 있다.

여자들이 나중에 스트레스가 해소된 상태에서 배우자와 문제에 관해 대화를 나누고 해결하는 것도 괜찮은 방법이다. 그리고 남자들이 감정을 털어놓거나 배우자가 조언을 구할 때 문제를 해결하기 위한 도움을 제안하는 것도 전혀 잘못된 게 아니다.

금성인 대화는 우리 삶의 더 크고, 더 일반적인 문제를 해결하는 데 도움이 되는 방법이다. 여자는 여성성을 되찾고 남자는 여자에게 더 많이 공감하여 양쪽 모두 스트레스를 줄이게 해주는 방법이다.

금성인 대화는 단순해서 누구나 배울 수 있다.

1. 여자는 말하고 남자는 듣는다.
2. 여자는 감정을 나누되 남자에 대한 불만은 말하지 않는다. (남자와 무관한 일이나 활동에서 받은 스트레스에 관해서만 말한다.)
3. 남자는 여자를 바로잡으려 하지 않고 여자는 스트레스를 심하게 만드는 감정이나 생각이나 정서를 솔직히 털어놓는다.
4. 여자는 최대 8분간 부정적인 감정을 털어놓고, 아직 할 말이 남

아 있어도 2분 정도 긍정적인 감정을 나누고 고맙다고 말한다. 그런 다음 3초에서 6초간 포옹한다. (평생 여성성을 누르고 살아온 여자라면 감정을 나누는 시간을 2분 이상 넘기지 못한다. 이 정도도 괜찮지만 목표는 10분이다.)

5. 포옹하고 나서는 아무 말 없이 잠시 떨어진다. 그러면 남자는 해결책을 내놓고 싶은 마음을 떨쳐낼 수 있다. 여자도 남자가 도중에 끼어들거나 반박하지 않고 가만히 들어줘서 기분이 좋아진다.

여자들이 직장에서 부적절하거나 오해를 사거나 거부당할까 봐 표현하지 못하고 꽁꽁 숨겨둔 생각과 감정, 정서와 소망, 바람 따위를 배우자에게 털어놓으면 여성성이 회복된다. 그러고 나면 배우자 앞에서 정서적으로 벌거벗은 느낌이 든다. 여자는 더 여성스러워지고 남자는 더 남자다워진다.

> 여자는 감정을 나누면 배우자 앞에서
> 정서적으로 벌거벗은 느낌이 든다.

배우자에게 솔직한 감정을 말하는 가장 간단한 방법은 배우자와 무관한 문제로 대화를 나누는 것이다. 그러면 어떤 식으로든 달라지길 기대하거나 지금 나온 문제를 해결하기 위한 조치를 취해주길 기대하지 않는다는 의사가 명확히 전달된다.

4단계에서 3초에서 6초 동안 포옹하라고 한 이유는, 보통 부부들이 포옹을 하기는 해도 그 시간이 너무 짧기 때문이다. 3~6까지 세는 사이 남자는 포옹하면 긴장이 풀린다는 것을 알 수 있다. 여자가 눈물을 보일 때는 6초 이상 포옹을 풀지 말아야 한다.

다음으로 여자가 감정을 나누는 예와 불만을 터뜨리는 예를 비교해보겠다. 잠시 시간을 갖고 여자가 배우자와 무관한 감정을 나눌 때 남자가 경청하고 공감하면 얼마나 대화가 수월해질지 생각해보라.

더불어 여자가 화가 난 이유만 늘어놓는 것이 아니라 감정을 이야기할 때, 여자의 감정을 얼마나 쉽게 알아챌 수 있는지도 알아보라.

스트레스를 받을 때 여자는 하루 종일 억눌렀던 취약한 감정을 꺼내 여성성을 되찾을 수 있다. 배우자에 대한 불만을 직접 말해봐야 배우자를 방어적으로 몰아세울 뿐이고 여자는 또 남성성에 갇혀버린다.

감정을 나누는 것과 불평은 다르다

금성인 대화는 이렇게 말로 풀면 쉬워 보이지만 여자가 남성성에 갇혀 있다면 실천하기 어려울 수 있다. 남성성을 강하게 표출하는

1. 오늘 회사에 지각했어. 요즘 교통난이 심각하고 사람이 너무 많아.
2. 사무실 컴퓨터가 또 고장이 났어. 업무를 끝내지 못했어.
3. 조니 담임 선생님하고 얘기했는데, 애가 과제를 마무리하지 않는대. 집에서 숙제를 하지 않아.
4. 오늘 급여수표를 전부 다시 발행해야 했어. 변경 사항을 승인하는 걸 까맣게 잊고 있었더라고.
5. 일이 너무 많아서 공과금 낼 시간이 나지 않아.
6. 신제품을 개발하는 데 시간을 충분히 들이지 못하고 있어. 재무제표를 처리하는 데 들어가는 시간이 너무 많아.

더 나은 예: 감정을 나누기

1. 오늘 회사에 지각했어. 요즘 교통난이 심각해서 **난감해**. 사람이 너무 많아.
2. 사무실 컴퓨터가 또 고장이 났어. 업무를 끝내지 못해서 **실망스러워**.
3. 조니 담임 선생님하고 얘기했는데, 애가 과제를 마무리하지 않는대. 집에서 숙제를 하지 않아서 **걱정이야**.
4. 오늘 급여수표를 전부 다시 발행해야 했어. 변경 사항을 승인하는 걸 까맣게 잊어서 **속상해**.
5. 일이 많지 않아서 공과금 낼 시간이 나면 **좋겠어**.
6. 신제품을 개발하는 데 시간을 더 쓰고 재무제표에 들어가는 시간을 줄이면 **좋겠어**.

좋지 않은 예: 불평하기

1. 아까 전화했는데 안 받더라. 당신이 전화를 받지 않아서 기분이 나빠. 필요하면 언제든 연락이 닿아야지.
2. 리처드한테 전화해서 컴퓨터 고치라고 했어? 세 번이나 부탁했잖아. 당신이 자꾸 잊어버리니까 정말 실망스러워.
3. 오늘 조니 담임 선생님하고 얘기했어. 애가 텔레비전만 봐도 그냥 내버려두잖아. 애가 숙제를 안 하니까 걱정된단 말이야.
4. 우리 집은 난장판이야. 저녁에 브라운 씨 가족을 초대했으니 깨끗이 치워야 해. 정말 난감해. 스트레스가 심해서 급여수표 변경 사항 적용하는 것도 잊어버렸잖아.
5. 나갈 때는 불 좀 끄고 다닐래? 난 할 일이 많단 말이야. 공과금도 내야 하고.
6. 재킷 좀 아무 데나 벗어놓지 말고 옷장에 넣어줄래? 당신 따라다니면서 치울 시간이 없다고.

여자들은 대개 내면의 취약한 감정을 발견하고 나누는 데 어려움을 느낀다. 남자들도 여자의 감정에 공감하면서 경청하고 말을 끊으며 해결책을 내놓지 않는 데 역시 어려움을 느낀다.

여자가 감정을 솔직히 드러내고 함께 나누면, 남자는 남성성을 되찾고 여자는 여성성을 되찾을 것이다. 그러나 남자는 묵묵히 들어줌으로써 남성성을 되찾고 여자는 감정을 나눔으로써 여성성을 되찾는다는 사실을 이해하지 못하는 사람이 많다.

경청하면 남성성으로 돌아가고
감정을 나누면 여성성으로 돌아간다.

하지만 남자들은 여자가 여성성을 회복하는 데 도움이 필요하다는 사실을 이해하지 못하면 새로운 방식으로 지지해줄 수도 없다. 또 여자가 도움을 요청하지 않으면 남자는 도와줄 힘이 없다. 스트레스와 당혹감과 실망감이 직장에서 생긴 것이고 배우자를 향한 감정이 아닐 때만 경청의 기법이 효과를 거둔다. 어떤 식으로든 배우자에 대한 불만을 터뜨리면 배우자는 그냥 마음을 닫아버린다.

연구에서도 이런 측면이 명확히 드러난다. 남자는 성공한 느낌이 들 때 테스토스테론이 상승한다. 가령 남자가 스포츠를 관람할 때 응원하는 팀이 이기면 테스토스테론이 증가하고, 응원하는 팀이 지면 테스토스테론도 떨어진다. 마찬가지로 여자를 지지해주고 그것에 대해 인정을 받으면 테스토스테론이 증가한다.

남자는 성공한 느낌이 들 때 테스토스테론이 증가한다.

여자가 남자의 지지를 인정해주려면 그 전에 먼저 여성성을 회복하는 데 남자의 도움이 필요하다는 것을 알아야 한다. 과중한 업무로 극심한 스트레스에 시달릴 때, 여자는 감정을 나눠봐야 문제가 해결되지 않는다면 감정을 나눌 생각조차 하지 못한다. 그렇다고 문제를 해결하려는 심산에서(예를 들어 배우자를 변화시키거나 그로 하여금 행동을 취하게 하기) 감정을 나누려 한다면, 그것은 진정한 의미에서 감정의 공유가 아니다. 감정을 공유하는 대신 불평만 늘어놓기 쉽다. 감정을 나누면 에스트로겐이 증가하고 스트레스가 줄어들지만, 불평하면 테스토스테론이 증가하고 스트레스는 줄어들지 않는다.

문제를 해결하기 위해 감정을 나누는 것은
감정의 공유가 아니라 불평이다.

남성성에 치우쳐 있을 때, 여자는 배우자와 함께 금성인 대화로 감정을 나누어야 하고 그 과정의 중요성을 이해해야 한다. 새로운

화성남자와 금성여자를 넘어서 ♀

통찰 없이 바쁘게만 지내다보면, 여자는 일이 많다는 핑계로 대화를 거부한다. 그러면 배우자는 또 그만의 동굴로 들어가고 싶어서 여자의 말을 듣지 않으려 할 것이다.

금성인 대화를 나누면서 해결책을 내놓지 않고 들어주기만 해도 여자의 가장 중요한 문제가 해결된다는 점을 이해하면, 남자는 해결책을 내놓는답시고 말을 끊지 않고 묵묵히 들어줄 수 있다. 그러면 여자는 배우자의 도움으로 여성성을 되찾을 수 있다. 남자로서는 묵묵히 들어주고 직접 나서서 해결하지 않아도 여자에게 가장 필요한 해결책을 내놓는 셈이다.

잠깐 시간을 내서 배우자를 행복하게 해주려고 애쓰면, 남자는 자신의 동굴에 들어가기 전부터 테스토스테론이 증가하기 시작한다. 또 아내에게 인정을 받으면, 테스토스테론을 회복하기 위해 동굴에 들어가고 싶은 욕구도 줄어든다.

어느 날 세미나가 끝난 후 어느 강인해 보이는 여자가 내게 이렇게 말했다.

> "문제를 해결하려 애쓰지 않고 그저 감정을 털어놓으면 여성 호르몬이 원활히 분비된다는 말을 듣고는 그렇게 해보려고 시도했고 효과도 봤어요.
>
> 의지가 필요한 일이었지만 어쨌든 해냈어요. 헬스장에 가는 것과 같아요. 매일 가고 싶은 건 아니지만 저한테 좋은 거죠. 남편한테

그냥 얘기를 들어달라, 문제를 해결하려 애쓰지 마라, 이렇게 말하
니까 기분이 좋아지더군요.
이제껏 아무런 방해도 받지 않고 10분 내내 말해본 적이 없는 것 같
아요. 감정이 점점 누그러지더군요. 이제는 일을 마치고 집에 돌아
오면 더 편히 쉴 수 있어요. 집에서도 일해야 한다는 조급한 마음이
많이 줄었어요. 남편과도 훨씬 가까워지고 있어요!"

새로운 통찰로 효과를 본 사람이 많고 당신도 효과를 볼 수 있
다. 남녀의 호르몬 차이에 따른 새로운 욕구를 알면, 남자는 여자
를 더 지지해줄 수 있을 뿐 아니라 여자의 낭만적인 사랑도 일깨
워줄 수 있다. 마찬가지로 여자는 새로 배운 기법을 활용해 남자
의 마음을 열고 사랑을 계속 이어가게 만들 수 있다.
    남자가 테스토스테론을 아내보다 열 배 이상 유지하고, 여자가
에스트로겐을 남자보다 열 배 이상 유지할 수 있을 때, 서로의 차
이로 인해 낭만적인 사랑이 평생 지속될 수 있다.

남자는 도와줄 수 있을 뿐이다

서로의 생물학적 차이를 지지하여 스트레스를 줄일 수 있다는 사
실을 알면, 남자든 여자든 스트레스를 받지 않을 때 남성성과 여

성성 모두를 마음껏 표출할 수 있다. 누구나 스스로 행복해져야 하지만, 사랑하는 사람들은 서로의 행복을 위해 먼 길을 마다하지 않을 수 있다.

여자가 스트레스에 대처하려면 배우자의 지지를 받아야 한다는 사실을 알기만 한다고 마음을 나누는 관계가 유지되는 건 아니다. 남자는 여자의 행복을 위해 안전한 울타리를 만들어줄 수는 있어도, 혼자 힘으로 여자를 행복하게 해줄 수는 없다. 행복해지고 만족하고 싶어 하는 여자의 호르몬 욕구는 남자가 혼자 해결해줄 수 있는 한계를 한참 넘는다.

남자들은 호르몬 균형을 유지하기 위해 배우자와의 관계를 넘어 일이나 테스토스테론을 자극하는 활동에 몰두해야 하고, 여자들은 폭넓게 사람들을 만나고 좋아하는 일을 할 시간을 가져야 한다.

CHAPTER 7

호르몬 요법의
위험성

호르몬은 강력한 물질이다. 소량만 섭취해도, 혹은 몸속 호르몬에 작은 변화만 일어나도 우리 몸에 큰 영향을 미친다. 여러 가지 호르몬이 각자 특수하고 제한적인 기능을 수행한다. 각종 호르몬의 다채롭고 보완적인 기능을 이해하면, 호르몬이 균형을 이루지 못할 때 스트레스가 심해지고 '몸이 제대로 돌아가지 않는' 이유를 알 수 있다.

기분은 사회적 관계, 물리적 환경, 식생활, 운동, 일상의 수면 패턴을 비롯한 다양한 요인에 영향을 받는다. 여기에는 이견이 없을 것이다. 자세히 들여다보자면, 이런 다양한 요인이 호르몬에 영향을 주어 뇌의 반응체계를 조절하고, 뇌에서 다시 스트레스 수준과 명료한 정신 상태와 기억을 포함한 기분을 결정하는 것이다.

호르몬은 남녀 모두의 뇌에 영향을 미치는 가장 강력한 화학 신호다. 호르몬의 변화가 도파민, 세라토닌, GABA(감마아미노낙산)

같은 뇌 신경전달물질 생성을 조절한다.

다양한 호르몬이 뇌의 반응체계를 조절하고
다시 기분을 결정한다.

도파민은 쾌락과 동기, 호기심, 집중력 같은 감정을 조절한다. 세로토닌은 낙관적인 태도와 감사하는 마음과 공감하는 마음을 일으킨다. GABA는 행복과 희열, 사랑의 감정을 유발한다. 에스트로겐과 테스토스테론과 프로게스테론 수준이 떨어져 호르몬 균형이 깨지면 뇌 화학물질의 생성과 균형에도 큰 영향을 미친다. 뇌 화학물질이 균형을 이루지 못하면 우울과 불안을 비롯한 갖가지 만성 스트레스 증상이 나타난다. (식생활과 청소, 영양 보충을 통해 뇌 화학물질의 균형을 잡고 관계를 개선하는 방법에 관해서는 나의 다른 책 《하이퍼 세상에서 집중력을 잃지 않는 법 Staying Focused in a Hyper World》에서 다루었다.)

요즘은 남자들에게 호르몬 균형을 잡기 위한 방법으로 테스토스테론 요법을 권하듯이, 여자들에게도 기분과 활력과 안녕감을 조절하기 위한 방법으로 여성 호르몬이 처방된다. 호르몬 요법은 건강과 행복을 가져다주는 기적의 치료법으로 여겨지기도 하지만, 사실 사회와 관계를 해치는 주범이 될 수도 있다.

호르몬을 복용하는 것은 약을 먹는 것과 같다. 당장 효과를 보는 예도 있지만, 증상만 줄어들 뿐 근본적인 해결책이 되지 않는다. 근본 원인을 찾아서 해결하지 못하면 상태가 악화되고 몸의 다른 시스템이 고장 나기 시작한다.

여자들은 남성성과 여성성을 고르게 표현하고 어느 하나를 억압하지 않는 법을 배워서 호르몬 균형을 찾을 수 있다. 태도와 신념과 행동을 조절해 호르몬 불균형의 근본 원인을 해결하는 것이다. 몸에서 호르몬을 생성하는 법을 배우면 따로 복용하지 않아도 된다.

> 여자들은 스스로 호르몬을 생성하는 법을 배우면
> 따로 복용하지 않아도 된다.

호르몬 복용의 문제

호르몬을 복용해서 크게 효과를 본 여자들도 있지만 호르몬이 적절한 균형을 이루지 못하면 심각한 결과를 초래할 수도 있다. 일부 연구에서는 호르몬 보충요법으로 자궁암, 유방암, 심장질환, 뇌졸중, 혈전의 위험이 커질 수 있다고 보고한다.

> 호르몬을 복용해서 크게 효과를 본 여자들도 있지만
> 누군가에게는 심각한 결과를 불러올 수도 있다.

호르몬, 특히 합성 호르몬을 복용하면 부작용이 따른다. 전문가들은 호르몬을 장기간 복용하면 몸에서 호르몬을 생성하는 기능이 서서히 퇴화한다고 말한다. 따라서 전인의학全人醫學을 추구하는 의사들은 우선 좋은 식습관과 운동, 미네랄, 비타민, 약초를 권하고, 호르몬 보충요법은 최후의 수단으로 간주한다. 다른 치료법으로 효과를 보지 못할 때만 호르몬을 처방하는 것이다. 게다가 합성 호르몬보다 독성이 적은 인체친화형 호르몬만 처방한다.

오늘날 여자들이 호르몬을 복용하는 이유는 호르몬 균형을 찾기 위해서가 아니라 피임 때문이다. '그 알약The Pill'이라고 불리는 피임약은 여성의 자연스런 호르몬 주기에 간섭해서 배란을 방해하는 합성 호르몬이다. 현재 가임기 여성의 절반 이상이 이 약을 복용한다.

피임약은 여자들이 자유를 쟁취하는 데 중요한 수단이 되었다. 다만 피임약이 임신을 막아주고 여자 스스로 조절할 수 있게 해준다고 해서 부작용의 우려가 사라지는 것은 아니다. 1960년에 피임약이 처음 등장한 이후로 여자들의 심장병, 우울증, 수면장애, 유방암, 골다공증, 치매의 위험이 크게 증가했다. 남자들보다 한참 높은 수준이다. 이들 질환이 모두 호르몬 불균형과 직결되므로 피임약은 분명 여성 건강을 위협하는 주된 요인이다.

피임약의 부작용으로 우울증과 자살 충동을 보고하는 사례가 많다. 2016년 코펜하겐 대학교 연구자들은 15~34세 사이 100만

명 이상의 덴마크 여자들의 건강 기록을 조사했다. 합성 에스트로겐과 프로게스테론 성분이 든 복합제제 피임약을 복용하는 여자들은 호르몬 피임약을 복용하지 않은 여자들에 비해 항우울제를 처방받는 비율이 23퍼센트 높았다. 프로게스테론만 함유된 피임약을 복용한 여자들의 경우 그 비율이 34퍼센트로 올라갔다. 15~19세 사이에서 복합제제 피임약을 복용한 여자의 경우 그 비율이 더 상승했다. 이들이 항우울제를 복용할 가능성은 80퍼센트 이상 높았다.

피임약은 여자가 여성성을 회복하는 데 큰 걸림돌이다. 피임약에는 에스트로겐과 프로게스테론이 모두 들어 있다. 호르몬제를 복용하면 몸에서 더 이상 호르몬을 생성할 필요가 없어진다. 그러면 프로게스테론을 자극하는 사회 활동뿐 아니라 옥시토신과 에스트로겐을 자극하는, 서로 보살피고 상호 의존적인 관계를 맺으려는 본능과 바람과 욕구를 느끼지 못한다.

<u>피임약 복용은 우울증과 관련이 있다.</u>

배란기에 난자가 배란된 후 12일에서 14일 동안 난소의 황체에서 프로게스테론을 생성한다. 그런데 피임약을 복용하면 배란되지 않아 몸에서 프로게스테론을 충분히 생성하지 못한다.

다음 장에서는 배란 후 12일에서 14일 동안 프로게스테론 생성을 자극하는 활동을 하나하나 살펴볼 것이다. 프로게스테론의 다양한 효과도 알아볼 것이다. 하지만 프로게스테론의 가장 강력한 효과는 옥시토신과 마찬가지로 여성의 스트레스를 줄여주는 데 있다. 마음을 진정시키고 현재 자기의 모습과 자기가 가진 것, 자기가 할 수 있는 것에 감사하는 능력을 끌어올린다.

여자가 피임약을 복용하면 황체에서 생성되는 양보다 많은 양의 프로게스테론이 분비되지만, 난소에서 배란이 되지 않아 프로게스테론도 직접 생성하지 못하므로 프로게스테론의 생성을 자극할 만큼의 본능적인 동기가 생기지 않는다. 원래 배란 후 2주 동안 프로게스테론이 상승하면 프로게스테론의 생성을 더 자극하는 사회적 유대를 맺고 싶어 한다. 그리고 프로게스테론이 증가하면 스트레스가 줄어들고 안녕감이 생긴다.

여자에게 사회적 유대는 서로 대등한 관계에서 남들이 지지해주는 만큼 자신도 남들의 욕구를 지지해줄 때 생긴다. ('짝 유대'라고 부르는 친밀한 성적 관계의 유대와는 다르다. 두 가지 유대의 차이에 관해서도 다음 장에서 자세히 알아보겠다.) 예를 들어 함께 카드놀이를 하거나 음식을 만드는 것은 사회적 유대다. 여자가 직장 밖에서 혹은 배우자 이외의 사람과 사회적 관계를 맺고 유지하고 싶어 할 때, 그런 관계에서 얻는 충만감이 클수록 삶의 다른 영역의 즐거움이 줄어든다.

피임약으로 프로게스테론이 체내에 공급되면 마음이 진정될 수는 있지만 사회적 유대에 대한 욕구를 제대로 느끼지 못할 수 있다. 사회적 유대에 대한 동기가 생기지 않으면 사람들과 어울리면서 얻는 충만감이 감소해서 충만감을 얻기 위해 과도하게 관계에 의존할 수 있다. 이렇게 애정을 갈구하면서 배우자에게 느끼는 불만은 더 커지고, 불만이 커지는 동안 배우자에게 지지받고 싶은 욕구가 충족되지 않으면 배우자를 더 멀어지게 만들 수 있다.

> 몸에서 생성하도록 하지 않고 프로게스테론을 복용하면 여자는 사회적 유대에 대한 욕구를 온전히 느끼지 못한다.

호르몬제를 복용하면 그 호르몬을 생성하기 위한 자극을 찾아다니고 싶은 욕구가 억제된다. 가령 배가 고파서 식욕을 느끼면 좋은 음식이 먹고 싶어진다. 음식을 먹으면 그 음식으로 충족감을 느낀다. 하지만 다이어트 약을 복용해서 음식에 대한 욕구가 차단되면 배가 고프지 않아 충족감도 느끼지 못한다. 몸에서 호르몬을 생성하도록 하지 않고 약으로 복용할 때도 같은 현상이 나타난다. 몸에서 생성해야 하는 물질을 외부에서 복용하면 몸에 좋지 않을 뿐 아니라 충족감을 느끼는 능력도 떨어진다.

항우울제도 마찬가지다. 항우울제는 불행하거나 불안하거나 우울한 감정을 느끼지 못하게 해주지만, 저절로 행복감이나 신뢰감, 충만감이 들게 해주지는 않는다. 더 이상 감정을 느끼지 못해 만족스런 경험을 찾고 싶은 동기마저 잃어버린다. 사람들과 자기가 사는 세계를 이해하는 능력을 상실한다.

항우울제가 성욕을 억제하는 것은 비밀이 아니다. 그러나 항우울제를 복용하면 코르티솔도 두 배로 증가한다는 사실은 모르는 사람이 많다. 앞에서 코르티솔 수준이 높으면 사랑과 행복과 충만감을 경험하는 능력이 떨어질 뿐 아니라 면역계가 약해져 암과 심장질환 같은 질병에도 취약해진다고 논의했다.

극심한 우울증에 시달릴 때 항우울제를 복용하면 긍정적인 습관과 관계를 설정하는 데 도움을 받아 삶의 질서를 되찾을 수 있지만, 대개는 서서히 약에 의존한다. MarsVenus.com에서 항우울제 없이 우울증을 치료하는 데 도움이 되는 다양한 자연치유법을 소개했다.

프로게스테론과 에스트로겐의 균형 잡기

여자의 행복과 안녕감은 주로 사람들과 자기를 사랑하고 이해하는 마음이 균형을 이룰 때 생긴다. 에스트로겐은 사람들을 인정하게 해주는 물질이고, 프로게스테론은 자기를 인정하고 자기가 남을 위해 해줄 수 있는 노력을 스스로 인정하게 해주는 물질이다.

두 가지 사랑은 서로 연관이 있고 상호 의존적이다. 나 스스로 내 행위를 인정할 수 있다면, 남이 내게 해주는 행위도 인정하기 쉬워진다. 반면에 내가 나 자신에게 완벽을 요구한다면 배우자가 날 위해 해주는 노력에도 만족하지 못한다. 스스로 프로게스테론을 생성하지 못하면 자기와 배우자에게 훨씬 가혹한 기준을 세운다. 자기와 타인에게 비현실적으로 높은 수준을 기대하면서 불만에 사로잡힌다.

> 에스트로겐은 남들을 인정하게 해주고,
> 프로게스테론은 스스로를 인정하게 해준다.

프로게스테론의 생물학적 기능은 에스트로겐을 조절하는 것이고, 에스트로겐의 기능은 프로게스테론을 조절하는 것이다. 두 호르몬은 서로 과도하게 상승하지 않도록 막아준다. 두 호르몬의 심리적 효과는 비슷하다. 사랑하고 자기와 자신의 행동에 행복해하며(프로게스테론), 애정을 갈구하거나 남에게 *지나치게 의존하지* 못하게 막아주는(에스트로겐) 역할을 한다. 반대로 남에게 의지하여 필요한 것을 얻어내는 능력(에스트로겐)은 *지나치게 의존적이 되지*(프로게스테론) 못하게 막아준다.

여자는 호르몬 균형이 깨지면 타인의 욕구를 자신의 욕구보다 더 중시한다. 스트레스에 시달리고 조급해져서 음식을 만들거나 자녀와 시간을 보내며 얻을 수 있는 소박한 기쁨을 누리지 못한다. 평소에는 사람들을 보살피면서 긴장을 푸는 활동이지만 더 이상 너그러운 마음으로 사랑하는 사람들을 평화롭게 보살피지 못하고, 부담스럽고 지루한 책임이나 반드시 져야 할 의무, 심지어는 무거운 짐으로 여길 수 있다.

프로게스테론 수준이 낮으면, 여자는 자기가 충분히 받지 못하고 있다는 생각에 사로잡힌다(테스토스테론 수준이 낮을 때, 남자가 자기는 항상 많이 베풀기만 한다고 느끼는 것과 마찬가지다). 베풀기만 하고 베푼 만큼 돌려받지 않으면, 여자는 더 많이 베풀어야 더 많이 돌아올 거라고 기대한다.

배우자가 아니라 사회생활에서 충만감을 더 많이 기대하면 적게 주고 많이 받을 수 있다. 사회적 유대를 통해 프로게스테론을 늘려서 에스트로겐과 균형을 이루면 배우자에게 적게 요구하면서도 더 많이 고마워할 수 있다.

욕구를 느끼는 것의 중요성

앞서 논의했듯이 여자들이 피임약을 복용하거나 호르몬 보충요법을 받아 몸에서 직접 프로게스테론을 생성하지 못하면 더 이상 사회적 유대에서 행복과 충만감을 얻으려는 욕구를 느끼지 못한다. 스트레스가 심한 직장에서 일하며 테스토스테론을 과도하게 분비할 때도 같은 현상이 나타난다.

남성성을 과도하게 표출하고 여성성을 억압하면 여자의 몸에서 프로게스테론이 테스토스테론으로 변환된다. 결국 프로게스테론 수준이 낮아져 스트레스가 심해질 뿐 아니라, 남성성을 표출하려는 욕구가 사회적 유대를 찾으려는 욕구를 압도한다.

여자는 테스토스테론이 높으면 프로게스테론이 소진된다.

여자가 진정한 욕구를 느끼지 못하면 불만과 스트레스를 키우지 않고 충만감을 높여야 할 동기와 목적을 상실한다. 대신 직장이나 가정이나 사회의 간섭에 쉽게 휘둘린다.

궁극적으로 남자든 여자든 살면서 느끼는 고통은 대개 중요하지 않은 문제를 중요한 문제보다 더 중시함으로써 생긴다. 임종을 앞둔 사람들은 평생 더 사랑하지 못하고 돈 걱정에 시달리고 돈 없다고 불평하며 허송세월한 것을 후회한다. 사소한 일에 불만을 품거나 분개하면서 사랑과 지지를 더 많이 나누지 못했다고 후회한다. 임종을 앞두고서야 이런 깨달음을 얻고 더 일찍 깨닫지 못하는 것은 안타까운 일이다.

임종을 앞둔 사람들은 평생 더 사랑하지 못하고
사소한 일에 분개하면서 허송세월한 것을 후회한다.

우리가 중요한 문제를 통찰하지 못하는 것은 욕구를 제대로 느끼지 못해서다. 욕구가 우선순위와 동기를 결정한다. 먹고 싶은 욕구가 생겨서 먹고, 자고 싶은 욕구가 생겨서 잔다. 사랑하고 싶은 욕구가 생겨서 사랑하고 사랑받으려 한다. 변화하고 싶은 욕구가 생겨서 성공하고 싶어 한다. 삶의 기본 욕구가 건강과 행복과 사랑을 증진하는 활동으로 우리를 이끌어주고 우리에게 동기를 부여한다.

> 삶의 기본 욕구가 건강과 행복과 사랑을
> 증진하는 활동으로 우리를 이끌어준다.

인스턴트 음식만 먹다보면 건강한 음식에 대한 욕구를 느끼지 못한다. 그러면 건강한 음식이 맛없게 느껴진다. 밤늦게까지 텔레비전을 보면 건강에 좋은 시간에 잠자리에 들고 해가 뜨면 일어나고 싶은 욕구를 느끼지 못한다. 결국 아침이면 새로운 날에 대한 흥분과 기대로 눈을 뜨지 못하고 침대에서 겨우 몸을 끌어내야 한다. 마찬가지로 합성 프로게스테론에 의존하면 사회적 유대에 대한 욕구를 느끼지 못한다. 결국 지나치게 독립적으로만 살면서 남성성에 치우친다.

한마디로 호르몬 보충요법은 아직 장기간 복용의 결과가 검증되지 않은 일종의 사회 실험으로서 함부로 시도해서는 안 된다.

호르몬 보충요법을 꼭 선택해야 하는 것은 아니다. 나는 호르몬 보충요법을 권하지 않는 편이지만, 만약 호르몬 보충요법을 받고 있거나 피임약(대안 피임법이 아닌)을 복용하기로 했다면 직장과 배우자에게서 벗어나 사회생활을 폭넓게 하고 취미생활에도 넉넉히 시간을 투자해야 한다.

의사의 지시에 따라 호르몬을 복용하고 있다면 약을 끊기 전에 의사의 조언을 구해야 한다. 주치의가 호르몬 불균형을 치료하기 위한 대안요법에 반대한다면 전인의학을 추구하는 의사를 찾아가보라. 자궁절제술을 받은 사람이라 해도 호르몬 균형을 되찾아주는 자연치유법이 있다. 자궁절제술을 받거나 폐경이 지난 사람도 몸에 필요한 영양을 추가로 공급받기만 하면 부신에서 계속 여자에게 필요한 호르몬을 생성한다.

> 호르몬 보충요법은 아직 장기간의 결과가 검증되지 않은
> 사회 실험으로 함부로 접근해서는 안 된다.

호르몬 교란 물질 피하기

호르몬 균형을 깨뜨리는 또 하나의 요인으로 호르몬 교란 물질이 있다. 교란 물질이란 공기나 물이나 음식에서 흔히 발견되는 합성 물질이다. 이런 독성 화학물질은 합성 에스트로겐과 같은 방식으로 인체의 에스트로겐 수용기와 '결합'하거나 그것을 활성화시킨다. 이렇게 에스트로겐을 모방한 화학물질에 노출되면 여자의 몸에서는 프로게스테론 수준이 내려가고, 남자의 몸에서는 테스토스테론 수준이 내려간다.

플라스틱에 함유된 비스페놀A^{BPA}와 프탈레이트는 주요 호르몬 교란 물질로, 비유기농 식품의 살충제와 같다. 비유기농 식품 가운데 최악이 바로 GMO다. GMO 식품은 작물과 경쟁하는 잡초나 풀을 제거하기 위해 쓰는 강력한 제초제인 글리포세이트^{glyphosate}에 저항하도록 만들어진 유전자 조작 식품이다. GMO 식품은 대부분 글리포세이트 처리가 되어 있다. 글리포세이트가 남아 있는 식품을 섭취하면 장에서 이로운 박테리아가 죽는다.

이로운 박테리아는 음식을 소화하는 데만 필요한 것이 아니라, 뇌에서 도파민, GABA, 세로토닌 같은 기분을 좋게 하는 신경전달물질을 생성하는 데 필요한 아미노산 전구체를 만드는 데도 필요하다. 뇌 신경전달물질과 호르몬은 상호 의존적이다. 호르몬 균형이 신경전달물질 생성을 자극하고, 신경전달물질은 호르몬 균형에 직접적인 영향을 미친다. 한편 음식을 제대로 소화하지 못하면 장에 염증이 생긴다. 염증이 생기면 코르티솔 수준이 상승하고 다시 이로운 호르몬의 생성이 억제된다.

유기농이 아닌 소맥 제품은 GMO가 아니라고 해도 글리포세이트가 살포된 토양에서 자란다. 현재 미국인의 10퍼센트 이상이 스스로를 '글루텐 불내증'이라고 생각하는 이유가 설명된다. 빵은 원래 사람들에게 영양분을 공급했지만 현재는 다수의 사람들에게 해로운 식품이다.

내 경험으로는 ADHD, 자폐증, 불안증, 우울증 같은 증상을 보이는 아동과 성인의 식단에서 빵과 글루텐 식품을 제거하자 소화력과 기분과 활력이 개선되었다. 글루텐 제거 식단을 통해 복부 팽만감, 체중 증가, 설사, 피로, 메스꺼움, 편두통, 뇌 혼미증, 과민성, 기분 변화, 우울증, 통증, 관절염, 혈구 팽창, 현기증, 여드름 같은 증상이 경미해지거나 사라졌다.

호르몬 교란 물질은 직접 섭취하지 않는 사람에게도 영향을 미친다. 살충제는 피임약의 호르몬과 함께 정수하지 않은 수돗물에서도 검출된다. 유기농 식품을 먹지 않는 산모의 모유에는 에스트로겐 모방 살충제가 측정 가능한 수준으로 들어 있다.

> 살충제는 피임약의 호르몬과 함께
> 비여과 수돗물에서 검출된다.

호르몬 교란 물질은 아동의 정상적인 성 성숙 과정에도 영향을 미친다. 아메리카 대륙의 일부 지역에서 에스트로겐 모방 살충제가 증가하자, 남자아이들은 사춘기가 2년 늦게 왔고, 여자아이들은 2년 더 일찍 시작되었다.

호르몬 교란 물질이 다양해지면서, 관계를 통해 진정한 남성성과 여성성을 표출하고 스트레스에 시달릴 때 호르몬 균형을 되찾는 노력이 더 절실해졌다.

PMS 증상

여자의 호르몬 불균형은 한 달 주기로 다양한 증상으로 나타난다. 만성 스트레스, 피로, 우울, 불안, 불면, 불만 같은 증상이 있다. 이런 전형적인 호르몬 불균형 상태를 PMS, 곧 월경전증후군이라고 한다. PMS는 주로 월경을 시작하기 며칠 전부터 신체적, 심리적 불안 상태가 나타났다가 월경이 시작되면 사라지는 증상이다. 요즘은 PMS를 경험하는 여자들이 많지만, 반드시 겪어야 하는 증상

화성남자와 금성여자를 넘어서 ♀

은 아니다. 호르몬 균형을 유지하는 법을 배우면 PMS 증상을 전부는 아니어도 대부분 피할 수 있다.

일부 여자들은 월경을 시작하기 전에 심신이 쇠약해져 일상생활을 유지하는 데 심각한 영향을 받는다. 40년 넘게 PMS 치료 분야를 개척해온 카타리나 돌턴Katharina Dalton 박사는 여성의 자살 시도의 절반 가까이가 월경 전 나흘과 월경 시작 후 나흘 사이에 발생한다고 보고했다. PMS는 대개 극심히 피로하고, 예민하고, 우울한 증상으로 다른 스트레스에 의해 쉽게 악화된다. PMS를 겪는 동안 여자들은 울고 싶어지고, 결정하는 데 어려움을 겪고, 주변 사람들에게 짜증을 잘 낸다.

> PMS를 겪는 동안 여자들은 울고 싶은 기분이 들고,
> 결정을 하는 데 어려움을 겪고, 짜증을 잘 낸다.

PMS 증상을 호르몬 불균형의 결과로 이해하면 남자들은 참을성 있고 너그러운 마음으로 여자를 방어적으로 대하지 않을 수 있다. 반대로 PMS를 제대로 이해하지 못하면 여자의 상태를 불쾌하게 받아들이고, 방어적으로 나가거나 비난하거나 화를 내 여자의 증상을 더 악화시킬 수 있다.

여자들은 PMS에 관해 논의하고 싶어 하지 않는다. 주로 여자가 남자보다 열등하다거나 PMS 기간에는 여자를 신뢰하거나 의

지할 수 없다는 식으로 논의가 흘러가기 때문이다. 모두 잘못된 생각이다. 여자들이 사생활에서 적절한 지지를 받아 호르몬 균형을 이루면 직장에서든 집에서든 변함없이 유능하게 제 몫을 다할 수 있다. 여자들만의 취약성과 정서적 어려움이 있듯이 남자들도 그렇다. 각기 다른 형태로 드러날 뿐이다. 예를 들어 우울증은 여자들이 많이 경험하지만, 일상생활에 지장을 줄 만큼 심각한 중독은 남자들이 많이 경험한다.

여자들이 한 달 주기의 여러 시기에 남성성과 여성성을 적절히 표출하고 어느 한쪽을 억압하지 않도록 제대로 통찰하면 내면의 힘을 끌어내 삶의 문제에 대처할 수 있다. 외부 스트레스 요인에 의해 호르몬 균형이 깨질 수도 있다. 균형을 되찾아 활력과 낙관성과 사랑의 힘으로 대처하는 것은 오롯이 자신의 몫이다. 외부 스트레스와 관계에서 발생하는 문제에 휘둘릴 필요는 없다.

> 외부 스트레스와 관계에서 발생하는 문제에
> 휘둘릴 필요는 없다.

다음 장에서는 여자의 스트레스와 기분에 영향을 미치는 네 가지 주요 호르몬을 자세히 살펴보고, 한 달을 주기로 호르몬이 변화하는 사이 호르몬의 균형을 유지하기 위해 여자가 어떤 통찰을 적용할 수 있는지 알아보겠다.

화성남자와 금성여자를 넘어서 ♀

CHAPTER 8

여자,
호르몬,
행복

여자가 스트레스를 잘 관리해서 행복하게 살
게 해주는 네 가지 호르몬이 있다. 옥시토신, 에스트로겐, 프로게
스테론, 테스토스테론이다. 네 가지 호르몬을 하나씩 살펴보고, 각
호르몬이 스트레스에 어떤 영향을 미치는지, 건강한 호르몬 균형
을 유지하기 위해 이들 호르몬을 어떻게 자극해야 하는지 알아보
겠다. 남자든 여자든 호르몬 균형을 유지하는 방법을 통찰하면 평
온한 마음과 사랑, 행복, 충만감을 경험할 수 있다.

옥시토신과 에스트로겐

여자에게 옥시토신은 스트레스를 줄이는 데 가장 중요한 호르몬
이다. 옥시토신은 여자가 여성성을 표현하는 데 필요한 지지를 받

고 있거나 받을 거라고 예상할 때 분비된다.

지난 15년 동안 옥시토신의 다양한 장점을 연구한 논문이 다수 발표되었고 책도 여러 권 나왔다. 옥시토신의 효과는 다음과 같다.

- 사랑과 신뢰, 애착을 키운다.
- 정서 기억을 강화한다.
- 진통을 유발해서 출산을 유도한다.
- 수유기에는 모유가 유두로 내려가게 해준다.
- 성적 흥분과 반응을 부추겨 여자가 오르가슴을 느끼게 해준다.
- 중독성을 줄여준다.
- 눈 맞춤을 늘린다.
- 보호본능을 끌어낸다.
- 수면을 개선한다.
- 너그러운 마음을 키워준다.

옥시토신은 에스트로겐과 함께 여성의 스트레스를 줄여준다. 여자가 여성성을 억압하면 테스토스테론이 지나치게 증가하고 스트레스 호르몬도 증가한다. 옥시토신은 여성의 테스토스테론 수준을 떨어뜨리고 에스트로겐을 끌어올려 여성성을 표출하게 해준다.

옥시토신은 여성의 테스토스테론 수준을 떨어뜨리고

에스트로겐을 끌어올려 여성성을 표출하게 해준다.

에스트로겐은 여성의 주요 성 호르몬으로, 생식계를 조절하는 기능을 관장하며 여성의 신체적 특징의 발달과 유지를 도와준다. 에스트로겐 수준은 한 달 주기로 오르내린다. 대체로 월경이 끝나고 10일에서 12일 동안 서서히 증가하다가 배란기에 최고 수준에 이르고, 그 뒤로 12일에서 14일 동안 감소한다.

여자가 여성성을 표현하면 에스트로겐이 상승하고, 에스트로겐 수준이 높을수록 여성성이 더 많이 표출된다. 3장에서 소개한 여성적인 특질로는 상호 의존성, 정서적 민감성, 취약성, 협조적 성향, 직관력, 남을 보살피는 성향이 있다. 에스트로겐이 지나치게 낮으면, 여자는 남성성에 치우쳐 굳세고 독립적이고 무심하고 경쟁적이고 분석적이고 강한 성향을 드러낸다.

여자가 여성성을 표현하면 에스트로겐이 상승한다.

월경 주기의 두 번째 단계에서(배란 후 12일 정도) 에스트로겐이 과도하게 높으면 프로게스테론이 많이 떨어져서 친밀한 관계에서 애정을 갈구한다. 흔히 에스트로겐 우세estrogen dominance라고 부르는 이 시기에는 성욕 감퇴, 월경 불순, 팽만감, 유방 팽창과 유방 압통, 두통, 급격한 기분 변동, 짜증, 우울과 같은 증상이 나타날 수 있다.

월경 주기의 두 번째 단계에서 에스트로겐이 지나치게 높으면 남성성에 치우쳐 에스트로겐이 줄어드는 경우도 있다. 그러면 몇 가지 증상은 완화되지만 스트레스는 높은 수준으로 지속될 수 있다. 테스토스테론이 증가해 두 번째 단계에서 스트레스를 낮추는 데 필요한 프로게스테론이 소진되기 때문이다.

짝 유대, 옥시토신, 에스트로겐

여성의 월경 주기에서 건강한 호르몬 균형은 끊임없이 변동한다. 남성성과 여성성을 자유롭게 표현하도록 지지해주면 몸이 제 기능을 하고 호르몬 균형이 유지될 수 있다. 스트레스 증상은 남성성이나 여성성이 억제되어 호르몬의 균형이 깨졌다는 표시다.

연구자들이 '짝 유대pair-bonding'라고 부르는 시기에는 옥시토신과 에스트로겐이 모두 증가한다. 따라서 짝 유대 시기에 여자는 한 가지 지지를 보내고 그에 대한 보상으로 내면의 여성성을 발견하여 표출하는 데 도움이 되는 다른 유형의 지지를 받는다. 남자가 가족을 부양하고 여자가 집에서 살림만 하던, 이른바 역할을 나누는 관계의 시대에는 남편이 가족을 부양하고 가족의 안전을 지켜주면 아내는 다양한 여성성을 자유롭게 표출할 수 있었다. 아

화성남자와 금성여자를 넘어서 ♀

내는 자녀를 돌보고 남편에게 사랑과 존경과 이해를 보냈다.

<u>짝 유대는 여자가 한 가지 지지를 보내고
그 보답으로 다른 지지를 받는 시기다.</u>

짝 유대는 연인이나 부부 관계에만 국한되지 않는다. 강의실에서 수업료를 내고 지식을 얻는 것도 짝 유대에 해당할 수 있다. 의사에게 진찰을 받으면서 필요한 조언과 정보를 듣고 의사의 시간과 전문지식에 비용을 지불하는 활동도 해당된다. 또 미용실에서 스타일리스트가 머리를 감겨주고 잘라주면 서비스 비용을 지불하는 활동도 해당된다. 각 활동에서 여자가 주는 지지가 받는 지지와 다르다. (짝 유대에서 받는 지지는 사적인 것이기는 하지만, 강사나 의사나 스타일리스트와 주고받는 지지는 전문적인 일의 영역이므로 옥시토신과 에스트로겐보다는 테스토스테론을 자극한다.)

사랑을 나누는 관계에서 짝 유대는 훨씬 더 사적이므로 옥시토신과 에스트로겐을 자극한다. 남자가 낭만적인 관계를 맺을 때도 짝으로 결속되는 것이다. 짝 유대 중에는 옥시토신과 에스트로겐이 상승하므로, 5장에서 설명한 것처럼 남자의 테스토스테론도 증가시켜야 한다.

짝 유대에서 여자는 여성성을 표현하는 데 필요한 지지를 받아야 한다. 짝 유대는 사회적 유대와는 많이 다르다. 사회적 유대에서는 남성성과 함께 여성성을 표현하도록 지지를 받고 프로게스테론도 원활히 분비된다. (직장에서는 여성성보다 남성성을 더 많이 표출하는 데 필요한 지지를 받는다.)

짝 유대의 일반적인 유형인 다음의 두 사례는 짝 유대가 여성의 옥시토신과 에스트로겐을 어떻게 증가시키는지 보여준다.

- 역할을 나누는 관계에서는 여자가 남자에게 경제적으로 의존할 때 옥시토신과 에스트로겐이 증가한다. 여자가 여성적인 보살핌으로 집에서 남자의 욕구를 지지해주는 사이, 남자는 여자의 생존과 안전에 대한 욕구를 지지해준다.
- 마음을 나누는 관계에서는 여자가 남자의 사적이고 정서적인 지지에 의존할 때 옥시토신과 에스트로겐이 증가한다. 남자가 경청하고 사랑과 관심으로 보살피고 이해하고 존중하는 모습을 보여주면, 여자는 여성적인 인정과 신뢰와 수용으로 남자를 지지해준다.

이렇게 옥시토신과 에스트로겐을 자극하는 짝 유대는 역할을 나누는 관계나 마음을 나누는 관계에만 국한되지 않는다. 친밀한 관계에서 짝 유대를 경험하지 못하면 여자는 다른 데서 짝 유대 관계를 맺을 수 있다. 몇 가지 예를 들어보자.

- 자녀가 있다면 아이는 무조건적인 사랑을 보내고 엄마는 아이를 보살펴준다.
- 애완동물이 있다면 애완동물을 아이처럼 보살피는 모성 본능이 깨어난다.
- 부모나 다른 가족이 있다면 가족들에게 고민을 털어놓을 수 있고 가족들도 공감하고 존중하는 마음으로 들어줄 수 있다.
- 종교가 있다면 기도나 찬송으로 신에게 마음을 털어놓을 수 있다.
- 종교 권위자나 영적 권위자에게 실수를 털어놓고 마음을 솔직히 나눌 수 있다.
- 스트레스를 받거나 인생이나 인간관계가 잘 풀리지 않을 때 상담자에게 정서적 지지를 받을 수 있다.
- 교사나 스승이나 영적 지도자가 고차원의 사랑과 동기를 끌어내 최선을 다하도록 영감을 불어넣어줄 수 있다.
- 의사나 마사지사나 건강 컨설턴트에게 건강이나 생존을 위한 안내나 서비스를 받을 수 있다.
- 직장에서 개인적인 고민을 상의하거나 생존과 안전을 보장받을 수 있다면 직장 상사도 짝 유대의 대상이 될 수 있다.
- 변호사가 법적 권리를 변호하고 보호해줄 수 있다.
- 재무 설계사나 컨설턴트가 자금을 보호하고 미래를 위해 저축하도록 조언해줄 수 있다.
- 건설 인부나 '잡역부'가 집 안팎에서 지붕 공사와 배관과 설비 문

제를 해결해줄 수 있다.

- 청소부의 도움으로 집을 깨끗이 유지하는 사이 다른 책임에 몰두할 수 있다.
- 컴퓨터 컨설턴트가 컴퓨터를 수리해주어 업무를 마무리하거나 친구들과 소통할 수 있다.

이상의 목록을 보면 여자가 인생에서 배우자(혹은 짝 유대)를 주요리로 생각해서는 안 된다는 사실을 알 수 있다. 마음을 나누는 관계는 어디까지나 후식이어야 한다.

옥시토신과 에스트로겐을 늘리는 40가지 방법

여자에게는 호르몬 균형을 위해 짝 유대가 필요하지만 어떤 유형의 짝 유대가 잘 맞는지는 저마다 다르다. 다음으로 즐길 수만 있다면 에스트로겐과 옥시토신을 생성하는 마흔 가지 활동을 소개하겠다.

각 활동에서 여자가 지지를 받는 정도에 따라 옥시토신과 에스트로겐이 각기 다른 수준으로 생성된다. 옥시토신은 여성성을 표출하고 싶은 욕구를 지지받을 때 생성된다. 에스트로겐은 여성성을 표출할 때 생성된다. 여성성을 표출하면서 에스트로겐을 충분히 생성하는 여자라면 군이 다음의 활동을 하지 않아도 된다. 특히 이것은 여성성을 회복하는 데 도움이 되는 활동이므로 월경 후 10일 사이에 시도해야 한다.

옥시토신은 여성성을
표출하고 싶은 욕구를 지지받을 때 생성된다.
에스트로겐은 여성성을 표출할 때 생성된다.

다음의 짝 유대 활동에서 여자는 여성성을 표출하도록 지지를 받거나 지지를 받을 거라는 기대를 품고 여성성을 표출하기 위해 뭔가를 한다. 지지를 받을 거라고 기대하기만 해도, 실제로 지지를 받을 때만큼 옥시토신과 에스트로겐이 분비된다.

다음의 여러 활동을 친구와 함께 시도하면 사회적 유대가 생길 수 있다. 다만 분비되는 호르몬의 종류는 다르다. 친구와 함께 시도할 때는 프로게스테론과 옥시토신과 에스트로겐이 분비되는 반면, 사랑하는 사람이나 의사나 스타일리스트나 기타 여러 전문가와 시도할 때는 주로 옥시토신과 에스트로겐이 생성된다.

사람들에게 지지를 받을 때

1. 문제에 관해 말하기
2. 관계에 관해 말하기

3. 포옹하기

4. 감정을 표현하고 상대가 들어주는 느낌을 받기

5. 머리 자르기

6. 페디큐어 받기

7. 마사지 받기

8. 협력하기

9. 공동으로 작업하기

10. 불만을 수용하기

11. 도움을 받기

12. 하고 싶은 일을 할 시간을 충분히 내기

13. 자기를 위한 시간을 갖도록 도움을 받기

14. 안전하다고 느끼기

15. 기도하기

16. 고마운 마음 표현하기

17. 데이트하기

18. 연애 감정 느끼기

19. 성적이지 않은 방식으로 신체 접촉하기

20. 애정과 보살핌 받기

21. 감정과 욕구에 대한 관심을 받기

22. 사과받기

23. 꽃 선물받기

24. 요청하지 않은 도움이나 지원받기

25. 짧은 편지나 카드 받기

26. 콘서트를 보러 가거나 사교 행사나 문화 행사에 참석하기

27. 안심시켜주는 말을 듣기

28. 상대에게 보인다고 느끼기

29. 존중이나 명예로움을 느끼기

30. 사랑받는다고 느끼기

사람들에게 지지를 기대할 때

1. 데이트할 때 질문 많이 하기: 데이트 상대인 남자가 자기에게 관심이 더 많을 거라는 기대감에 나오는 행동. (참고로 남자는 여자가 질문은 적게 하고 말을 많이 할 때 더 관심을 갖는다. 내 책《화성에서 온 남자, 금성에서 온 여자: 데이트 편》을 참고하라.)

2. 쇼핑하기: 새로 산 물건이 남들에게 좋은 인상을 주고 남들을 즐겁게 해주거나 지지해줄 것으로 기대함으로써 하는 행동.

3. 신발이나 액세서리 사기: 남들에게 주목받고 지위를 높이고 관심을 끌 수 있다는 기대감에 하는 행동.

4. 어려 보이고 흠결이 없어 보이도록 화장하기: 남들에게 호의적인 관심을 끌어낼 뿐 아니라 냉정한 비판을 막아줄 거라고 기대해서 하는 행동.

5. 특별하고 아름답게 보이도록 차려입기: 남들이 봐주고 좋아해줄

거라고 기대해서 하는 행동.

6. 욕구를 발산시켜주는 섹시한 란제리 입기: 배우자가 더 매력을 느낄 거라고 기대해서 하는 행동.

7. 선물하기: 남들에게 받아들여지고 이해받기를 바라는 마음에서 하는 행동.

8. 남을 도와주기: 공동체에 받아들여지고 가치를 인정받고 훗날 필요한 순간에 도움을 받을 것으로 기대해서 하는 행동.

9. 배우자를 위해 식사를 준비하거나 그 밖의 보살피는 행동 하기: 배우자가 동굴에서 나오면 관심과 애정을 가져줄 뿐 아니라 원치 않는 일을 대신 해줄 거라고 기대해서 하는 행동(9장에서 자세히 다루겠다).

10. 자녀 돌보기: 배우자에게 더 많이 지지받고 자녀에게도 무조건 적인 사랑을 받을 것으로 기대해서 하는 행동.

남자들도 위의 활동을 좋아하거나 즐길 수 있다. 그러면 남자들의 에스트로겐과 옥시토신도 증가한다. 다만 남자들도 이런 활동을 좋아할 수는 있지만 스트레스가 줄어들지는 않는다. 옥시토신과 에스트로겐이 지나치게 상승하면 실제로 테스토스테론이 감소하고 정력과 활력이 떨어져 스트레스가 더 심해진다.

하지만 남자가 여자에게 짝 유대를 경험하는 데 필요한 지지를 보내면 여자를 행복하게 해주었다는 성취감에 테스토스테론이 분비되어 스트레스가 줄어든다. 여자가 행복해질 거라고 기대하여 테스토스테론이 상승하면 남자도 그사이 생성된 높은 수준의 옥시토신을 즐기면서도 스트레스를 받지 않을 수 있다. 몇 가지 사례를 소개하겠다.

- 나는 미술 전시회를 딱히 즐기지 않아도 아내가 좋아해서 같이 전시회를 관람하면 내 몸의 테스토스테론 수준이 상승하고 나 또한 행복해진다.
- 포옹으로 스트레스가 줄어들지는 않아도 아내에게 옥시토신이 필요해서 포옹을 해주면 아내에게 필요한 지지를 보냈다는 성취감에 내 몸의 테스토스테론 수준이 상승하고 스트레스가 줄어든다. 옥시토신이 분비되어 결속력이 강해지는 느낌을 즐길 수 있다.
- 나는 저녁에 집에서 텔레비전 보는 걸 좋아하지만 아내와 함께 사교나 문화 행사에 참석하거나 다정하게 데이트하러 나가서 아내가 행복해하면, 내 몸의 테스토스테론 수준이 상승하고 스트레스도 줄어든다.

아내를 행복하게 해준다고 해서 테스토스테론이 갑자기 증가하지는 않는다. 이런 활동을 할 때는 오히려 옥시토신이 증가하여 테스토스테론이 감소하므로 지루해지거나 피곤해질 수 있다. 다만 배우자의 중요한 욕구를 충족시켜준다는 생각에 기운이 나고 스트레스가 줄어들 수 있다. 게다가 배우자가 고맙다고 말해주기까지 하면, 더 제대로 해낸 기분이 들어서 테스토스테론은 증가하고 스트레스는 줄어든다.

에스트로겐, 옥시토신, 직장 스트레스

여자들은 여성성을 마음껏 표출하며 시간에 쫓기지 않고 좋아하고 즐거운 일을 할 때 옥시토신이 증가하고 스트레스가 줄어든다. 여성성을 표출할 수만 있다면 시간에 쫓기지만 않아도 옥시토신이 증가하고 에스트로겐도 증가한다. 그러나 시간에 쫓겨 압박에 시달리면 테스토스테론이 증가하고 에스트로겐은 감소한다.

삶의 어떤 영역에서든 쫓기는 느낌이 들면 스트레스를 받고 압박감에 시달릴 수밖에 없다. 다음의 표에서는 쫓기는 느낌이 들거나 하루에 처리할 일을 너무 많이 계획하여 남성성은 과도하게 표출되는 반면 여성성은 끌어내 표현하지 못하는 사례를 살펴보자.

원치 않지만 어쩔 수 없이 해야 하는 일을 할 때 여자의 몸에서는 테스토스테론이 증가하고 에스트로겐은 감소하기 시작하며 옥시토신은 생성되지 않는다. 누구나 싫은 일을 해야 할 때도 있지만 테스토스테론이 증가하면 유리한 남자들과는 달리 여자들은 테스토스테론 수준이 지나치게 상승하면 스트레스가 더 심해질

	여자들이 쫓기고 압도되는 느낌을 받는 일반적인 사례	남성성과 여성성의 변화
1	사람들의 도움에 기댈 여유가 없다.	독립성 증가(남성성) 상호 의존성 감소(여성성)
2	감정을 공유할 여유가 없다.	무심함 증가(남성성) 정서반응 감소(여성성)
3	남편과 가족을 지지해줄 여유가 없다.	문제 해결 능력 증가(남성성) 보살피는 성향 감소(여성성)
4	마음을 터놓고 도움을 요청할 여유가 없다.	강인성 증가(남성성) 취약성 감소(여성성)
5	사람들과 함께 일할 여유가 없다.	경쟁력 증가(남성성) 협조하는 능력 감소(여성성)
6	결정을 내리기 전에 감정을 돌아볼 여유가 없다.	분석력 증가(남성성) 직관력 감소(여성성)
7	사람들의 감정과 욕구를 살필 여유가 없다.	권력 증가(남성성) 사랑 감소(여성성)
8	느긋한 마음으로 도움을 받을 여유가 없다.	자기주장 증가(남성성) 수용성 감소(여성성)
9	도움을 구하거나 남을 도와줄 능력을 알아 볼 여유가 없다.	능력 증가(남성성) 도덕성 감소(여성성)
10	침착하게 사람들의 도움에 의지할 여유가 없다.	자신감 증가(남성성) 타인에 대한 신뢰 감소(여성성)
11	지지를 더 많이 받을 여유가 없다.	책임감 증가(남성성) 호응하는 성향 감소(여성성)
12	사생활에 쓸 시간의 여유가 없다.	목표 지향 증가(남성성) 관계 지향 감소(여성성)

수 있다.

위에서 정리한 에스트로겐과 옥시토신을 자극하는 요인을 살펴보면 직장은 결코 여자들이 옥시토신을 분비하기 좋은 곳도 아니고, 굳이 옥시토신을 높여야 하는 곳도 아니다. 일하는 여자들이 늘어나면서 직장이 여자들의 욕구를 지지해주는 곳이 되어가기는 하지만 직장 밖의 일상에서 옥시토신과 에스트로겐의 욕구를 충족시키면 직장생활의 스트레스도 효과적으로 관리할 수 있다.

전문가들도 일과 생활의 균형이 중요하다고 강조하지만, 사실 옥시토신과 에스트로겐의 중요성을 이해하지 못하면 일과 생활의 균형을 찾지 못한다. 삶의 균형을 이루는 과정이 자칫 끝없는 할 일 목록에 올라갈 또 하나의 일거리가 될 수도 있다.

> 옥시토신을 이해하지 못하면
> 일과 생활의 균형을 이루는 과정이 또 다른 부담이 된다.

하지만 여자들이 옥시토신과 에스트로겐을 분비시켜줄 사건을 기대하면 직장에서 일하는 동안에도 옥시토신이 분비될 수 있다. 일을 마치고 옥시토신과 에스트로겐을 자극하는 일상으로 돌아갈 생각에 들떠 일하는 내내 스트레스가 줄어들 수 있다.

가령 낭만적인 데이트를 기대하면 여자의 몸에서는 며칠 전부터 옥시토신과 에스트로겐이 다량 분비된다. 또 당혹스럽고 좌절 감이 들고 걱정스럽던 하루의 푸념을 남편이나 친구가 들어줄 거라고 기대하면 집에 돌아가기 전부터 옥시토신과 에스트로겐 수준이 상승한다.

> 옥시토신을 분비시키는 사건을 기대하면
> 미리 옥시토신이 분비된다.

지난 10년간의 연구에 따르면 밖에서 돈을 버는 여자들은 직장보다 집에서 스트레스에 더 많이 시달린다고 한다. 1999년 프랑켄하우저Frankenhaeuser와 룬베르그Lunberg의 스트레스 연구에서는, 남자와 여자의 스트레스 수준이 직장에서는 비슷하지만 여자의 스트레스 수준은 퇴근한 뒤에도 계속 높은 것으로 나타났다. 남자와 달리 여자는 직장에서 스트레스에 노출되면 직장 밖의 일상에서도 영향을 받는다는 뜻이다.

직장에서 스트레스에 시달리는 여자는 퇴근 후에도 스트레스가 높고, 초과근무까지 한다면 퇴근 후나 주말에도 높은 수준의 스트레스에 시달린다.

> 직장에서 스트레스를 많이 받는 여자들은
> 퇴근 후에도 높은 수준의 스트레스에 시달린다.

남녀 모두에게 테스토스테론의 장점은 만족을 미루는 성향이 강해진다는 점이다. 남자는 원하는 결과를 얻을 수 있다는 자신감을 잃을 때만 높은 테스토스테론 수준에 의해 충동적으로 변한다. 남자들은 테스토스테론 수준이 높을수록 고된 노동이나 위험한

CHAPTER 8 여자, 호르몬, 행복

일의 스트레스를 잘 견딘다. 나중에 보상이 주어진다고 믿으며 당장의 불편이나 고통을 잠시 분리할 수 있다.

여자들도 온종일 테스토스테론을 자극하는 환경에서 일하며 만족을 미루는 식으로 스트레스에 대처할 수 있다. 남자에게 필요한 만족은 동굴 시간과 행복한 아내이고, 이 두 가지 모두 남성성을 표출하게 해준다. 여자에게 필요한 만족은 여성성을 표출하게 해주는 사생활이다. 따라서 집에서 스트레스를 해소하는 데 필요한 지지를 받지 못하면 스트레스가 더 심해진다.

요즘은 가정에서 여자들의 스트레스 수준이 높은 편이지만 이는 불가피한 현상은 아니다. 옥시토신과 에스트로겐을 끌어올려 스트레스를 줄일 수 있는 방법을 배우면, 직장에서는 더 생산적으로 일하고 집에서는 더 행복하게 지낼 수 있다.

프로게스테론

프로게스테론은 에스트로겐처럼 여성의 월경 주기와 임신 초기에 중요한 호르몬이다. 앞서 보았듯이 프로게스테론은 배란 이후에 분비되어 월경 주기의 후반부(배란 이후 12일에서 14일)에 에스트로겐 수준의 균형을 잡아서 스트레스를 줄이는 데 중요한 역할을 한다.

화성남자와 금성여자를 넘어서 ♀

프로게스테론은 에스트로겐을 억제하여 임신 상태를 유지하도록 적절한 호르몬 균형을 잡아준다. 프로게스테론은 임신에도 중요하지만 기분에도 중요한 영향을 미친다. 에스트로겐은 뇌를 흥분시키고 프로게스테론은 뇌를 진정시킨다. 둘 다 월경 주기의 두 번째 단계에 필요한 호르몬이지만 프로게스테론 수준이 더 높아야지 안 그러면 스트레스 증상이 증가한다.

> 에스트로겐은 뇌를 흥분시키고
> 프로게스테론은 뇌를 진정시킨다.

프로게스테론은 보살피는 행동이나 친근한 행동과 관계가 있다. 연구에 의하면 프로게스테론은 7장에서 간단히 설명한 '사회적 유대'를 경험할 때 생성된다. 여자가 '친구 사이'인 여자나 남자와 친근하게 사이좋게 지내면 프로게스테론이 증가한다.

앞서 보았듯 사회적 유대와 짝 유대 사이에는 작지만 중요한 차이가 있다. 사회적 유대에서는 프로게스테론이 생성되고, 짝 유대에서는 에스트로겐과 옥시토신이 생성된다. 동일한 상황이 프로게스테론을 생성할 수도, 에스트로겐을 생성할 수도 있다. 남성성과 여성성을 모두 표출하게 해주는 활동인가(사회적 유대), 여성성만 표출하게 해주는 활동인가(짝 유대)에 따라 다른 호르몬이 생성된다.

예를 들어 여자가 요가나 에어로빅 강습 같은 집단 활동에 참여하면 다른 수강생들과 사회적 유대가 형성되면서 프로게스테론이 증가하지만, 강사에게 특별한 가르침이나 지지를 기대한다면 짝 유대 경험이 되어 옥시토신과 에스트로겐이 생성된다.

프로게스테론은 여자들이 즐거움이나 행복, 사랑이나 쾌락에 대한 욕구를 돌볼 때도 생성된다. 스트레스를 유발하지 않는 활동에 몰두하면서 스스로 충만감을 느낄 때는 반드시 프로게스테론이 생성된다.

다음은 프로게스테론을 자극하는 일반적인 활동이다.

사람들과의 사회적 유대

1. 카드게임이나 보드게임

2. 스포츠나 팀 활동

3. 여럿이 함께 노래하기

4. 여럿이 함께 요가나 각종 강습받기

5. 사람들과 함께 음식 만들기

6. 생각이나 감성이 비슷한 부모나 가족과 함께 시간 보내기

7. 여자들의 모임이나 같은 경험을 한 사람들의 모임에서 경험담 나누기

8. 자녀의 학교 기금 모금이나 기타 자선 행사에 참여하기

9. 파티나 여자들 모임에서 친구들과 같이 앉거나 경험담 나누기

10. 콘서트를 보러 가거나 친구들과 같이 춤추러 가기

자기를 돌보는 활동

1. (건강한) 식생활과 운동으로 건강 챙기기

2. 시간을 내서 새로운 기술 배우기

3. 읽고 싶은 책 읽기

4. 시도해보고 싶은 요리의 새로운 조리법 만들기

5. 집을 정리하거나 청소하기

6. 생각과 감정과 기분을 일기에 적기

7. 명상하기

8. 책을 읽거나 텔레비전이나 영화를 보면서 등장인물에게 공감하기

9. 정원 가꾸기

10. 자연에 나가서 운동하거나 산책하기

11. 욕실에 초를 켜놓고 거품목욕하기

12. 좋은 음악을 들으며 혼자 춤추기

　　사회적 유대와 자기 돌보기의 공통점은 여자들이 남을 위해 희생하지 않고 자신의 이익을 챙기는 활동이라는 점이다.

　　특히 스트레스 호르몬을 줄이기 위해 에스트로겐보다 프로게스테론을 더 분비해야 하는, 월경 주기의 두 번째 단계에 도움이 되는 활동이다. 월경 주기의 첫 단계(월경 후 10일에서 12일 사이)에

는 여자의 몸에 프로게스테론이 조금만 필요하다. 이 단계에서 행복과 안녕감을 위해 가장 중요한 호르몬은 옥시토신과 에스트로겐이다. 따라서 첫 단계에는 프로게스테론을 생성하는 사회적 유대 활동이 그다지 중요하지 않다. 사회적 유대 활동은 여자가 여성성을 더 많이 표출하게 해줄 만큼의 옥시토신과 에스트로겐을 생성하지만, 짝 유대만큼 많이 생성하지는 않는다.

> 프로게스테론은 여자가 남성성을 표현하면서도
> 여성성을 잃지 않을 때 주로 생성된다.

프로게스테론의 역할이 중요한 두 번째 단계에서, 받는 것보다 주는 것이 많으면 프로게스테론이 생성되지 않는다. 여자는 자기를 위한 시간이나 사회적 유대를 위한 시간을 낼 여유가 없으면 관계에서 스트레스를 받는다. 배우자를 탓하고 기대가 충족되지 않아서 억울해한다. '내 시간'과 사회적 유대의 중요성을 이해하면 여자는 배우자에게 지나치게 의존하지 않을 수 있다.

월경 주기의 두 번째 단계에서 억울한 마음이 들려고 하면 배우자에게 (짝 유대를 통해) 과도하게 기대하지 말고 (사회적 유대를 통해) 프로게스테론을 생성하는 시간을 충분히 가져야 스트레스를 효과적으로 줄일 수 있다. 앞서 보았듯이 배우자는 에스트로겐과 옥시토신을 생성하는 데는 도움이 되지만, 프로게스테론을 생성

화성남자와 금성여자를 넘어서 ♀

하려는 노력은 전적으로 자신의 몫이다.

> 억울한 마음이 들면, 여자는 배우자에게
> 더 많이 기대하고 싶은 욕구를 버리고
> 프로게스테론을 생성하기 위한 시간을 가져야 한다.

월경 주기의 두 번째 단계에서 배우자의 지지는 여자의 스트레스를 줄여주거나 여자를 더 행복하게 해주는 효과가 크지 않다. 다만 행복하게 해주지는 못해도 옆에서 관심과 애정을 보이면 여자가 사회적 유대 활동을 위한 시간을 스스로의 행복을 위해 노력할 수 있다. 이 단계에 대한 이해가 없으면 남자는 그저 여자의 행복에 방해만 될 뿐이다. 섣불리 조언하거나 행복해져야 할 이유를 설명하면서 기운을 북돋우려 해봐야 여자의 기분만 나빠진다.

테스토스테론

남자가 여자보다 테스토스테론 수준이 열 배 이상 높지만, 테스토스테론은 여자에게도 중요한 호르몬이다. 프로게스테론이 여자의 월경 주기 두 번째 단계에서 에스트로겐 수준이 과도하게 상승하지 않도록 잡아주듯이, 테스토스테론은 첫 번째 단계에서 에스트로겐 수준이 과도하게 상승하지 않도록 잡아준다.

여자의 테스토스테론과 에스트로겐은 시소와 같다. 한쪽이 올라가면 다른 쪽이 내려간다. 이상적으로는 에스트로겐이 테스토스테론보다 한참 높아야 한다. 테스토스테론 수준이 지나치게 상승하면 스트레스가 심해지고 배란이 안 되고 정신적으로 휴식을 취할 수 없다.

> 여자의 테스토스테론과 에스트로겐 수준은
> 시소와 같아서 한쪽이 올라가면 다른 쪽이 내려간다.

월경 주기의 두 번째 단계, 곧 프로게스테론이 스트레스를 줄여주는 시기에는 테스토스테론 수준이 지나치게 상승하면 프로게스테론이 줄어들 수 있다. 앞서 보았듯이 여자의 몸에서는 테스토스테론을 생성할 때 프로게스테론을 소진한다. 여자가 남성성을 발산하고 여성성을 억제해야 하는 상황에서는 테스토스테론을 더 많이 생성한다. 이렇게 테스토스테론이 증가하면 여자는 스트레스에 심하게 시달리지 않고 일상의 난관을 잘 헤쳐 나갈 수 있다. 다만 나중에 여성성을 표출할 기회가 있다고 기대할 수 있어야 한다.

테스토스테론은 여자가 딱딱한 직장생활에서 남성성을 표출해야 할 때 생성되는 반면, 프로게스테론은 사생활에서 남성성과 여성성을 모두 표출할 때 생성된다. 다음은 테스토스테론은 증가하지만 프로게스테론은 증가하지 않는 몇 가지 상황이다.

- 돈을 벌기 위해 친구나 가족이 아닌 사람들에게 봉사할 때. 이는 문제를 해결하는 활동이지 남을 보살피는 일은 아니다.
- 지도자의 자리에서 혼자 의사결정을 해야 하고 다른 사람들과 책임을 나누지 못할 때.
- 사람들과 협력이 아니라 경쟁해야 안녕이 보장될 때.
- 기분과 취향과 직관에 따라 선택을 하지 못하고 구체적인 자격요건이나 규칙이나 지시사항을 따라야 할 때.
- 마감이 코앞이라 목표를 달성하기 전에는 하고 싶은 일을 미뤄야 할 때.
- 긴급히 처리할 일 때문에 사적인 욕구를 모른 척해야 할 때.
- 목적이 수단을 정당화한다는 이유로 양심을 저버려야 할 때(즉, 조국을 지키기 위해 사람을 죽이는 상황).
- 철저히 기술적인 일을 하거나 감정에 치우치지 않고 문제를 해결해야 할 때, 그리고 사랑이나 직관이나 배려심이 필요하지 않을 때.
- 진실로 좋은 일을 하겠다는 목표를 성취하기 위한 시간이나 지지가 부족할 때. (예: 부모로서 자녀를 책임지고 돌봐야 하지만 주위의 지원이나 도움 없이 혼자 책임을 져야 할 때는 테스토스테론이 생성되지 에스트로겐은 생성되지 않는다.)

이상의 사례에서는 남자든 여자든 테스토스테론이 증가한다. 하지만 스트레스를 줄이는 데 테스토스테론이 필요한 남자와 달리, 여자의 몸에서는 테스토스테론이 조금만 증가해도 옥시토신으로 상쇄되지 않으면 스트레스가 심해질 수 있다.

여자의 한 달 주기

여자의 한 달 호르몬 주기를 이해하면 여자의 욕구를 이해하고 호르몬의 변화에 따라 욕구가 어떻게 달라지는지 알 수 있다.

다음의 도표를 참조하여 한 달 동안 건강하고 스트레스 받지 않는 상태의 호르몬 변화를 그려보라.

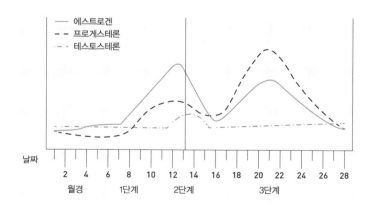

다음으로 건강하고 스트레스를 받지 않는 상태에서 평균 28일 주기 동안 각 시기마다 스트레스에 가장 잘 대처하는 데 필요한 요소가 무엇인지 알아보자.

- 월경을 시작하고 5일 동안, 모든 호르몬 수준이 떨어지는 시기에 남자는 여자에게 아무것도 요구해서는 안 된다. 이 시기에 여자는 조용히 자기를 돌보거나 사회적 유대를 위한 시간을 보내야 한다.

- 월경이 끝나고 5일 동안, 에스트로겐 수준이 더 낮지만 서서히 올라가는 시기에 여자는 남성성과 여성성을 모두 잘 표출하고 만족을 지연시킬 수 있다. 이 시기에 여자는 직장에서는 남성성을 표출할 기회를 얻어야 하지만, 여성성도 드러낼 수 있도록 협조하고 협력하는 분위기가 만들어져야 한다. 이 시기에 여자는 더욱 창의적이고 독립적인 상태가 되며, 인정받고 자신이 한 일에 대해 존중받는 느낌을 더 많이 받아야 한다.

- 그다음 5일 동안, 에스트로겐이 두 배로 증가하는 배란기에는 짝 유대의 욕구가 가장 왕성하다. 데이트를 하거나 경청해주는 사람에게 여린 감정을 털어놓기 좋은 시기다. 남자가 여자의 기분에 변화를 줄 가능성이 가장 큰 시기이기도 하다.

- 월경 주기의 마지막 12일에서 14일 동안에는 주로 사회적 유대가 필요하다. 배우자와 함께든 아니든, 여자의 사회적 유대에 대한

욕구를 지지함으로써 가장 큰 변화를 이끌어낼 수 있는 시기다.

남자든 여자든 각 단계가 표시된 달력을 만들어 서로를 더 잘 지지해주도록 노력하면 좋다.

참고: 데이트나 휴가를 *계획*하기 가장 좋은 시기는 월경이 끝나고 *첫 번째* 5일 동안이지만, 데이트를 *실행*하기에 가장 좋은 시기는 월경이 끝나고 **두 번째** 5일 동안이다.

6장에서 설명했듯이, 연구에 따르면 폐경 이후에는 난소에서 여성 호르몬이 생성되지 않지만 부신에서는 계속 생성된다. 여자의 주기는 그 전과 같지만 호르몬의 변화는 폐경 이전만큼 두드러지지 않으며 좀 더 유연해진다. 일반적으로 월경이 끊긴 후에는 초승달 시기를 월경의 시작으로, 보름달 시기를 배란기로 간주할 수 있다.

CHAPTER 9

당신 시간,
우리 시간,
내 시간

Beyond
MARS
and
VENUS

　　　　나의 딸 로런 그레이는 여자들을 위한 온라인
강좌에서 여자들이 매달 다채로운 호르몬 변화를 겪는 동안 평화
와 사랑, 행복과 충만감을 지속할 방법을 소개한다. 당신 시간(직장
에서의 유대)과 우리 시간(짝 유대)과 내 시간(사회적 유대와 자립) 사이
에 가장 적절한 균형을 이루는 것이 관건이다. 다만 월경 주기의 각
단계마다 최적의 균형 상태도 끊임없이 달라진다는 문제가 있다.

　　남녀 모두 여성의 월경 주기의 단계마다 각기 다른 호르몬의
욕구를 알아야 한다. 그러면 여자는 행복에 필요한 사랑과 대화와
도움을 주도록 남자에게 동기를 부여할 수 있다. 남자는 드디어
배우자의 급변하는 기분과 감정, 반응과 욕구를 이해할 수 있게
되어 관계에 자신감을 갖는다.

　　이런 호르몬의 특성을 이해하지 못하는 남자들은 아내를 도통
모르겠다고 호소한다. 어느 날은 어떤 말이나 행동이 잘 통하다가

도 다른 날은 전혀 통하지 않는다는 것이다. 월경 주기에서 호르몬의 변화에 따라 관계에 대한 요구도 달라지기 때문이다.

다른 시기보다 유독 남자의 사랑과 관심이 더 필요한 시기가 있다. 어느 날은 남자가 관심을 주지 않아도 전혀 개의치 않다가 다른 날은 크게 상처를 받는다. 어떤 때는 남자가 여자를 행복하게 해줄 수 있지만 다른 때는 여자가 스스로 행복을 찾는 동안 남자는 옆에서 도와주기만 해야 한다.

이제부터 이런 현상을 자세히 살펴보는 동안 여자의 호르몬 변화 시기가 근사치라는 것을 기억하기 바란다. 월경을 시작한 첫날부터 다음 월경 첫날까지의 기간은 평균 28일이지만 달마다 달라질 수 있고, 또 개인마다 다르다.

여자의 호르몬 변화에 대한 새로운 이해

여자의 월경 주기에서 최적의 호르몬 균형은 끊임없이 달라진다. 자연스런 호르몬 변화에 외부 스트레스가 개입하면 여자 내면의 스트레스가 증가하고 호르몬의 균형이 깨진다.

외부 스트레스가 한 달간 호르몬 변화에 개입하면
내면의 스트레스가 증가한다.

여자들이 스스로 자연스런 호르몬 균형을 되찾는 과정을 새로운 관점으로 이해하면 내면의 스트레스 반응을 줄일 수 있다. 새롭게 이해하면 월경 주기의 시기마다 호르몬 변화를 지지해주는 관계 활동과 태도와 행동도 파악할 수 있다. 그러면 남자들은 연애 감정을 나누고 성관계를 가질 수 있는 가장 적절한 시기가 언제이고, 여자가 스스로 행복을 찾을 수 있도록 안전한 거리를 지켜주어야 하는 시기는 언제인지 파악할 수 있다.

새로운 통찰을 얻으면 남자들은 배우자를 항상 행복하게 해주어야 한다는 의무감에서 벗어나고, 여자들은 자기만의 행복을 추구하면서 필요한 지원을 가장 효과적으로 확보할 수 있다. 예전에도 그랬고 앞으로도 마찬가지로 관계에서 남자의 역할은 항상 배우자의 안전을 지켜주는 데 있다. 다만 요즘의 안전은 물리적 안전을 의미하지 않는다. 그보다는 자유롭게 살면서 행복을 추구하는 데 필요한 안전을 뜻한다. 성인이라면 누구나 스스로 행복을 찾아야 하지만, 사랑하는 마음으로 행복을 찾는 동안 서로 도울 수 있다.

> 예전에도 그랬고 앞으로도 마찬가지로 관계에서
> 남자의 역할은 언제나 배우자의 안전을 지켜주는 데 있다.

한 달 동안 여자의 호르몬 변화를 자세히 살펴보면 여자가 다양한 호르몬 자극 행동(당신 시간, 우리 시간, 내 시간)을 통해 스트레

스를 줄일 수 있는 최적의 시기를 알 수 있다. 세 가지 행동의 대략
적인 차이는 다음과 같다.

1. '당신 시간'에는 일의 유대에 몰두한다. 밖에서 일하거나 집에서
   자녀를 돌보는 일을 한다. 테스토스테론과 에스트로겐을 생성하
   면서 남성성을 더 많이 표출하면서도 남을 보살피는 여성성도 발
   산한다.
   당신 시간(그리고 당신 시간에 생성되는 테스토스테론)은 '월경 후
   5일' 동안 호르몬 균형을 되찾고 스트레스를 줄일 수 있는 최적의
   시기다.
   간단명료하게 이해하기 위해 테스토스테론이 분비되고 에스트로
   겐이 증가하는 이 5일을 월경 주기의 첫 단계라고 부르겠다. 갱년
   기와 폐경 이후의 여자에게 이 단계는 초승달이 뜨고 4일쯤 지나
   서 시작된다.

2. '우리 시간'에는 짝 유대에 몰두한다. 옥시토신을 증가시켜 테스
   토스테론을 줄이고(테스토스테론이 지나치게 높은 경우) 에스트로
   겐을 늘리면서 여성성을 표출하고 한 가지 유형의 지지를 보내고
   다른 유형의 지지를 받는다.
   월경이 끝난 후 6일에서 10일 사이로 배란기 즈음인 이 시기에
   '우리 시간' 호르몬이 가장 많이 생성된다. 에스트로겐이 최고로
   분비되어 다른 시기의 두 배까지 올라간다. 옥시토신도 주변의

화성남자와 금성여자를 넘어서 ♀

지지에 따라 최고 수준으로 증가한다.

이 5일 동안 옥시토신이 증가하면서 호르몬 균형을 잡고 스트레스를 줄이는 능력이 가장 커진다. 남자의 낭만적인 접근과 노력이 가장 큰 효과를 보는 시기다. 이 시기에는 여자가 취약한 상태이므로 정서적 지지와 배려가 가장 많이 필요하다.

간단명료하게 이해하기 위해 에스트로겐과 옥시토신이 정점에 이르는 이 5일을 월경 주기의 두 번째 단계라고 부르겠다. 갱년기나 폐경 이후의 여자들에게 이 단계는 보름달이 뜰 즈음의 5일이다.

3. '내 시간'에는 사회적 유대나 자립 활동에 몰두한다. '내 시간'에는 혼자서든 사람들과 함께든 남성성과 여성성을 표출한다. 남을 위해 희생하지 않고 자기가 하고 싶은 일을 한다. 내 시간의 활동은 사회적 유대 활동이든 자립 활동이든 프로게스테론을 증가시켜 에스트로겐이 과도하게 높은 경우라면 에스트로겐 수준을 낮춰준다.

'당신 시간'에 테스토스테론이 크게 감소했다면, '내 시간'에는 자립 활동에 더 많이 몰두해야 한다. 자립 활동은 남자의 동굴 시간처럼 프로게스테론을 증가시킬 뿐 아니라 테스토스테론을 회복하여 성욕과 활력을 끌어올린다.

'우리 시간' 동안 받은 것에 비해 많이 베풀어 에스트로겐 수준이 과도하게 상승했다면, '내 시간'에는 사회적 유대가 프로게스테론을 늘려 에스트로겐 수준을 떨어뜨릴 수 있다. 프로게스테론이

증가하면 마음이 진정되고 스트레스가 감소하고 긍정적인 기분
이 늘어난다.

월경을 시작하기 전 12일에서 14일 동안(월경 주기의 두 번째 단계
이후)에는 '내 시간'과 이 기간에 생성된 프로게스테론이 가장 효
과적으로 호르몬 균형을 잡고 스트레스를 줄일 수 있다. '내 시간'
의 활동은 월경하는 3일에서 5일 동안에도 큰 도움이 될 수 있다.

간단명료하게 이해하기 위해 월경을 시작하기 전 12일에서 14일
과 월경 중의 3일에서 5일을 월경 주기의 세 번째 단계라고 부르
겠다. 16일에서 18일 정도 되는 세 번째 단계에서는 여자의 몸에
에스트로겐보다 프로게스테론이 더 많이 필요하고 테스토스테론
수준이 상당히 낮아서 스트레스에 가장 잘 대처할 수 있다. 갱년
기와 폐경 이후의 여자들의 '내 시간'은 보름달이 지고 이틀 뒤부
터 초승달이 진 후 5일까지 약 18일에 해당한다.

　이상의 세 단계에서 단계마다 특정 호르몬이 생성되는 기제를
이해하면 여자의 일상생활에 도움이 된다. 첫 번째 단계에서 '당신
시간'에 몰두하면 긍정적이고 행복하게 지낼 수 있다. 직장에서의
욕구와 충만감이 가정의 사적인 욕구보다 중요해지는 시기다. 두
번째 단계에서는 짝 유대의 욕구가 충족되어야 한다. 세 번째 단
계에서는 물론 짝 유대를 위한 시간을 즐길 수 있지만, 스트레스
가 심할 때는 내면의 스트레스를 줄이기 위해 '내 시간'을 더 많이

필요로 한다.

세 번째 단계에서 '내 시간'에는 사회적 유대와 자립 활동에 시간도 내야 한다. 여자는 '내 시간'을 통해 마음을 터놓고 일상과 친밀한 관계에서 충만감을 느껴야 한다. 세 번째 단계에서 배우자에게 더 많이 받아야 한다고 생각할지 몰라도, 내면의 충만감을 채워줄 사람은 배우자가 아니라 자기 자신이다.

'우리 시간'의 중요성

여자에게 '우리 시간'의 짝 유대가 절실한 시기는 두 번째 단계다. 이 시기의 욕구가 충족되면 월경 주기의 다른 시기에도 긍정적인 영향을 미칠 수 있다. 다른 시기에도 '우리 시간'을 통한 배우자의 지지가 필요하다. 여자는 '당신 시간'과 '내 시간'을 통해 행복을 찾도록 지지받아야 하지만, 두 번째 단계에서는 남자의 사랑과 손길, 낭만적인 행동과 좋은 대화, 연민, 동정심과 도움이 가장 강력하고 긍정적이고 지속적인 영향을 미친다.

이 시기에 여자가 남자의 지지에 긍정적으로 반응하면 남자도 다시 좋은 영향을 받는다. 여자에게 남자의 지지가 가장 필요한 시기이므로 남자는 영웅이 될 수 있다. 에스트로겐 수준이 높아서 여성성이 가장 많이 드러나는 시기이므로 여자는 남자의 지지에 쉽게 영향을 받고 다른 시기보다 더 고맙게 생각할 수 있다. 남자가 이 시기의 좋은 기회를 놓치면, 세 번째 단계에서는 배우자와의 연결이 약해지거나 손상될 수 있다.

> 부부가 두 번째 단계에서 짝 유대를 갖지 않으면
> 세 번째 단계에서 연결이 약해질 것이다.

부부가 두 번째 단계의 '우리 시간'에 대한 호르몬의 욕구를 이해하지 못하면 이 5일간 부부싸움이 가장 잦아진다. 에스트로겐이 두 배로 증가한 상태라서 여성성을 표출하는 데 필요한 정서적 지지를 충분히 받지 못하면 진정한 자기를 억누르고, 그러면 스트레스 호르몬이 증가한다. 결국 테스토스테론이 증가하고 여자는 방어적이 된다. 사람마다 기질에 따라 여러 가지 부정적인 반응을 경험할 수 있다. 다음의 몇 가지 반응을 살펴보자.

사랑의 창이 열리는 시기에 거부당할 때 여자의 감정	사랑의 창이 열리는 시기에 거부당할 때 여자의 생각
상처	"그이는 이제 날 사랑하지 않아."
분노	"버려지고, 보이지도 않고, 이해받지 못하고, 무가치한 인간으로 취급받는 기분이야."
억울함	"우리 사이에서 나는 받는 것보다 주는 게 더 많아."
무감각	"연애도 섹스도 다 귀찮아."

현실적으로 볼 때 호르몬 불균형에 의해 스트레스가 심해지면, 여자는 일시적 기억상실을 일으켜 배우자가 이제껏 잘해준 일을 다 '잊어버리고' 잘못한 일만 기억한다.

스트레스 호르몬이 증가하면
여자는 일시적으로 배우자가 잘해준 일을 다 잊는다.

한마디로 이 5일간은 여자가 배우자에게 가장 많이 영향을 받는 시기다. 필요한 것을 얻으면 가장 행복해지고, 얻지 못하면 가장 불행해지는 시기이기도 하다.

여자의 마음이 활짝 열려 배우자에게 민감하게 영향받을 수 있는 유일한 시기다. 상처받거나, 화나거나, 방어적이 되거나, 실망하면 마음을 닫아버려서 배우자의 어떤 노력에도 기분이 풀리지 않는다. 그러나 일단 배우자의 노력에 마음을 열기 시작하면 여자는 그 어느 때보다 즐겁고 행복해질 수 있다.

이 시기에는 배우자가 여자를 다른 어느 때보다도 행복하게 해줄 수 있다. 행복하게 해주지는 못해도 지지를 해주면 여자가 스스로 행복을 찾는 데 도움이 될 수 있다. 그러나 이 시기에 여자의 욕구를 몰라주면 다른 어느 때보다 더 여자를 불행하게 할 수 있다. 배우자의 정서적 지지가 가장 절실한 시기이므로 이 시기에 지지받지 못하면 이후 18일 동안 여자는 둘 사이의 관계에 뭔가 빠져 있다고 느끼고 더 많이 갈망하거나 억울해한다. 반면 이 시기에 '우리 시간'의 욕구가 충족되면 나머지 기간 동안 그만큼의 짝 유대를 맺지 않아도 된다.

사랑의 창이 열리는 5일 동안
남자는 여자를 훨씬 더 행복하게 해줄 수 있다.

반대로 월경 주기의 첫 번째와 세 번째 단계에서는 배우자가 여자를 행복하게 해줄 수는 없지만 여자가 자기를 마음껏 표현하여 행복과 인정과 충만감을 찾도록 보장해주고 정서적으로 지지해줄 수 있다.

이런 기제를 이해하면 남자들은 여자를 행복하게 해주어야 한다는 부담에서 벗어날 수 있다. 남자가 여자를 행복하게 해줄 수 있다는 착각을 버리면 관계에서 원망과 불평을 덜어내고 사랑을 키울 수 있다.

남자가 여자를 행복하게 해주어야 한다는 부담을 떨쳐내면 여자가 이런저런 스트레스로 우울해할 때 상처를 받지 않는다. 여자를 '바꾸려고' 하거나 여자가 더 행복해야 하는 이유를 설명할 필요가 없어진다. 이렇게 여자의 감정을 통제하려는 욕구를 버리면 여자가 기분이 좋지 않거나 조언을 원하지 않을 때도 남자는 기분 상하지 않는다.

화성남자와 금성여자를 넘어서 ♀

남자가 여자의 다양한 호르몬 욕구를 새롭게 이해하고 더 열심히 들어주고 안전한 분위기를 만들어주고 무심한 연민과 따스한 관심을 보여주면 여자는 자유롭게 자기를 표현할 수 있다.

'당신 시간'에서 '내 시간'으로

로런 그레이는 많은 여자를 만나면서 여자들이 직장에서 하루 종일 '당신 시간'을 보내기 때문에 '내 시간'을 더 많이 보내는 방법으로 직장에서 생성되고 소진되는 높은 수준의 테스토스테론을 회복해야 한다고 보았다. 남자에게 동굴 시간이 필요하듯이 여자들도 냉정한 직업 세계에서 남성성을 표출하며 일하려면 테스토스테론을 회복해야 한다.

《화성에서 온 남자, 금성에서 온 여자》에서는 이런 특징을 완전히 놓쳤다. 사실 예전부터 여자들로부터 "할 일이 너무 많아서 나를 위한 시간을 낼 수가 없어요. 녹초가 되어 느긋하게 쉬면서 삶을 즐길 여유가 없어요"라는 말을 들어왔다.

> 여자들도 직업의 세계에서 남성성을 표출하며 일하려면
> 테스토스테론 수준을 회복해야 한다.

앞에서도 말했듯이 자립적인 성격의 '내 시간'은 테스토스테론을 회복하기에 가장 적합한 시간이다. 여자는 프로게스테론에서 테스토스테론을 생성한다. '내 시간'에 자립 활동을 하면 프로게스테론이 생성되어 필요할 때마다 테스토스테론으로 전환할 수 있다.

여자에게는 성욕의 생물학적 기반이 프로게스테론이다. 옥시토신과 에스트로겐이 성에 반응하고 즐기는 능력을 끌어올리는 데 비해, 프로게스테론과 프로게스테론에서 전환된 테스토스테론은 성적 쾌락을 끌어올려 성적 경험을 만끽하게 해준다.

> 자립적인 성격의 '내 시간'은
> 테스토스테론을 회복하는 데 가장 적합한 시간이다.

여자들은 '당신 시간'에 테스토스테론을 생성해서 소진하고 '내 시간'에 프로게스테론을 많이 생성해서 테스토스테론 수준을 끌어올릴 수 있다. 다만 '당신 시간'에서 '내 시간'으로 넘어가는 과정은 말처럼 간단하지 않다. 그래서 '내 시간'을 우선순위에 놓기 힘들어 하고, '내 시간'을 보낸다 해도 제대로 쉬면서 즐기지 못하는 여자들이 많은 것이다.

여자들이 '내 시간'에 호르몬을 회복하지 못하면 '당신 시간'에만 갇혀서 타인의 욕구만 생각하고 자신의 욕구는 돌보지 못한다. 게다가 '우리 시간'에 배우자의 지지로 행복해졌던 기억에 얽매여,

스트레스가 심할 때 스스로 '내 시간'을 통해 충만감과 행복을 얻으려 노력하지 않고 배우자가 관심을 가져주지 않는다고 우울해하기 쉽다.

오늘날 여자들은 본능적으로 스스로를 돌보는 시간을 더 많이 내야 한다는 걸 알지만, 그럴 시간이 절대적으로 부족하다고 느낀다. 끝없이 늘어선 일에 압도되어 자신의 욕구는 늘 뒷전으로 밀려난다.

로런이 강의에서 지적하듯 여자들이 '당신 시간'에서 '내 시간'으로 넘어가려면 '우리 시간'이 필요하다.

여자들이 테스토스테론을 생성하다가(당신 시간) 옥시토신을 아직 충분히 회복하지 못한 상태에서 갑자기 프로게스테론을 생성하기(내 시간)란 생물학적으로 불가능에 가깝다. '당신 시간' 동안 테스토스테론이 과도하게 증가하면 '내 시간'에 프로게스테론을 생성하는 기능을 저해한다. '우리 시간'에 생성된 옥시토신이 테스토스테론을 떨어뜨려서 내 시간을 즐기는 데 필요한 프로게스테론을 보다 수월하게 생성할 수 있다.

평소 직장에서 스트레스를 받으면 '내 시간'으로 넘어가는 과정이 훨씬 힘들어진다. 스트레스를 받으면 몸에서 스트레스 호르몬인 코르티솔을 생성하느라 프로게스테론을 다 써버린다. 그리고 스트레스가 지속되면 코르티솔이 계속 생성되고, 코르티솔이 생성되는 동안 '내 시간'의 혜택을 누리기 위한 프로게스테론이 생성되지 않는다. '내 시간'을 보내려고 해봐야 만족감이 들지 않는다.

여자에게는 '우리 시간'이 필요하다

나는 여자가 '당신 시간'에서 '내 시간'으로 넘어가려면 '우리 시간'이 필요하다는 로런의 통찰에서 영감을 얻어 이 책을 쓰게 되었다. 여자만이 아니라 남자도 알아야 할 사실이다. 모든 남자는 배우자가 행복해지기를 바라므로 여자가 '내 시간'으로 넘어가려면 '우리 시간'이 필요하다는 사실을 알아야 한다.

> 모든 남자는 배우자가 행복해지기를 바라므로,
> 우리 시간의 중요성을 인식해야 한다.

여자에게 무엇이 필요한지 남자가 다 알아주기를 바라는 것은 비현실적인 기대다. 마찬가지로 여자가 새로운 관계에 대한 기술과 통찰 없이 '우리 시간'을 만들거나 '내 시간'을 온전히 활용하기를 기대하는 것도 비현실적이다.

로런의 8주 프로그램에서는 호르몬 균형을 유지하기 위한 새로운 개념과 발견을 설명한 후, 여자들이 작은 노력으로 '우리 시간'을 알차게 보내면서 남자들을 더 낭만적으로 만들고 대화를 잘하고 집안일을 도와주도록 만드는 방법을 가르쳐준다. 더불어 프로그램에서 배운 방법을 써먹지 못하게 가로막는 각자의 행동 양상과 고정관념을 알아차리게 해준다. 이 책을 읽고 새로운 통찰을 실천하는 데 도움을 줄 만한 친구나 지지 집단을 찾아야 한다. 새로운 통찰은 이상적인 관계를 만드는 데 도움이 되지만, 실천에 옮겨야만 효과를 볼 수 있다.

옥시토신의 힘

여성 호르몬 중에서 특히 옥시토신은 다른 호르몬들의 균형을 잡아주는 중요한 호르몬이다. 월경 주기의 세 단계에서는 각각의 이유에서 각기 다른 수준으로 옥시토신을 생성해야 한다. 1단계에서는 옥시토신이 기분을 좋게 하지만 스트레스를 줄이는 데는 중요한 역할을 하지 않는다. 2단계에서는 스트레스를 줄이기 위해서뿐만 아니라 월경 주기의 나머지 기간을 지탱해줄 충만감을 위해서도 옥시토신이 생성되어야 한다. 3단계에서는 2단계에서만큼 행복에 큰 영향을 미치지 않지만 '당신 시간'에서 '내 시간'으로 넘어가 스트레스를 줄이는 데 도움을 준다.

이제 월경 주기의 각 단계에서 옥시토신 효과의 차이를 자세히 알아보자.

- 1단계: 첫 단계에서는 옥시토신을 자극하는 활동이 다른 단계만큼 중요하지 않다. 여기서는 에스트로겐이 서서히 상승하는 사이 일을 하면서 테스토스테론을 생성해야 한다.

짝 유대의 욕구와 에스트로겐의 상승이 직접 연결된다. 자연스러운 주기에 따라 에스트로겐이 더 많이 필요해지면 짝 유대를 더 필요로 한다. 에스트로겐이 서서히 증가하므로 짝 유대의 욕구가 크지 않다. 게다가 '내 시간'을 보내고 싶은 욕구도 적어 프로게스테론을 더 많이 생성하지 않는다.

1단계에서는 옥시토신에 대한 욕구가 크지는 않지만 외부 스트레스가 스트레스 호르몬을 자극하면 옥시토신을 늘리기 위한 짝 유대를 통해 과도한 테스토스테론을 줄이고 에스트로겐을 늘려 스트레스를 떨어뜨릴 수 있다.

- 2단계: 사랑의 창이 열리는 5일 동안 옥시토신이 테스토스테론의 생성을 일정하게 유지하고 균형을 잡으면서 에스트로겐을 최고 수준으로 끌어올리는 데 중요한 역할을 한다. 따라서 욕구가 파도처럼 오르내릴 수 있다. 마음을 열고 온몸의 감각으로 쾌락을 느끼는 능력이 커진다.

충만감을 위해 여자는 '우리 시간'을 더 많이 보내야 하고 '내 시간'이나 '당신 시간'은 필요로 하지 않는다. 이 시기에 증가하는 에스트로겐 수준을 유지하기 위해 옥시토신이 더 많이 필요하다.

화성남자와 금성여자를 넘어서 ♀

옥시토신이 충분히 분비되지 않으면 기분이 금방 가라앉았지만 옥
시토신이 충분하면 기분이 금방 좋아진다.

옥시토신이 충분하지 않으면 기분이 금방 가라앉지만,
옥시토신이 충분하면 기분이 금방 좋아진다.

옥시토신은 대개 잠깐씩 분출하는 식으로 증가한다. 사랑과 관
심, 공감과 이해의 자잘한 표현으로 옥시토신이 분비될 수 있다.
예를 들어 금성인 대화를 나눈 뒤 3초에서 6초 정도 안고 있으면
옥시토신이 분비된다. 더 길게 안으면 기분이 좋아질 수 있지만,
오랫동안 포옹을 해보지 못한 사람이 아니라면 옥시토신이 더 많
이 분비되지는 않는다.

옥시토신은 월경 주기의 2단계에서 가장 중요한 호르몬이지만,
다른 단계에서도 옥시토신이 조금씩 분비되면 한 달 주기 내내 기
분이 좋아질 수 있다. 나는 하루에 네 번 아내를 안아준다. 아침에
일어날 때 한 번, 출근할 때 한 번, 퇴근해서 한 번, 자기 전에 한
번. 이렇게 사랑을 표현하면 아내가 사랑받고 연결된 느낌을 받는
데 도움이 된다.

2단계에서는 옥시토신이 증가하여 막중한 의무감과 책임감을
벗어던지고 잠시나마 끝없이 늘어선 일을 내려놓고, 느긋하고 평
화롭고 행복하고 다정하고 충만한 감정을 느낄 수 있다. 머리로만

살다가 마음과 몸으로 살 수 있다. 더는 일, 일, 일을 해야 한다는 강박에 시달리지 않는다. 심호흡을 하며 자기 안에서 편안하게 쉴 수 있다.

언젠가 어떤 여자가 내게 이렇게 말했다. "이렇게 안전한 느낌이 들 때면 세상사 다 신경 *끄고* 지낼 수 있어요."

2단계에서 짝 유대를 통해 분비되는 옥시토신은 다른 시기보다 음식, 미술, 음악, 촉감, 움직임, 춤, 성생활을 온전히 즐길 수 있는 감각을 일깨워준다. 이 단계에서 옥시토신을 조금씩 여러 번 분비할 만큼 충분히 지지를 받으면 가장 쉽게 절정을 경험할 수 있다. 연구에 따르면, 여자가 절정을 경험하려면 옥시토신 수준이 매우 높아야 한다.

> 연구에 따르면, 여자가 절정을 경험하려면
> 옥시토신 수준이 매우 높아야 한다.

2단계는 연인이나 부부가 데이트를 즐기기에 가장 적합한 시기지만, 데이트 계획은 1단계에서 잡아야 여자가 2단계에서 함께 나눌 특별한 시간을 고대할 수 있다. 성관계에서 전희가 중요한 이유는, 여자가 애무에 섬세하게 반응해 옥시토신을 분비할 수 있어야 오르가슴을 경험할 가능성도 커지기 때문이다. 다만 전희의 애무를 즐기기 전부터 옥시토신과 에스트로겐이 높은 수준으로 상승해 있어야 한다. 침대 밖에서 연애 감정을 나누며 성관계와 무관한 일상의 신체 접촉으로 옥시토신이 상승해 있어야 성적인 접촉도 온전히 즐길 수 있다. (이런 역학에 관해서는 내 책 《화성남자 금성여자의 침실 가꾸기Mars and Venus in the Bedroom》에서 자세히 다뤘다.)

> 침대 밖에서 연애 감정을 나누며 성관계와 무관한
> 일상의 신체 접촉으로 옥시토신이 상승해 있어야
> 성적인 접촉도 온전히 즐길 수 있다.

여자는 성관계 전에 옥시토신이 조금씩 자주 분비되어야 쾌락과 민감성이 커진다. 성관계가 끝난 뒤에도 진하게 포옹하면서, 오르가슴을 느끼는 동안 분비되었다가 가라앉은 옥시토신을 다시 끌어올려야 한다.

- 3단계: 3단계에서 옥시토신은 충만감을 느끼는 데 중요한 역할을 하지만 짧게 몇 번만 분비된다. 3단계에서는 프로게스테론이 증가하고 에스트로겐은 감소하며 테스토스테론은 거의 분비되지 않아야 스트레스 호르몬이 감소한다.
직장에서 외부 스트레스에 대한 일반적인 반응으로 테스토스테론 수준이 지나치게 상승할 때 옥시토신이 짧게 몇 번 분비되면 테스토스테론이 감소한다. 그러면 '내 시간'의 호르몬 자극으로

3단계에 가장 필요한 프로게스테론이 생성될 수 있다.

옥시토신은 사랑과 안전의 호르몬이라서 항상 기분 좋게 만들어 주지만, 3단계에서는 스트레스를 떨어뜨릴 만큼 생성되지 않는다. 다만 테스토스테론과 스트레스 호르몬이 잠시 감소해서 '내 시간'으로 쉽게 넘어갈 수 있고, 스트레스를 낮춰주는 프로게스테론을 생성할 수 있다. 프로게스테론이 증가하면 마음이 진정되고, 나아가 자기를 돌보는 활동과 사회적 유대를 더 많이 즐길 수 있다.

3단계에서 '당신 시간'에서 '내 시간'으로 넘어가려면 옥시토신이 짧게 몇 번 분비되기만 하면 된다. 이 시기에 기분을 좋게 하려고 짝 유대에 의지하면 옥시토신이 증가해 에스트로겐 수준이 지나치게 상승하고 결국 프로게스테론이 감소한다.

> 3단계에 옥시토신이 지나치게 많이 생성되면
> 에스트로겐 수준이 지나치게 상승할 수 있다.

3단계에는 프로게스테론 수준이 에스트로겐보다 높아야 한다. 에스트로겐이 프로게스테론보다 높으면 '에스트로겐 우세'라는 부정적인 증상이 나타날 수 있다. 에스트로겐 우세 증상으로는 성욕 감퇴, 월경 불순, 팽만감, 유방 팽창과 유방 압통, 두통, 짜증, 우울, 급격한 기분 변화가 있다.

3단계에서 '내 시간'을 통해 자기를 돌보는 활동이나 사회적 유대 활동에 집중하면서 프로게스테론을 끌어올리지 않고 짝 유대에 몰두해 옥시토신을 더 많이 자극하면, 에스트로겐이 프로게스테론보다 증가해 에스트로겐 우세 증상이 나타날 수 있다.

게다가 에스트로겐 수준이 높으면 배우자의 지지에 만족하지 못하고 더 많은 지지를 갈구한다. 이처럼 에스트로겐이 지나치게 분비되면 기분은 좋아지지만 스트레스는 줄어들지 않는다.

'우리 시간'이 지나치게 길고 '내 시간'이 부족한지 알아보려면 스스로 감정을 돌아보는 방법이 최선이다. 기분이 좋고 스트레스가 없다면 호르몬이 균형을 이룬 상태로 볼 수 있지만, 3단계에서 스트레스를 받거나 배우자가 마음에 들지 않거나 억울하거나 옹졸하거나 애정에 굶주린 기분이 들면 '내 시간'을 늘리고 '우리 시간'을 줄여야 할 수 있다.

옥시토신으로 정신을 다스리고 마음 열기

실제로 여자가 에스트로겐 우세 신호에 주목하면 옥시토신이 과도하게 분비되지 않게 막을 수 있다. 자꾸만 부정적인 생각과 감정이 떠오르는 것을 알아채면 '당신 시간'에서 '내 시간'으로 넘어가 호르몬의 균형을 잡아야 한다.

하지만 어떤 여자들은 '내 시간'으로 넘어가는 데 필요한 단계를 거치고 싶어 하지 않는다. 짝 유대 기간에 마음을 열면 그동안 우울한 기분을 피하려고 무시해온 부정적인 감정이 올라오기 때문이다. 스스로 강인하다고 자부해온 여자들은 짝 유대에서 마음을 열어 옥시토신이 생성되고 갑자기 취약해지는 상태를 거부하려 할 수 있다.

여자는 옥시토신이 증가해 에스트로겐이 일시적으로 증가하면 더 섬세하게 느끼게 된다. 감정을 억압해온 여자라면 더더욱 짝 유대에서 감정이 분출하는 느낌이 들 것이다. 감정이 많이 느껴지는 사이, 여자는 마음속에서 올라오는 감정을 주체하지 못한다. 그래서 오르가슴을 경험하거나 아름다운 석양을 보며 감탄의 비명을 지르기도 한다. 둘 다 옥시토신과 에스트로겐이 급증하는 경험이다.

> 감정이 많이 느껴지는 동안에는
> 마음속에서 올라오는 감정을 주체하지 못한다.

이렇게 억눌러온 감정이나 느낌이 올라올 때 어떻게 분출해야 할지 모르면 군것질을 하거나 텔레비전을 보거나 페이스북을 보거나 머리를 식힐 뭔가를 찾는 수밖에 없다. 금성인의 대화로 그날의 좌절과 걱정과 실망뿐 아니라 소망과 바람, 감사하고 고마운 마음을 배우자에게 털어놓기만 해도 기분이 한결 나아질 수 있다

화성남자와 금성여자를 넘어서 ♀

는 사실을 모르거나, 이런 경험을 해보지 못한 여자가 많다.

여자가 이런 경험을 하지 못하는 이유는 대개 이전에는 감정을 나누며 안전한 느낌을 받아본 적이 없거나, 앞서 보았듯이 남자들이 도중에 말을 끊고 해결책을 내놓거나, 아니면 새로운 경청의 기법을 배우지 못한 남자들이 여자가 예민하게 반응한다거나 부정적으로 생각한다고 치부해버리기 때문이다. 하지만 얄궂게도 여자는 감정을 나누지 못할 때 더 부정적으로 생각하거나 부정적인 감정을 갖는다. 억눌린 감정을 풀지 못하면 마음속에 맴도는 부정적인 생각과 걱정을 떨쳐내지 못해 배우자와 사랑을 나누려 해도 억울한 감정만 더 쌓인다.

> 억눌린 감정을 풀지 못하면 마음속에 맴도는
> 부정적인 생각과 걱정을 떨쳐내지 못한다.

상담실이나 세미나에서 나와 상담한 여자들은 거의 다 감정에 관한 몇 가지 질문에 이내 눈물을 쏟았다. 내면을 들여다보기 위해 여성성을 회복할 만큼 안전하다는 느낌이 들면 오래전부터 숨기고 억눌러온 감정이 자동으로 올라와 분출될 길을 찾기 때문이다.

일부 여자들이 항상 바쁘게 사는 이유는 관계에서 짝 유대를 피하고 온종일 억누른 감정을 돌아보고 싶지 않아서다. 남성성을 표출하면서 바쁘게 지내면 취약한 여성성과 직면하지 않아도 된다. 부정적인 감정이 쌓이는 상태에 대처할 방법을 모르면 이렇듯 남성성만 표출하는 상태에 중독될 수 있다. 금성인의 대화가 중요한 이유는 억눌러온 감정을 꺼내 함께 나누면서 떨쳐낼 수 있기 때문이다.

> 여자들이 바쁘게만 지내다보면
> 부정적인 정서가 쌓이는 상태를 체감하지 못해서
> 남성성만 표현하는 상태에 중독될 수 있다.

감정을 피하려고만 하면 배우자와의 잠자리에서도 오르가슴에 도달하지 못할 수 있다. 배우자를 사랑하면서도 계속 감정을 누르고 지내야 한다면 마음을 활짝 열고 사랑을 느끼지 못해 진정한 오르가슴에 도달하지 못한다. 잔잔하게 오르내리는 쾌락은 느낄 수 있어도 완전히 충만한 황홀경은 맛보지 못한다.

배우자와의 성관계에서 오르가슴을 경험하지 못하는 여자들이 적지 않다. 대개는 배우자가 전희에 충분히 공을 들이지 않아 옥시토신이 충분히 생성되지 않아서지만, 한편으로는 여자가 감정을 억누르다보니 사랑과 이해와 용서를 나누지 못하기 때문이다.

부정적인 감정을 느끼는 기능을 차단하면 점차 긍정적인 감정도 느끼지 못한다. 배우자를 진심으로 사랑하면서도 더 이상 사랑의 감정을 느끼지 못할 수 있다. 감정을 억눌러도 쾌락은 느낄 수 있지만, 결국에는 성관계를 갖고 싶은 욕구 자체가 생기지 않는다.

화성남자와 금성여자를 넘어서 ♀

성관계가 일이나 의무처럼 느껴지기 시작한다.

여자가 성관계를 즐기지 못하면 남자도 결국 배우자와의 성관계에 흥미를 잃는다. 성적 긴장을 풀기 위해 어쩔 수 없이 성관계를 갖더라도, 연약한 남녀의 영혼이 서로를 향한 사랑과 헌신을 온전히 느끼면서 합일되는 황홀경에 이르지는 못한다. 남자들은 아내와 성관계를 갖지 않으면 더 이상 아내를 봐도 욕구가 생기지 않아서 다른 식으로(인터넷 포르노 등) 욕구를 해결할 수도 있다.

남자가 배우자와의 성관계를 통해 마음을 다 열지 못하면 결국 배우자에 대한 온전한 사랑도 느끼지 못할 수 있다. 사랑하더라도 그 사랑을 온전히 느끼지 못하는 것이다. 결국 배우자와 연결된 상태를 체감하기 위해 지나치게 여성성 쪽으로 치우치고 남성성과는 단절될 수 있다. 흔히 남자가 나이를 먹으면서 성관계를 그만두면 이런 상태에 이를 수 있다. 사랑하는 여자와의 근사한 성관계는 테스토스테론을 분비시켜 남자가 더 젊고 건강하게 살게 해준다.

옥시토신이 끌어내는 부정적인 감정 발산하기

짝 유대 중에 여자는 그동안 억눌러온 부정적인 감정이 올라오면 그 감정을 건강하게 해소할 수 있다. 부정적인 생각과 감정이 올라오는 대로 발산하기로 마음먹으면, 그런 생각과 감정을 잠깐만 느끼고 떨쳐낼 수 있다. (배우자에게 안전하게 감정을 표현할 수 있다는 느낌이 들지 않으면 일기를 쓰거나 친구나 코치, 심리치료사에게 털어놓아도 된다.)

부정적인 감정을 느끼고 발산하면 구름이 잔뜩 낀 날 따스한 햇살이 비추듯 긍정적인 감정이 반짝거릴 수 있다. 사랑의 햇살은 늘 우리의 내면에 깃들어 있다. 다만 부정적 감정의 먹구름에 가려져 있을 뿐이다. 옥시토신이 충분히 분비되지 않으면, 부정적인 생각과 감정을 온전히 느끼고 털어내기가 훨씬 어려워진다.

여자가 스트레스로 인해 호르몬 균형이 깨질 때 짝 유대 중에 나타날 수 있는 방어적인 반응 열두 가지를 살펴보자. 두 번째 칸에서는 스트레스 반응과 관련된 기저의 감정을 살펴보고, 세 번째 칸에서는 기저의 부정적인 감정을 탐색한 후 긍정적인 감정을 회복할 때 나타나는 감정을 살펴보자.

부정적인 감정이 올라올 때 그 감정을 조금 더 들여다보면 의식의 바로 아래에 자리 잡은 다른 감정이 드러난다. 이런 감정을 온전히 느끼고 말로 표현하면, 감정을 내려놓고 사랑과 긍정적인 감정을 느끼겠다는 의지가 있는 한 부정적인 감정이 해소될 수 있다. 안전한 상태에서 감정을 나누면 이런 과정이 훨씬 더 효과적으로 진행될 수 있다.

예를 들어 좌절감이 들면 잠시 그대로 느껴보고 말로 표현한 다음에 왜 좌절감이 들었는지, 원하지만 얻지 못한 것은 무엇인지

자동으로 나오는 스트레스 반응	기저의 감정(용서하면서 느끼고 발산해야 할 감정)	긍정적인 감정
성가심	분노	평화
까다로움	슬픔	사랑
옹졸함	두려움	행복
요구가 많음	미안함	충만감
비판	좌절감	인내심
비난	실망감	지속성
대립	걱정	연민
시비 걸기	당황	겸손
짜증	격분	배려
억울함	상처	공감
질투	겁먹음	감사
반감	수치심	순수함

스스로에게 물으면 더 깊은 감정이 올라온다. 주로 실망감, 상처, 슬픔, 두려움 따위가 올라온다. 이처럼 스트레스 반응과 연관된 기저의 감정이 올라올 때 부정적인 감정을 내려놓겠다는 의지만 있다면 방어적인 태도를 넘어 사랑과 공감을 느낄 수 있다. (나의 전작에서 이 과정을 살펴보았다. 《화성남자 금성여자의 결혼 지키기》What You Feel, You Can Heal, 《성공의 기술》How to Get What You Want and Want What You Have, 《다시 시작하는 이야기》Mars and Venus Starting Over).

마지막으로 자동으로 올라오는 스트레스 반응과 짝 유대에 관해 짚고 넘어갈 것이 있다. 사랑의 창이 열리는 5일 동안 억울함이나 반감 같은 스트레스 반응을 느끼면 여자는 배우자에게 지지를 받고 싶은 마음이 들지 않는다. 이럴 때는 우선 배우자가 아닌 사람과 (낭만적이지 않은) 짝 유대 활동을 시작해야 한다. 그래서 스트레스가 감소하면 그때 다시 배우자와 짝 유대를 시작하고 싶어진다. 금성인의 대화를 나누거나 함께 데이트 계획을 세우는 동안 옥시토신이 더 많이 분비되어 '배우자에게 도움을 받을 준비가' 될 수 있다. 그러면 여자는 다시 배우자에게 마음을 열 수 있다.

하루 일을 마치고 느긋하게 쉬기

하루 일을 마치고 타인의 욕구를 생각하는 마음가짐에서 자기 욕구를 돌보는 마음가짐으로 넘어가기 어렵다고 말하는 여자들이 많다. 연구에 의하면 여자가 남자보다 업무의 문제나 배우자나 자녀나 인생 전반의 불만을 반추하는 비율이 높다.

여자는 중압감에 짓눌리면 여성성을 표출하면서 느긋하게 쉬지 못한다. 남성성을 많이 표출하는 여자라면 우선 '우리 시간'을 통해 옥시토신을 분비하여 일시적으로 테스토스테론의 생성을 막아야 한다. 그러면 '내 시간'을 갖거나, 더 이상 스트레스를 받지 않고 그저 '우리 시간'에만 머물러도 더 잘 쉴 수 있다.

화성남자와 금성여자를 넘어서 ♀

여자는 '우리 시간'에 호르몬이 분비되어야
직장에서의 '당신 시간'에서 빠져나와
집에서의 '내 시간'을 즐길 수 있다.

테스토스테론을 자극하는 환경에서 일하지 않는 여자에게는 '내 시간'으로 넘어가는 과정이 수월하지만, 길게 보면 그런 여자들은 남성성을 억압한다. 남성성이 억압되면 장기적으로 스트레스가 증가한다. 여자가 남성성과 여성성을 모두 표출하지 못하면 결국 삶과 배우자를 향한 열정을 잃어버린다.

여자가 남성성과 여성성을 모두 표출하지 못하면
결국 삶과 배우자를 향한 열정을 잃어버린다.

옥시토신을 늘리는 데 짝 유대가 어느 정도 필요한지는 월경 주기의 어느 단계이고 하루 동안 스트레스를 얼마나 받았는지에 달려 있다. 따라서 3초간 포옹하거나 10분간 금성인의 대화를 나누거나 데이트를 계획해야 할 수도 있다.

세 번째 단계에서 스트레스를 받으면 앞서 본 것처럼 짝 유대가 지나치게 많아도 역효과가 날 수 있다. 옥시토신이 에스트로겐을 증가시켜 짝 유대에 지나치게 몰두하게 되고, 결국 프로게스테론이 더 많이 필요한 시기인데도 프로게스테론을 억제할 수 있다.

3단계에서 여자가 '내 시간'이 아니라 '우리 시간'을 많이 가지면 애정을 더 갈구할 수 있다. '내 시간'의 필요성을 인식하지 못한 채 '우리 시간'만 필요하다고 생각하기 때문이다. 3단계에서 '우리 시간'을 더 많이 원한다면, 사실은 '내 시간'이 더 많이 필요하다고 알리는 신호로 받아들여야 한다. 한편으로 '우리 시간'을 갈구하지 않고 남성성을 더 많이 표출하는 여자들은 모든 걸 무시할 수 있다. 이들은 집에 돌아와서도 '당신 시간'에 얽매인 채 모든 걸 혼자서 해내려고 한다. 어느 쪽이든 '내 시간'의 사회적 유대나 자기를 돌보는 활동을 통해 균형을 잡을 수 있다.

3단계에서 불만을 느끼거나 스트레스를 받을 때 여자는 우선 '우리 시간'을 통해 짝 유대를 맺은 다음, '내 시간'의 사회적 유대나 자립 활동으로 넘어가야 한다. 속으로 생각하든 입 밖으로 꺼내든 배우자에게 원망이나 불만이 있으면 코르티솔이 지속적으로 상승하며 프로게스테론을 소진시키고 '내 시간'을 즐기는 능력을 방해할 수 있다.

남자에게 동기 부여하기

'우리 시간'을 더 많이 원하지만 사실은 '내 시간'이 필요한 여자는 남자가 동굴에서 나오지 못하게 막을 수 있다. 남자들은 스스로

필요한 사람이라고 느끼고 여자가 행복을 찾는 데 자신이 도움이
될 수 있다고 느낄 때 동굴에서 나오고 싶어 하기 때문이다.

> '우리 시간'을 더 많이 원하지만
> 사실은 '내 시간'이 필요한 여자는
> 남자가 동굴에서 나오지 못하게 막을 수 있다.

여자들은 배우자가 집안일을 도와주지 않는다고 불평하곤 한
다. 물론 직장에 다니면서 아이들을 키우고 집도 아름답게 가꿔야
하는 여자라면 집안일에서 도움을 더 받아야 한다. 하지만 스트레
스를 줄이려면 3단계에서는 집을 깨끗이 하는 것보다 옥시토신을
분비해 '내 시간'을 갖는 것이 더 중요하다.

'당신 시간'에서 '내 시간'으로 넘어가지 못하면 배우자가 집안
일을 아무리 많이 도와줘도 스트레스가 줄어들거나 행복해지지
않는다. 남편은 집안일을 도와줘봤자 아내가 행복해지지 않는다
는 걸 알면 도와주고 싶은 마음이 줄어든다. 아무리 도와주려 해
도 아내가 행복해지지 않는다면 테스토스테론은 감소하고 에스트
로겐이 증가하여 남편은 아내를 원망하거나 아내에게 애정을 잃
는다. 부부는 결국 깨끗한 집에서 함께 살 뿐이다. 성관계 없이!

> 여자가 호르몬 균형을 위해 필요한 정서적 욕구보다

남편의 집안일 보조를 중시하면, 부부는 결국 성관계 없이 살게 될 것이다!

이런 과정을 새롭게 통찰하면 여자는 배우자가 스스로 요리나 청소, 장 보기나 자녀 양육의 일상적인 책임을 더 많이 떠안고 싶게 만들 수 있다. 여자가 평소 가족의 식사를 챙기고 집안일을 더 많이 하면서도, 다른 업무 때문에 남편에게 가끔 도움을 구하고 계속 스트레스에 시달리면, 남편은 도와줄 기력도 동기도 적을 것이다. 하지만 여자가 남편에게 당신이 도와주면 행복해질 거라고 명확히 알리고 도움을 구하면, 남편은 동굴에서 나와 훨씬 더 적극적으로 도와줄 것이다.

남자는 자기가 아내를 도와주면 아내가
행복해진다는 것을 알면 더 열심히 도와주고 싶어 한다.

예를 들어 아내가 "당신이 저녁 좀 차려줄래? 오늘 너무 피곤해서 느긋하게 목욕을 좀 하고 싶어. 그러면 기분이 한결 나아질 것 같아"라고 부탁하면 남편은 훨씬 적극적으로 도와주려 한다. 아내가 행복해지는 데 도움을 줄 수 있다고 생각하면 흥이 날 것이다.

반면에 아내가 "당신이 저녁 좀 차려줄래? 내가 어제 저녁 차렸잖아. 아직 인터넷으로 할 일이 남은 데다 집도 난장판이야"라고 말하면 남편은 기꺼이 도와주고픈 마음이 들지 않는다. 도와줘 봤자 아내는 계속 일을 더하고 스트레스에 시달릴 뿐이다. 자연히 남편은 "슬슬 해, 허구한 날 일만 붙들고 살 필요는 없잖아. 그리고 집이 난장판이면 좀 어때. 내일 치우면 되지. 누구한테 잘 보여야 할 것도 아니잖아?"라고 말한다. 결국 남편 입장에서는 일을 더 해 주고 싶은 마음이 들지 않는다.

남자가 집안일을 하는 것도 중요하지만, 그보다는 여자가 옥시 토신을 분비해 느긋하게 쉬면서 '내 시간'을 갖고 싶어 하는 욕구 가 더 중요하다. '내 시간'에 호르몬의 균형을 잡는 법을 이해하면, 월경 주기의 3단계에서 스트레스를 줄이고 행복을 누리며 집이 깨 끗하든 그렇지 않든 느긋하게 쉴 수 있다. 여자가 3단계에 '내 시 간'을 잘 보낼 수 있다면, 바닥은 끈적거리고 빨랫감이 쌓여 있고 설거지할 게 가득하고 장을 보거나 음식을 만들 시간이 없어 먹다 남은 음식밖에 없어도 느긋하고 행복하게 쉴 수 있다.

집안일을 남편에게 더 많이 맡기면 처음에는 아주 좋을 것 같 지만, 그것도 이내 일상이 된다. 특히 3단계의 18일 동안에는 남편 이 정서적으로 여자를 지지해주어야 여자의 몸에서 잠깐씩 옥시토 신이 분비되고, 여자가 '내 시간'을 가질 수 있어야 프로게스테론이 증가해 스트레스가 줄어든다. 여자가 이혼을 요구할 때는 대개 집 이 엉망이라서가 아니라 남편이 정서적으로 지지해주지 않아서다.

여자가 이혼을 요구할 때는 집이 엉망이라서가 아니라
대개 남편이 정서적으로 지지해주지 않아서다.

어쨌든 오늘날 여자들이 요리를 잘하거나 청소를 잘하는 걸 보고 결혼할 남자를 고르는 건 아니지 않은가? 물론 집안일도 잘하면 좋겠지만 대개는 행복해지는 데 필요한 사랑과 연애 감정과 정서적 지지를 보내줄 수 있는 배우자를 고른다. 여자가 가장 원하는 것은 진정한 자아를 발견하고 표현하도록 정서적 지지와 안전을 제공해줄 남자이지, 설거지를 잘하는 남자가 아니다.

남자와 내 시간

여자와 달리 남자는 직장의 '당신 시간'에서 가정의 '내 시간(동굴 시간)'으로 금방 넘어갈 수 있다. 남자는 '내 시간'에 적절한 지지를 받으면서 남성 호르몬을 회복하면 동굴에서 빠져나와 '우리 시간'을 즐기거나 배우자가 '내 시간'을 갖도록 지지해줄 수 있다. 하지만 새로운 관계 기술을 통찰하고 배우지 못하면 여자가 불만과 중압감에서 헤어나지 못하듯이 남자도 동굴에만 틀어박힐 수 있다.

여기에 현대인의 높은 스트레스 수준이 복잡하게 얽힌다. 남자는 스트레스가 심할수록 동굴에 들어가서 밖으로 나오려 하지 않는다. 하지만 마음을 나누는 관계를 새롭게 통찰하면 동굴에서 나와 '우리 시간'을 더 많이 보낼 수 있다.

한편 집에 돌아와서 동굴 시간을 갖지 않는 남자들도 있다. 인터넷으로 계속 업무를 처리하거나 집에 오자마자 아내를 도와 집안일을 한다. 집에 와서도 업무를 처리하는 남자는 남성성을 계속 유지하느라 테스토스테론을 회복하지 못한 채 소진시킨다. 또 집에 오자마자 집안일을 하는 남자는 동굴 시간을 보내며 테스토스테론을 회복하라는 몸의 명령을 무시한 채 곧장 남을 보살피는 여성성 쪽으로 넘어가 더 많이 지친다.

여자가 집에서 받는 스트레스가 상승하는 사이, 배려심 넘치는 남자가 호르몬의 남녀 차이를 명확히 통찰하지 못한 채 섣불리 '평등하게' 아내를 도와주겠다고 나서면, 결국 기력을 소진해 아내만큼 중압감에 시달리고 지친다. 여자의 할 일이 끝도 없이 많아서 남편이 도와줄수록 할 일은 더 늘어나기만 한다. 남자에게 '내 시간'이 필요하듯이, 여자에게도 거의 한 달 내내 '내 시간'이 필요하다!

남자는 여자가 스트레스에 대처하도록 도와줄 수 있지만 우선 스스로 동굴 시간부터 가져야 한다. 그런 다음 동굴에서 나와 여자가 스트레스를 줄이는 데 필요한 지지를 보낼 수 있다.

현대의 관계에서는 하루 일을 마치고 동굴 시간을 보내며 테스토스테론을 회복해야 하는 남자의 욕구가 어려운 과제가 되었다. 남자 못지않게 힘든 하루를 보낸 여자들은 남자들에게 '내 시간'

이 필요한 순간에 '우리 시간'을 원하기 때문이다. 다행히 여자가 '우리 시간'의 짝 유대에 무엇이 필요한지 명확히 이해하면, '당신 시간'에서 '내 시간'으로 넘어가는 데 필요한 옥시토신을 분비해 남편에게 필요한 공간을 내줄 수 있다.

8장에서 여자는 남편이 동굴에 들어가 있는 동안 여성성을 표출하는 활동으로 짝 유대를 이어갈 수 있다고 설명했다. 남편이 동굴에서 나오면 보상으로 지지를 받으리라 기대할 수만 있다면, 여자는 남편을 배려하면서 옥시토신을 생성한다.

> '당신 시간'에서 '내 시간'으로
> 넘어가는 데 필요한 옥시토신을 생성하여
> 남편에게 필요한 만큼의 공간을 내줄 수 있다.

가령 남편은 신문을 보면서 동굴 시간을 갖고 아내는 저녁을 차린다고 해보자. 남편이 동굴에서 나오면 도와줄 거라고 기대할 수 있다면, 아내는 저녁을 차리는 동안 옥시토신이 분비되어 스트레스가 줄어든다.

남편이 동굴에서 나오면 아내는 월경 주기의 단계에 따라 '내 시간'을 갖게 해달라거나 '우리 시간'을 보내자고 요구할 수 있다. '내 시간'을 더 갖고 싶으면 남편에게 집안일을 맡기거나 아이들을 돌봐달라고 부탁하고, 혼자 목욕을 하거나 책을 읽거나 친구들을 만날 수 있다.

배란기 즈음의 5일 동안 '우리 시간'을 더 진지하게 보내야 한다면, 남편에게 금성인의 대화를 나누자고 하거나 같이 낭만적인 데이트를 계획하자고 요청할 수 있다. 아니면 그저 다정하게 안은 채로 좋아하는 텔레비전 프로그램(아내가 보고 싶은 프로그램)을 시청할 수도 있다. 11장에서 보다 진지한 '우리 시간'을 만드는 다양한 방법을 알아보겠다.

이런 통찰을 적용하고 연습하면 남편은 동굴로 들어갈 수 있고 아내는 빨래를 개거나 자녀의 숙제를 봐줄 수 있다. 남편이 동굴 시간을 보내고 나오면 도와줄 거라 기대하는 사이 아내의 몸에 옥시토신이 분비되어 스트레스가 줄어들 것이다. 남편이 동굴에 들어가는 걸 아내가 기꺼이 허락하거나 격려해주면 남편은 동굴에서 잘 빠져나와 아내에게 필요한 지지를 보낼 수 있다.

남자는 스스로 필요한 존재라는 느낌이 들거나 배우자가 '내 시간'을 갖게 해주거나 함께 '우리 시간'을 보냄으로써 배우자를 더 행복하게 해줄 수 있다는 생각이 들면 무의식적으로(호르몬에 의해) 동굴에서 빠져나오고 싶어 한다. 반면에 아내를 지지해줘도 스트레스가 줄어드는 것 같지 않거나 아내가 행복해하지 않으면 무의식적으로 동굴에서 나오고 싶어 하지 않는다.

남자는 배우자의 '우리 시간'과 '내 시간'을

지지해주는 데 스스로 필요한 존재라고 느낄 때 동굴에서 나오고 싶어 한다.

아내가 행복해지지 않으면 남편은 동굴에서 나오고 싶어 하지 않는다. 반면에 아내가 욕구를 충족시켜 행복해질수록 남편은 동굴에서 나와 아내를 도와주고 싶어 한다!

남자와 여자가 모두 마음을 나누는 관계를 위한 새로운 정서적 요구를 명확히 이해하면 남자가 무의식중에 동굴에서 나오고 싶어진다. 이런 새로운 사실을 이해하면 남자는 테스토스테론을 회복해 호르몬의 욕구를 해결하는 상태에서 벗어나 배우자가 행복해지는 데 도움이 되는 '당신 시간'과 '우리 시간'과 '내 시간'의 호르몬의 욕구를 지지해줄 수 있다.

남자가 여자에게 더 매력을 느끼게 만드는 요소

여자가 '당신 시간'에서 '내 시간'으로 쉽게 넘어가지 못하듯, 남자도 동굴 시간에서 '우리 시간'으로 넘어가기 힘들어 한다. 남자가 쉽게 넘어가지 못하는 심리는 여자가 남을 보살피다 스스로를 돌보기 어려운 것과 같다.

앞서 보았듯이 여자는 중압감에 짓눌리면 옥시토신이 분비되어 테스토스테론이 줄어들고 에스트로겐이 늘어나지 않는 한 당장 '당신 시간'의 걱정거리를 떨쳐내고 '내 시간'을 즐기지 못한다. 따라서 남자가 압박감에 짓눌린 여자에게 마음을 편히 먹고 걱정거리를 잊으라고 조언해봐야 아무 소용이 없다. ("걱정하지 마"는 남자들이 여자에게 절대로 해서는 안 되는 말이다.) 마찬가지로, 하루 일을 마치고 동굴에서 쉬고 싶은 남자의 욕구를 충족시켜주지 않고 그가 집에서 할 일을 말하는 것도 부질없는 짓이다.

> 남자가 '내 시간'에서 빠져나와
> '우리 시간'을 즐기지 못하는 심리는 여자가 남을 보살피다
> 스스로를 돌보지 않게 되는 것과 같다.

여자가 '당신 시간'에서 '내 시간'으로 넘어가려면 옥시토신이 분비되어야 하는 반면, 남자가 동굴 시간에서 '우리 시간'의 짝 유대로 넘어가려면 바소프레신^{vasopressin}이라는 호르몬이 분비되어야 한다. 바소프레신은 남자의 몸에서 에스트로겐을 줄이고 테스토스테론을 늘리는 역할을 한다. 이렇게 테스토스테론이 추가로 분비되면 남자는 동굴에서 빠져나와 아내와 자녀의 욕구를 충족시켜주고 싶어진다. 바소프레신이 충분히 분비되지 않으면 엄청난 의지를 짜내야 소파에서 겨우 몸을 일으킬 수 있다.

바소프레신은 남자가 동굴에서 나오게 해줄 뿐 아니라 사람들

과 유대를 형성하게 해주는 호르몬이다. 남자가 아내에게 성적으로 매력을 느끼고 아내를 보호해주고 싶게 만드는 기능도 한다. 그러나 여자들에게는 정반대의 효과를 보인다. 여자는 몸에서 바소프레신이 증가하면 성에 대한 관심이 떨어지고 불안이 심해지고 스스로를 보호하고 싶어 하거나 방어적이 된다.

> 바소프레신은 남자가 배우자와
> 유대를 형성하게 해주는 호르몬이다.

바소프레신 연구는 대부분 프레리 들쥐 연구에서 나온다. 프레리 들쥐는 인간처럼 평생 일부일처의 짝 유대를 지키고 산다. 한 상대하고만 짝짓기를 하고 함께 보금자리를 만들고 새끼들을 키운다. 수컷은 암컷과 보금자리를 보호하는 역할을 한다. 이런 행동을 보이는 동물은 전체 포유류의 3퍼센트밖에 되지 않으므로, 프레리 들쥐는 '우리 시간'의 짝 유대의 신경생물학을 이해하는 데 중요한 실험 대상이다.

남자든 여자든 위기나 비상상황에서 당장 필요한 존재가 되면 바소프레신이 증가한다. 반대로 남자든 여자든 위기나 비상상황에서 남에게 보호를 받아야 하는 처지가 되면 옥시토신이 증가한다. '우리 시간'의 짝 유대 중에 남자에게는 바소프레신이 분비되고 여자에게는 옥시토신이 분비된다. 다만 여자는 남자의 지지를 필요로 하고 인정해줄 때 옥시토신이 분비되고, 남자는 여자에게 가장 필요한 지지를 제공할 때 바소프레신이 분비된다. 그러면 남자는 여자에게 매력을 느끼고 여자도 남자에게 성적으로, 또 낭만적으로 반응한다.

반대로 위기의 순간에 여자가 남자에게 필요한 지지를 보내주면 여자에게 바소프레신이 증가하고 남자에게 옥시토신이 증가한다. 잠시 동안은 양쪽 다 기분이 좋아질 수 있지만 남자는 바소프레신이 줄어들어 여자에게 매력을 느끼지 못하고, 여자 또한 바소프레신이 늘어나고 옥시토신이 줄어 성에 대한 관심과 남자의 낭만적 시도에 대한 반응이 줄어든다. 여자는 남자와 사랑을 나누는 관계로 남지 않고 결국에는 남자의 연애 상대가 아니라 그의 엄마가 된 기분이 들 수 있다.

'우리 시간'의 짝 유대 중에 남자에게는
바소프레신이 분비되고 여자에게는 옥시토신이 분비된다.

나에게 필요한 것을 얻거나 얻을 거라고 기대할 때 분비되는 옥시토신과 달리, 바소프레신은 내가 필요한 존재가 되거나 타인의 욕구를 충족시켜줄 것으로 기대할 때 분비된다. 필요한 존재가 될수록 바소프레신이 증가하는 것이다. 반면에 누군가를 필요로 하고 필요한 지지를 받을수록 옥시토신이 증가한다.

힘들거나 낯선 상황이라도 성공할 자신이 있다면 바소프레신이 생성될 수 있다. 이런 상황에서는 도파민 수준도 상승하는데, 바소프레신은 도파민 수준이 높고 테스토스테론 수준이 떨어지지 않을 때 가장 많이 생성된다. 따라서 남자들은 동굴에서 테스토스테론을 회복할 시간을 충분히 가져야만 '우리 시간'을 보내고 싶은 마음이 생긴다.

심리적으로 남자들은 가족의 욕구를 채워줄 자신이 있으면, 자녀나 배우자가 자신을 필요로 하는 순간이라고 느낄 때 동굴에서 나온다.

남자가 동굴에서 나오지 못하는 이유는, 오늘날의 마음을 나누는 관계에서 배우자에게 필요한 정서적 지지를 보내는 데 스스로가 얼마나 필요한 존재인지 모르기 때문이다. 로런 그레이는 여자에게 '당신 시간'과 '우리 시간'만이 아니라 '내 시간'을 많이 갖는 것이 얼마나 중요한지 설명하고, 여자가 행복을 찾고 스트레스를 줄이는 데 남자의 역할이 얼마나 중요한지도 설명한다.

오늘날 여자들은 예전보다 독립적이지만 새로운 방식으로 여전히 배우자를 필요로 한다. 남자가 더 이상 여자의 안전과 생존을 보호해주지 않아도 되는 현대사회에서는 특히 중요하게 이해해야 할 지점이다. 여자가 여성성을 회복해야 하는 정서적 욕구를 깨닫지 못한 채 배우자가 꼭 필요한지 모르겠다고 말할 때, 남자들은 그런 여자 앞에서 바소프레신이 떨어지고 동굴에서 나가고 싶은 마음도 들지 않을 것이다. 독신인 남자라면 한 여자에게 헌신하거나 결혼하고 싶은 마음이 줄어들 것이다.

여자가 스트레스를 줄이는 데 필요한 정서적 지지를 새로운 관점으로 이해하면 남자가 보내주는 지지를 인정할 수 있다. 그러면 남자는 동굴에서 나오고 싶어진다. 남자는 배우자의 욕구를 제대로 충족시켰다는 생각이 들수록 바소프레신을 더 많이 분비하고 배우자에게 더 매력을 느낀다.

> 남자는 배우자의 욕구를
> 제대로 충족시켰다고 생각할수록 바소프레신을
> 더 많이 분비하고 배우자에게 더 매력을 느낀다.

남자의 동굴 시간에 대한 욕구를 이해하지 못하면 여자들은 기분이 상하고 거부당했다고 느낄 수 있다. 남자가 동굴에 들어갈 때 무시당했다고 느끼는 것이다. 하지만 여자가 '내 시간'의 욕구를 이해하면 남자의 동굴 시간도 충분히 이해하고 그동안 자기는 '내 시간'을 보낼 수 있다.

따라서 여자가 관계에서 많이 베풀고도 적게 돌아온다고 느낀다면, 대개 월경 주기의 세 번째 단계의 18일 동안에는 '우리 시간'보다 '내 시간'을 많이 가져야 하는 특성을 이해하지 못한 채 배우자에게 '우리 시간'에 필요한 지지를 기대하기 때문이다.

여자들이 2단계의 5일 동안 '우리 시간'을 보내는 법을 배우면 3단계에 '내 시간'을 보다 효과적으로 즐길 수 있다. 여자가 '내 시간'의 의미를 제대로 이해하면 동굴 앞에서 남자가 나오기만 기다리지 않고 그 시간에 '내 시간'을 효과적으로 보낼 수 있다.

남자가 친구들과 농구 하러 나가면 무시당했다고 불쾌하게 생각하지 말고, 그 시간에 자기를 돌보는 활동을 하거나 사회적 유대에 몰두할 수 있다. 남자가 텔레비전만 끼고 축구나 〈왕좌의 게임〉을 볼 때 옆에서 같이 보고 싶지 않다면 혼자서 '내 시간'을 마음껏 즐기면 된다. 이렇게 이해하면 관계에서 모두에게 유리한 상황이 만들어진다.

여자의 '내 시간'을 지지해주는 방법

월경 주기의 3단계에 배우자는 여자가 '내 시간'을 잘 보내도록 도와주면 된다. 여자가 전화기를 오래 붙들고 친구와 수다를 떨어도 불평하지 않거나 정원 가꾸기 수업을 권할 수도 있다. 하지만 불평하지 않고 여자가 혼자만의 시간을 많이 보낼 수 있도록 옆에서 도와주는 방법이 훨씬 더 효과적이다. 이를테면 비상상황이 생길 때 묵묵히 해결해주는 것이다.

내 아내는 직업이 있지만 내가 장 보기나 요리, 청소, 자녀 양육

같은 일상적인 집안일을 똑같이 나눠서 해주길 바라지 않는다. 그래도 아내가 만족하고 사는 이유는, 나 역시 남자들이 (동굴 시간 동안 아내에게 공감을 얻는 경우에) 기꺼이 책임져야 할 일들을 아내가 똑같이 해주기를 기대하지 않기 때문이다.

그러므로 이제 테스토스테론을 자극하는 활동을 알아보자. 여자가 하고 싶어 하는 경우가 아니라면 굳이 여자에게 기대하지 않는 일들이다. 남자가 이렇게 테스토스테론을 자극하는 활동을 하는 동안 여자는 3단계의 '내 시간'을 더 많이 보내면 된다. 2단계에서 남자가 다음의 일들을 순순히 해주면 여자가 충만감을 느끼는 데 필요한 짝 유대가 형성된다.

여자들이 원하지 않는 힘든 일을 남자가 열심히 해주면, 여자에게는 옥시토신이 분비되고 남자에게는 바소프레신이 분비된다. 여자가 남자의 노력을 알아봐주고 고마워하고 인정해주면 바소프레신뿐만 아니라 테스토스테론도 더 많이 분비된다.

다음의 사례는 대부분 지난 몇 달 동안 내가 일상에서 해온 일들이다. 하나씩 써내려가면서 내가 하는 일의 진가를 더 많이 깨달았다.

남자가 집에서 아내와 가족을 지지해주는 다음의 일들은 직장에서 돈을 버는 일 이외에 추가로 하는 것이다. 다음 목록은 아내들이 읽으면 도움이 될 수 있다. 남편이 아내에게 일일이 읊으면 불평하는 소리로 들릴 수 있고 옆길로 샐 수도 있다. 남편은 최선을 다해 해주면서도 "별거 아니야"라거나 "내가 좋아서 하는 거야"라는 식으로 말할 수 있다.

남자가 집에서 아내와 가족을 위해 해주는 일들

1. 가족이 여행할 때 운전한다.

2. 심부름을 해주고 아이들을 학교와 과외 활동 장소에 태워다준다.

3. 아이들의 운동부 감독을 맡는다.

4. 아이들의 숙제를 도와준다.

5. 폭풍우가 쏟아질 때 모래주머니를 쌓는다.

6. 겨울에 타이어에 체인을 감는다.

7. 온수기가 꺼지면 다시 켜러 내려간다.

8. 컴퓨터, 프린터, 전화기가 고장 나면 수리한다.

9. 담장이 무너지면 다시 세운다.

10. 냉장고가 고장 나면 적당한 모델을 고른다.

11. 여름휴가 계획을 세우고 예약한다.

12. 지도를 보면서 길을 찾는다.

13. 외식할 때 예약을 한다.

14. 아내가 피곤한 날에는 저녁거리를 사러 나간다.

15. 아내가 부탁하면 설거지를 해주고 적어도 자기 먹은 그릇을 치우고 닦는다.

16. 추운 날 쓰레기와 재활용 쓰레기를 밖에 내놓는다.

17. 어두운 밤에 이상한 소리가 나면 밖에 나가 확인한다.

18. 무거운 짐과 장바구니를 들어준다.

19. 여행 갈 때 여행가방을 꾸린다.

20. 펑크 난 타이어를 갈아 끼우거나 남이 갈아 끼우는 걸 지켜본다.

21. 공항으로 아내를 마중하러 나간다.

22. 수도관이 새면 고치거나 직접 못하면 배관공을 부른다.

23. 아내가 기분이 좋지 않으면 아이들과 대화를 나눈다.

24. 이웃집에 불만사항이 있으면 직접 가서 말한다.

25. 대출할 때 최적의 조건을 알아본다.

26. 항공권을 예약할 때 좋은 가격을 알아본다.

27. 택배 상자를 접어 정리한다.

28. 잔디를 깎거나 낙엽을 쓸고 울타리를 다듬고 무거운 잡초와 비료포대를 직접 나르거나 이런 일을 맡길 사람을 고용한다.

29. 케이블이 고장 나면 케이블 업체에 연락해서 (몇 시간이고) 상의한다.

30. 스테레오, 텔레비전, 카메라, 비디오카메라, 비디오플레이어를 구입하고 연결하고 고장이 나면 수리하고 업체에 수리를 맡길 때는 작업을 감독한다.

31. 자전거, 타이어, 그네, 토스터기, 전화기, 현관 자물쇠, 대문 자물쇠, 농구대, 잔디 깎는 기계, 회전문, 경보 시스템을 알아보거나 구입하거나 조립하거나 고장이 나면 직접 수리하거나 업체에

수리를 맡기는 경우에는 작업을 감독한다. 창문이 깨지거나 퓨즈가 나가도 알아서 수리한다.

32. 변기 시트는 아내가 올려놓기보다 남편이 내려놓는다.

33. 집을 개보수할 때 업체를 알아보고 의뢰하고 공사를 감독한다. 변경하거나 불만사항을 말하거나 추가로 요구한다.

34. 신문에서 금융 관련 기사를 꼼꼼히 챙겨보고 최선의 재테크 결정을 내린다.

35. 집에 페인트칠을 할 때는 붓과 도구를 깨끗이 닦아서 정리한다.

36. 쥐덫을 놓고 죽은 동물을 묻어준다.

37. 보험을 들고 내용을 숙지한다. 보험금을 청구할 때 제대로 보상이 오는지 절차를 확인한다.

38. 다락방에서 휴가 중에 필요한 물품을 찾는다.

39. 무거운 사진, 벽걸이 장식, 시계, 전화기를 벽에 설치한다.

40. 사냥을 위한 총기나 가족을 보호하는 목적의 호신용품을 구입하고 닦고 쓰는 과정을 책임진다.

41. 관광 명소와 식당이나 숙소를 예약하는 등의 세부적인 휴가 계획을 세운다.

42. 사다리를 타고 올라가 전구를 갈거나 곰팡이를 점검한다.

43. 정전일 때 시계를 다시 맞춘다.

44. 햇볕 좋은 날 수영장 옆에 파라솔을 설치한다.

45. 최신 스마트폰 관련 정보를 숙지하고 작동법을 익힌다. 휴대폰

을 업데이트하고 좋은 가격으로 좋은 기기를 구입한다.

46. 위에 열거한 활동 이외에 다양한 역할을 맡으면서도 아내의 행복에 도움이 된다면 군말 없이 책임을 다하고 자기만 많이 베푼다고 억울해하지 않는다.

위의 **비일상적인 활동**은 모두 주로 남자들이 하는 일로, 여자가 '당신 시간'에서 '내 시간'으로 넘어가도록 지지해주는 짝 유대의 옥시토신을 자극한다. 남자는 아내가 행복해지는 데 도움이 된다면 힘든 일도 도맡아 해준다. 요리나 청소 같은 **일상적인** 집안일이라도 아내가 하기 싫어하는 일을 대신 해주면 아내에게 옥시토신이 분비될 수 있다.

> 남자들은 아내가 행복해지는 데 필요한 지지를
> 보낼 수만 있다면 힘든 일도 도맡아 해준다.

남자와 여자가 요리나 청소, 자녀 양육의 책임을 공평하게 나눠야 한다는 생각은 이론적으로는 맞지만 현실적으로 거의 효과가 없고, 특히 열정과 매력의 호르몬을 분비시키는 데는 도움이 되지 않는다.

여자가 테스토스테론을 자극하는 책임은 공평하게 나누려 하지 않으면서(대체로 그렇다) 남자에게는 에스트로겐을 자극하는 양육 활동을 공평하게 나누기를 기대한다면 앞뒤가 맞지 않는다. 물론 서로의 역할이 겹칠 수는 있지만, 여자는 테스토스테론을 자극하는 비일상적인 활동을 과도하게 많이 떠맡으면 스트레스가 심해지고, 남자는 에스트로겐을 자극하는 활동을 지나치게 많이 하면 스트레스를 많이 받는다.

남자가 직장에서 스트레스를 심하게 받지 않거나 집에서 배우자에게 인정받는다면 앞서 열거한 활동 대부분이 동굴 시간의 활동이 될 수 있다. 마찬가지로 여자가 직장에서 스트레스를 많이 받지 않거나 배우자에게 정서적 지지를 충분히 받으면 일상적인 집안일 대부분이 '내 시간'과 '우리 시간'의 활동이 될 수 있다.

남자가 집안일을 하면 얼마나 낭만적인지를 다루는 기사는 오해의 소지가 있다. 노르웨이에서 부부 약 1만 쌍을 대상으로 실시한 두 연구에서 남편이 아내만큼 일상적인 집안일을 많이 하는 부부는 이혼할 가능성도 높은 것으로 나타났다. 처음에는 남자가 청소기를 든 모습이 신선해 보여 여자의 뇌에서 도파민이 많이 분비돼 흥분될 수 있지만, 신선함에 익숙해지면 도파민도 줄어든다. 장기적으로 더 믿음직한 남자는 테스토스테론을 자극하는 일을 많이 해주고 여자가 여성성을 회복하는 데 필요한 정서적 지지를 보내주는 사람이다.

그렇다고 남자는 청소나 요리나 설거지를 하면 안 된다는 뜻은 아니다. 모든 부부는 각자의 취향과 활력 수준과 업무 일정에 따

화성남자와 금성여자를 넘어서 ♀

라 집안일을 나눈다. 다만 남자들은 대체로 집에서 일상적인 집안 일보다는 동굴 시간과 테스토스테론을 자극하는 비일상적인 일에 집중한다. 남자는 동굴 시간을 보내야 비상상황이 발생할 때 시간과 힘을 내서 대처할 수 있다.

여자가 중압감에 시달리는 또 하나의 이유

남자가 가장의 역할을 잘하거나 아내를 행복하게 해주려고 열심히 일할 때 주로 나타날 수 있는 문제가 있다. 남자가 해준 일과 균형을 맞추기 위해 여자가 자기도 더 많은 일을 해야 한다는 압박감을 느끼는 것이다. 여자는 느긋하게 쉬면서 '내 시간'을 즐기는 것이야말로 남자에게 줄 수 있는 최고의 선물이라는 사실을 알아야 한다.

> 느긋하게 쉬고 내 시간을 즐기는 것이야말로
> 여자가 남자에게 줄 수 있는 최고의 선물이다.

요컨대 여자는 배우자에게 베풀고 그 보상으로 보살핌과 이해와 존중을 받으면서 '우리 시간'의 짝 유대를 경험한다. 남자는 배우자에게 베풀고 신뢰와 수용과 공감을 받으면서 '우리 시간'의 짝 유대를 경험한다. 남자는 여자를 위해 뭔가를 해주면서 그에 대한 보답으로 여자가 뭔가를 더 많이 해주길 기대하지 않는다. 대신 여자에게 사랑받기를 원한다.

그래서 좋은 남편의 아내는 중압감에 시달린다. 좋은 남편에게 지지를 받을 만한 여자가 되려고, 책임을 더 많이 떠안으려 안간힘을 쓰기 때문이다. 좋은 남편들은 아내를 위해 열심히 노력하고 아내가 행복해하는 모습을 보기만 해도 행복해진다. 그런데 아내들은 이런 성향을 몰라서 스트레스에 시달릴 정도로 책임을 떠안으려 한다.

한편 많은 남편이 아내와 가족을 위해 많은 일을 해주면서 비일상적인 활동을 책임지는 것만으로 할 일을 다 했다고 믿고, 애정과 칭찬, 대화, 관심, 연애 감정처럼 아내에게 필요한 정서적 지지를 보내 아내를 기쁘게 해주려고 애쓰지 않는다.

> 남자들은 자칫 가족을 위해 열심히 일하는 것으로
> 자기 할 일을 다 했다고 믿고,
> 사랑과 관심을 충분히 보여주지 않는다.

여자가 2단계에 충만감을 느끼고 3단계에 '내 시간'으로 넘어가려면 배우자에게 짝 유대의 지지를 받아야만 한다. 이런 새로운 통찰을 얻어야 배우자가 관계 안에서 더 많이 베풀도록 만들 수 있다. 남자들은 아내를 행복하게 해주려면 어떻게 해야 할지 알면 동굴 시간을 줄이고 동굴에서 나와 더 많이 베풀 것이다.

내 아내 보니는 내가 동굴 시간을 충분히 보내고 나오면 자기와 소중한 '우리 시간'을 보낼 뿐 아니라 자기도 '내 시간'을 잘 보내도록 내가 지지해줄 걸 알기 때문에 나만의 동굴 시간을 인정해준다. 전에는 아내가 '내 시간'의 가치를 이해하지 못하거나 직접 경험하지 못한 탓에 내가 아무리 '내 시간'을 가져보라고 권해도 좋게 받아들이지 않았다. 결국 우리 부부의 짝 유대가 약해졌다. 그러다 아내가 '내 시간'의 가치를 이해하자 '내 시간'을 더 많이 갖도록 지지해주는 남편의 진심을 고맙게 받아들이기 시작했다.

> '내 시간'의 가치를 이해해야
> 아내가 '내 시간'을 더 많이 갖도록 지지해주는
> 남편의 진심을 고맙게 받아들일 수 있다.

그러나 아내가 '내 시간'의 의미를 이해하지 못하면 남편이 아무리 '내 시간'을 갖도록 지지해줘도 그저 남편이 같이 있고 싶지 않아서 그런다고 오해할 수 있다. 이렇게 진심을 오해하면 서로 엇나갈 수 있다. 다른 한편으로는 자기 혼자만 즐거운 시간을 보내는 걸 남편이 원하지 않을까 봐 '내 시간'을 보내지 못하는 여자들도 있다.

어떤 여자가 내게 이렇게 말했다. "전 '내 시간'을 보내지 못해요. 남편 없이 저 혼자 즐거워하거나 떨어져서 시간을 보내고 싶다고 말하면 제가 자기를 사랑하지 않는다고 오해할까 봐서요." 이런 태도가 오히려 남편을 숨 막히게 만들고 동굴에서 나와 아내와 시간을 더 보내고 싶은 마음을 가로막는다.

물론 아내가 '내 시간'을 즐길 때 처음에는 소외감을 느끼는 남자도 있지만, 아내를 행복하게 해준 노력을 인정받으면 서운한 마음은 곧 사라진다. 자신감 없는 남자들은 잠시 여성성 쪽에 치우친 상태일 뿐이다. 아내가 더 행복해하고 자기에게 고마워한다는 걸 알면 남편도 곧 남성성을 회복해 안전하게 느낄 것이다.

긴급요원인 남자

모든 남자에게는 긴급요원의 면모가 있다. 누군가에게 필요한 사람이 되는 순간 테스토스테론이 상승한다. 남자들이 오늘날의 여자들에게는 '우리 시간'뿐 아니라 '내 시간'을 위해서도 그들의 도움이 더 필요하고, 여자들이 행복하고 충만해지려면 그들의 도움이 필요하다는 사실을 알면 자연히 새로운 동기가 생길 것이다.

남자들이 오늘날의 여자들에게는

남자들의 도움이 더 필요하다는 사실을 알면
자연히 새로운 동기가 생길 것이다.

과거의 역할을 나누는 관계에서 남자들은 직장에서 '당신 시간'
에 몰두하고 가정에서는 '내 시간'에 몰두했다. 아내를 위한 자신
의 노력을 아내가 즐기고 고마워하기만 하면 아내를 행복하게 만
들어준 공을 인정받아 '우리 시간'의 충만감을 누렸다.

역할을 나누는 관계에서 남자는 아내를 행복하게 만들어준
공을 인정받아 '우리 시간'의 충만감을 누렸다.

오늘날의 마음을 나누는 관계에서도 남자들은 여전히 아내의
행복에 기여한 공을 인정받아 '우리 시간'의 즐거움을 누린다. 하
지만 새로운 관계 기술을 습득하고 남성성과 여성성의 균형을 찾
고 싶어 하는 아내의 새로운 욕구를 이해하면 자연히 동굴에서 나
와 사랑과 연애와 애정에 대한 아내의 욕구를 더 많이 채워주고
싶어 한다.

남자가 여자를 행복하게 해주고 싶어 하는 마음은 예나 지금이
나 똑같다. 오늘날 남자들은 단지 어떻게 도와줄 수 있는지 모를
뿐이다. 남자들에게 여자처럼 생각하고 반응하고 대답하라고 요구
한다면 의도는 나쁘지 않아도 방향이 잘못되었다. 이런 식으로 불

균형하게 접근하면 남자뿐 아니라 여자의 스트레스도 상승한다.

남자가 더 여성스러질 필요는 없다. 남자가 스트레스를 많이 받으면 남성성과 여성성의 균형을 잡기 위해 동굴에 들어가 남성성을 회복해야지, 여성성을 더 많이 표출해서는 안 된다. 여자의 새로운 욕구를 어떻게 존중하고 보살필 수 있는지 알면, 남자는 동굴 시간에 테스토스테론을 회복하는 능력이 강화되어 동굴에서 나온 뒤 여자에게 더 많이 베풀 수 있다.

여자가 '당신 시간'과 '우리 시간'과 '내 시간'의 균형을 잡는 동안 부딪히는 난관을 이해하고, 새로운 난관을 해결하는 데 남자가 어떤 도움을 줄 수 있는지 안다면 자연히 도와주고 싶어질 것이다. 동굴에서 나가야 하는 중요한 이유가 생기는 것이다. 그리고 여자에게 필요한 일을 해줌으로써 '우리 시간'의 욕구를 더 많이 채워준다.

여자의 다양한 욕구 균형 잡기

여자는 배우자가 옆에서 지지해주어도 '당신 시간'과 '우리 시간'과 '내 시간'에 짝 유대와 사회적 유대, 자기를 돌보는 활동과 남에게 봉사하는 활동 같은 다양한 욕구의 균형을 잡는 사이 내면에서 갖가지 장애물에 부딪힐 수 있다. 다음의 세 가지 예를 살펴보자.

1. 부모 문제: 아버지의 부재나 우울하고 의존적인 어머니처럼 어린 시절의 해결되지 않은 문제 때문에 배우자에게 의존하고 '우리 시간'에 필요한 짝 유대를 제대로 맺지 못할 수 있다. 누군가 필요하다는 생각이 들 때, 그것을 내면의 여성성을 발견한 것이 아니라 나약한 생각으로 치부하기 때문이다.

   친밀감을 피하려고 '당신 시간'에 일중독에 빠지거나, '내 시간'의 사회적 유대나 개인 시간에만 몰두한다. 두 경우 모두 짝 유대를 피하려다가 더 큰 스트레스에 시달린다.

2. 형제자매나 친구 문제: 어린 시절에 형제자매나 친구들과 해결하지 못한 문제가 있으면 사회적 유대를 원만하게 맺지 못할 수 있다. 그러면 '내 시간'의 자립 활동에만 몰두할 수 있다. 프로게스테론이 생성되어 스트레스가 줄어들 수는 있어도 사회적 유대의 기쁨과 즐거움은 누리지 못한다.

   앞에서 '내 시간'의 자립 활동과 사회적 유대에 대한 욕구를 알아보았다. 자립 활동에 몰두하면 테스토스테론이 회복되어 남성성이 살아나고, 사회적 유대에 몰두하면 프로게스테론이 증가해 여성성이 자유롭게 표출된다. 하지만 자립 활동에만 몰두해 스트레스를 줄이고 사회적 유대를 피하면 장기적으로는 여성성이 억압되고 남성성이 과도하게 표출될 수 있다.

3. 바람직한 역할 모델의 부재: 강인하거나 성공했으면서도 행복하고 충만한 역할 모델이 없으면, 여자는 '당신 시간'의 장점을 찾으

려 하지 않을 수 있다. 남성적인 독립성을 표출할 자신이 없는 여자는 여성적인 상호 의존성과 취약성을 표출해 '우리 시간'에만 매달릴 수 있다.

'내 시간'에도 자립 활동보다는 사회적 유대를 통해 여성성만 과도하게 표출하려 한다. 남을 돌보고 관계 안에서 상호 의존성을 체험하려는 여성적인 욕구가 지나치면 남성성이 억압된다. 결과적으로 모두를 기쁘게 하려고 안간힘을 쓰다가 자기 감각을 잃어버린다. 자기를 보는 남들의 시선에 의해 독립심과 상호 의존성을 균형 있게 표출할 수 있다는 자신감이 흔들린다.

반대로 남성성을 표출하면서도 사랑하고 스트레스를 받지 않고 행복하게 사는 바람직한 역할 모델이 없으면, 여자는 경제적으로 독립하고 성공하기 위한 여정에서 여성성을 억누를 수 있다. 결국 살면서 배우자가 필요하다는 생각을 거부한다. 여성적인 취약성을 온전히 느끼지 못하면 사랑에 빠지지 못하거나 배우자에게 애착을 느끼지 못한다.

세 가지 사례에서처럼 과거에 남성성과 여성성을 모두 표출하도록 충분히 지지를 받지 못했다면 행복과 호르몬의 균형을 찾는 일이 어려울 수 있지만 불가능한 것만은 아니다. 한 달 주기의 여러 시기에 각기 다른 호르몬의 욕구를 이해하고 새로운 기법을 적용하면 과거를 극복하고 평생 사랑하면서 살 수 있다.

이 책을 읽고도 변화를 이룰 수 있지만, 새로운 기술에 관한 강좌를 들으면 더 쉽게 변화할 수 있다. MarsVenus.com의 로런 그레이 블로그에서는 여자들이 '당신 시간'과 '우리 시간'과 '내 시간'의 균형을 잡는 데 유용한 지지 방법을 소개한다.

마음을 나누는 관계의 황금률

마음을 나누는 관계의 황금률은, 남자든 여자든 관심과 사랑과 지지를 충분히 받지 못하는 느낌이 들면 동굴 시간이나 '내 시간'으로 주의를 돌려야 한다는 것이다. 오늘날의 부부들은 서로 지나치게 얽혀 있어서 열정이 빨리 식는다. 2단계에서 사랑의 창이 열리는 5일 동안에도 여자에게 필요한 짝 유대가 생기지 않으면 배우자 이외에 다른 데서 짝 유대를 형성할 방법도 많다. 이렇듯 친밀감이 춤추듯 유연하게 변하려면 독립심뿐 아니라 상호 의존성도 필요하다.

> 친밀감이 춤추듯 유연하게 변하려면
> 독립심뿐 아니라 상호 의존성도 필요하다.

관계 안에서 행복하려면 항상 '당신 시간'과 '우리 시간'과 '내 시간'의 균형을 찾아야 한다. 시인 칼릴 지브란 Kahlil Gibran은《예언자 The Prophet》라는 수필집에서 '우리 시간'과 '내 시간'의 균형을 잡는 개념을 아름답게 표현했다.

> 함께하는 자리에 공간을 두라. 두 사람 사이에 천상의 바람이 춤추게 하라. (…) 함께 서 있으되, 너무 가까이 붙어 있지는 말라. 신전 기둥은 서로 떨어져 있고, 떡갈나무와 사이프러스는 서로의 그늘에서 자라지 않으니.

앞으로 네 장에 걸쳐 여자들이 소중한 '우리 시간'을 보낼 때 남자들에게 구체적으로 어떤 지지를 받아야 하고, 남자들이 충만감을 만끽하는 데 필요한 새로운 정서적 지지는 무엇인지 알아보겠다. 마지막 네 장에 가장 핵심적인 내용을 담았다. 남자든 여자든 이 내용을 제대로 이해하면 서로 가장 필요로 하고 서로에게 마땅한 사랑과 지지를 주고받을 수 있다.

CHAPTER 10

경청을 원하는 여자,
인정을 바라는 남자

남자와 여자가 서로에게 불만을 품는 이유는 결국 여자는 남자가 경청해주는 것 같지 않아서고, 남자는 여자가 인정해주는 것 같지 않아서다. 남자들은 자기 말만 많이 할 뿐 잘 들어주지 않고, 여자들은 자기 일만도 벅차서 남자가 하는 일을 제대로 인정해주지 못한다.

여성성이 강한 남자들은 5장에서 소개한 금성인의 대화를 접하고는 "그럼 저는요? 저도 털어놓고 싶은 감정이 있어요!"라고 말한다. 금성인의 대화는 여자가 여성성을 회복하고 남자가 남성성을 회복하는 데 효과적이다. 남자는 감정이 없다는 것도 아니고 감정을 공유해서는 안 된다는 것도 아니다.

남자가 감정을 털어놓으면 배우자와 소통하기는 쉬워지겠지만, 그렇다고 스트레스가 줄어드는 것은 아니다. 남자는 말할 때와 들을 때가 있다. 배우자의 어떤 말이나 행동에 스트레스를 받거나 화가 나거나 방어적이 되고, 또 이런 감정을 터뜨려야 기분이 풀릴 것 같지만 사실 그럴 때마다 감정을 표출하면 자기에게든 배우자에게든 좋을 게 없다.

남자는 직장 일로 기분이 상해 당장 불만을 토로하고 싶어도 일단 시간을 갖고 남성성을 회복하여 스트레스를 줄인 다음 배우자에게 털어놓아야 한다. 스트레스가 심한 상태로 배우자에게 감정을 말하면 에스트로겐이 상승하고 결국 스트레스가 더 심해진다.

> 남자가 방어적인 감정을 배우자에게 털어놓으면
> 상황만 악화될 뿐이다!

남자는 동굴 시간에 테스토스테론을 회복하여 호르몬의 균형을 되찾은 다음에 배우자에게 자기의 생각과 감정과 경험을 말하는 편이 훨씬 낫다. 여자는 남자가 긍정적인 감정을 많이 나누고 부정적인 감정을 적게 나눌 때 더 많이 소통하고 싶어 한다. 가령 나는 아내에게 기분 나쁜 일에 관해 말할 때는 반드시 그 일에서 배운 좋은 점을 덧붙이려고 노력한다. 내가 아내의 동정을 구하는 무력한 피해자라는 인상을 심어주지 않기 위해서다(다만 정말로 중요한 문제나 갈등이라면, 가끔은 약간의 동정을 구하고 받아들이는 것도 괜찮다).

여자는 남자에게 의지해 남자의 자신감과 능력을 누린다. 여자가 남자의 느낌을 묻는 이유는, 대개 남자가 아직 자기를 사랑하

화성남자와 금성여자를 넘어서 ♀

는지, 다 괜찮은지 확인받고 싶어서다. 남자가 말이 없어서 불안해지면 계속 남자와 연결된 느낌을 받고 싶어서 남자의 느낌을 알아내려 한다. 이럴 때 여자는 배우자가 자신의 감정을 들어주게 만드는 식으로 소통해야 한다. 그러면 배우자와 연결된 느낌이 들 뿐만 아니라 여자 스스로 여성성을 되찾아 균형을 잡을 수 있다.

> 여자가 남자의 느낌을 묻는 이유는, 대개 남자가 아직 자기를 사랑하는지, 다 괜찮은지 확인받고 싶어서다.

여자가 말할 때 남자들은 주로 한발 물러나 여자의 말에 대해 생각한다. 그러면 여자들은 남자의 '생각하는' 표정을 화난 표정으로 오해할 때가 많다.

나는 어느 세미나에서 여자들에게 남편이 휴식을 취하거나 생각에 잠기거나 행복해하거나 화가 났을 때 가만히 표정을 관찰해보라고 과제를 내주었다. 다들 남편이 화가 났을 때와 편하게 쉬거나 그저 생각에 잠겨 있을 때의 표정이 거의 다르지 않다는 걸 알고 무척 놀랐다.

일례로, 멜러니와 톰은 결혼한 지 12년 된 부부다. 멜러니는 남편과 이 연습을 해보고 매우 놀랐다. 결혼생활 내내 남편이 쉬거나 생각을 하고 있을 때 화가 난 줄 알았던 것이다. 표정이 풍부한 남자도 있지만 대개는 골똘히 생각에 잠기거나 편하게 쉴 때, 스트레스가 심하거나 화가 났을 때의 표정이 크게 다르지 않다.

멜러니는 말했다. "이번 경험으로 우리 부부의 결혼생활이 완전히 달라졌어요. 남편이 저한테 화가 난 줄로만 알았던 때가 많아요. 그런데 화가 난 게 아니었어요. 저는 늘 남편이 어떤 기분인지 궁금해하거나, 남편이 왜 화가 났는지 모른 채 그냥 물러나 있었어요. 지금은 남편이 옆에 있을 때 훨씬 편안하고 안전한 기분이 들어요. 살얼음판을 걷는 심정으로 지내지 않아도 되고, 도와달라고 하면 남편이 기분 나빠 할까 봐 조심하지 않아도 돼요."

감정 말하기

남자든 여자든 부정적인 감정을 털어놓고 상대가 잘 들어주면 에스트로겐이 증가하고 테스토스테론이 감소한다.

여자들은 스트레스를 받으면 감정을 공유해야 여성성을 회복할 수 있다. 상대가 그 경험에 완전히 공감해주지 않아도 스트레스가 줄어드는 데 도움이 된다. 여자가 감정을 많이 말할수록 남자는 공감하든 못하든 여자를 더 많이 이해하고 여자와 더 많이 소통할 수 있다.

반면에 남자는 스트레스가 심할 때 배우자에 대한 불만이 아니라 해도 부정적인 감정을 나눠서는 안 된다. 자문이 필요해도 일단은 동굴 시간의 활동을 통해 테스토스테론을 끌어올리면서 감정을 가라앉혀야 한다. 같은 남자들이나 코치, 심리치료사에게 말할 수도 있고, 기도나 명상을 할 수도 있고, 남자들과 등산이나 골프, 산책 같은 운동을 할 수도 있다. 그래도 감정이 가라앉지 않으면 일기를 쓰며 스스로 감정을 돌아볼 수 있다.

> 기분이 좋지 않아 자문이 필요하다면,
> 남자는 우선 감정을 가라앉히고 배우자가 아니라
> 다른 남자들에게 감정을 털어놓아야 한다.

같은 남자들끼리 감정을 털어놓을 때 스트레스가 해소되는 이유는, 남자들끼리 경험을 나누는 사이 남성성이 강화되고 감정이 정당화되고 테스토스테론이 증가하기 때문이다. 남자가 다른 남자에게 말하면 테스토스테론과 함께 에스트로겐도 증가한다.

생각과 감정을 심리치료사나 코치나 친구에게 말할 때, 상대가 꼭 남자여야 하는 건 아니다. 여자에게 말해도 된다. 다만 자기에게 의지하는 여자나 친밀한 관계의 여자가 아니어야 한다. 어느 정도 거리가 있는 상대라면 그가 어떻게 생각하는지 신경 쓰거나, 스스로를 바꾸려 애쓰지 않아도 되기 때문이다.

남자가 배우자 앞에서 투덜대거나 불평하지 않아야 배우자는 그가 있을 때 안전하고 지지받는 기분을 느낀다. 군대에서 남자들에게 '참아내야' 한다고 가르치는데, 바로 이렇게 하라는 뜻이다. 현대 심리학에서는 남자들에게 감정을 공유하라고 강조하지만, 어느 순간 흥분해서 감정을 털어놓고 나면 내면의 남성성을 다시 끌어내기가 힘들어진다. 물론 감정을 털어놓으면 잠시 기분이 좋아질 수도 있지만, 여성성에 치우쳐 남성성을 회복하기까지 오랜 시간이 걸린다.

미군의 외상 스트레스 연구는 남자들에게 감정을 많이 말하게 하면 전쟁터에서 효율적으로 활동하지 못하고 PTSD(외상후스트레스장애)에 시달릴 가능성이 높아진다고 밝혔다. 감정에 관해서는 나중에 전쟁터를 벗어난 후 말하는 것이 효과적이다. 안전하게 휴식을 취할 수 있을 때까지 기다려야 마음에 깊이 새겨진 상처를 치유할 수 있다.

> 남자들에게 감정을 많이 말하게 하면
> 전쟁터에서 효율적으로 활동하지 못하고
> PTSD에 시달릴 가능성이 높아진다.

이 말은 논란을 불러일으킬 수 있다. 다시 말하지만 **그렇다고 남자들이 부정적인 감정을 무시하거나 억압해야 한다는 뜻은 아니다.** 사랑하는 사람에게 감정을 말해 위안을 얻으려고 해서는 안 된다는 뜻이다. 그보다는 먼저 테스토스테론을 끌어올려 남성성

화성남자와 금성여자를 넘어서 ♀

을 되찾는 데 몰두해야 한다. 그래야 스트레스가 크게 감소한다.

그러면 감정을 억누르지 않고 시간을 두고 식힐 수 있다. 화가 난 상대에게 직접 말해봐야 화만 더 돋우고 그 사람과의 관계는 끊길 수 있다. 아내에게 화가 난 게 아니라 해도, 남성성을 회복할 때까지는 일단 남성적인 무심함과 독립성을 표출해야지 취약하고 의존적인 모습을 보여서는 안 된다. 부정적인 감정에 사로잡혀 '흥분' 상태로 사랑하는 배우자와 감정을 나눠서는 안 된다.

그러면 그에게도 좋지 않고 배우자에게도 좋을 게 없다. 남자가 아내에게 감정을 털어놓고 위로와 지지를 받아 기분이 좋아지려고 하면 아내는 남성성으로 넘어간다. 아내가 이미 남성성에 치우친 사람이라면 스트레스가 더 심해질 뿐만 아니라 남편에게 이성적 감정까지 잃을 수 있다.

감정을 나누면 스트레스가 더 심해진다

여자들 중에는 간혹 배우자를 동성 친구처럼 '서로 배려하고 공유하는' 사람으로 만들어놓고는 왜 연애 감정이 식었는지 의아해하는 사람이 있다. 막상 배우자가 공유하고 배려하려 하면 여자는 감정이 식어서 혼란에 빠지거나 죄책감을 느낄 수 있다. 또 그간의 과정을 자각하지 못한 채 그저 배우자를 잘못 골랐다고 후회할 수도 있다. 하지만 동성 친구에게 하듯이 감정을 나누려고 배우자를 유도한다면, 어느 누구도 적합한 배우자가 되지 못할 것이다.

그러면 남자는 남자대로, 아내를 행복하게 해주고 아내의 요구를 들어주려고 안간힘을 쓰다가 좌절하고, 또 거부당하거나 인정받지 못하는 느낌이 들어 씁쓸하고 억울한 감정에 사로잡힐 수 있다. 다음의 예를 보자.

> 준과 알렉스는 결혼한 지 2년 된 부부다. 준이 남편에게 감정을 혼자서 삭이지 말고 마음을 터놓고 함께 나누자고 설득한 이후로, 남편은 늘 마음을 열고 아내에게 시시콜콜한 감정을 털어놓았다.
>
> 나와의 상담이 몇 회기쯤 진행된 후, 준이 나와 따로 만나 이렇게 말했다. "그이를 아직 사랑하지만 우리의 결혼생활을 유지하고 싶지는 않아요. 그이가 온갖 고민과 속내를 다 털어놓아서 그이에 대한 감정이 식었어요. 저도 마음이 좋지 않지만 어쩔 수가 없어요. 그이가 어떤 기분인지 듣고 싶지 않다는 말을 어떻게 해야 할지 모르겠어요. 솔직히 결혼할 때는 그이한테 고민이 그렇게 많은지 몰랐어요. 지금은 왠지 그이를 도와줘야 할 것 같은 책임감이 커요. 그이 엄마로 살고 싶진 않아요. 어른 대 어른으로 만나고 싶어요."

준이 처음에 남편의 감정을 궁금해한 이유는 삶의 동반자로서 동성 친구처럼 함께 일상을 나누고 싶어서였다. 하지만 정작 남편이 속마음을 털어놓기 시작하자 그 마음에는 충분히 공감하지만 준의 기분은 나아지지 않았다.

돌이켜보면 준이 남편의 속마음을 가장 듣고 싶었던 때는 남편이 가장 살갑지 않았을 때였다. 또 남편이 속마음을 다 말해주면 좋겠다는 생각이 든 것은 둘의 관계에 아무 문제가 없는지, 남편이 아직 자신을 사랑하는지 확신하고 싶어서였다.

여자들은 배우자가 다정하지 않거나 말이 없을 때, 사랑의 확신을 얻기 위해 어떤 기분인지 속속들이 알려 한다.

이런 기저의 욕구를 이해하지 못한 채, 배우자가 말이 없거나 다정하지 않을 때 준처럼 배우자에게 어떤 기분인지 같이 나누자고 재촉하는 여자가 많다. 그러다 막상 배우자가 시시콜콜 감정을 털어놓으면 혼란스러워한다. 배우자가 감정을 솔직히 말해도 기분이 나아지지 않기 때문이다. 여자들이 모르는 사실이 있다. 오히려 반대로 접근해야 남자에게서 필요한 지지를 끌어낼 수 있다는 점이다. 다시 말해 여자가 자신의 감정을 나누어야 한다. 배우자의 여성성을 자극해서 감정을 나누게 하다가 스스로 남성성에 치우치는 것보다, 여자가 자신의 감정을 털어놓으며 여성성을 되찾는 편이 낫다.

결국 준은 남편이 말없이 감정을 삭이는 편이 그들 부부에게 더 바람직하다는 걸 깨달았다. 그래서 남편의 스트레스가 줄어들 때까지 기다렸다가 나중에 긍정적인 감정을 들어주자 준이 바라던 사랑이 돌아왔다.

사실 준은 남편의 고민을 들어주면서 남편을 더 걱정하게 되었다. 남편에게 의지할 수 있을 것 같지 않았고, 새로운 책임을 떠안은 것 같았다. 남편에게 사랑을 받으며 여성성을 되찾고 스트레스를 막아주는 호르몬을 분비해야 하지만, 남편이 여성성을 드러내는 바람에 자신은 서서히 남성성 쪽으로 떠밀려 갔다. 남편이 감정을 털어놓으니 준의 스트레스는 줄어들기는커녕 더 심해지고, 남편을 향한 마음도 식었다.

> 여자가 여성성이 필요할 때 남자의 감정을 들어주면,
> 여자의 남성성이 자극받아 스트레스를 더 많이 받는다.

준이 남편의 감정을 들어줄 때는 여자친구인 리즈가 똑같은 불안감을 호소할 때와 다른 영향을 받았다. 리즈의 하소연을 들어줄 때는 준이 더 여성스러워졌지만, 남편의 감정을 듣고는 더 남성적이 되었다. 이렇게 전혀 다른 영향을 받은 데에는 두 가지 중요한 이유가 있다.

첫째: 의존성

준은 남편과 경제적 부담이나 가사 책임을 나눈다. 그러나 리즈에게는 이런 식의 지지를 기대하지 않는다.

리즈가 불안감을 호소하고 직장을 잃을까 봐 두렵다거나 일이 너무 많아 벅차다고 말해도 준은 직접적인 영향을 받지 않는다. 리즈의 하소연을 들을 때 준은 리즈에게 의존한 상태가 아니므로 스트레스가 심해지지 않는다.

하지만 남편이 직장을 잃을까 봐 두렵다고 말한다면 준의 안녕에도 영향을 받으므로 스트레스가 심해진다. 또 남편이 일이 많아 감당이 안 되는 상태라면, 그것은 준이 남편의 지지나 도움을 필요로 해도 남편에게 아내를 도와줄 여력이 없다는 뜻이다. 특히 준이 스트레스에 시달리거나 여성성을 회복하기 위해 도움이 필요한 시기라면 스트레스가 더 심해져서는 안 된다.

> 남자의 불안이 여자의 안녕을 위협할 때
> 여자가 남자의 불안감을 담담하게 들어주기란 쉽지 않다.

알렉스가 불안감을 털어놓으면, 준은 남편에게 사랑과 지지를 받으며 안심하고 여성성을 되찾지 못하고 남성성을 끌어내 알렉스의 여성성이 요구하는 안심과 지지를 보장해주어야 한다. 균형을 잡기는커녕 균형이 더 깨진다.

준이 이미 스트레스를 받는 상태라면 남편이 준의 말을 들어주어 준이 여성성을 되찾도록 도와주어야 한다. 앞서 보았듯이 묵묵히 들어줄 때는 남성성이 드러나지만 감정을 나눌 때는 여성성이 드러난다.

> 묵묵히 들어줄 때는 남성성이 드러나지만,
> 감정을 나눌 때는 여성성이 드러난다.

준이 이런 특성을 이해하지 못하면 계속 남편에게서 멀어지고 더 공감하며 들어주지 못했다는 죄책감에 시달릴 것이다. 잘 들어주어야 한다는 책임감 때문에 자기는 여성성을 되찾지 못할 것이다. 준이 여성성을 되찾아 균형을 잡아야 할 시점에 남편이 감정을 나누면 준은 기분이 좋아지기는커녕 더 나빠지기만 할 수 있다.

둘째: 공감

리즈가 준에게 감정과 기분과 경험을 말할 때, 둘은 같은 여자이기 때문에 리즈의 감정은 준의 감정에 가깝다. 준은 리즈의 말을 듣고 리즈의 처지가 되어보면서 자신의 감정도 정당화되는 체험을 한다. 그리고 스트레스를 막아주는 여성 호르몬이 분비된다. 그러나 남편의 감정을 들을 때는 둘이 서로 다르기 때문에 준은 자신의 감정이 정당화되는 느낌을 받지 못한다.

반면에 알렉스가 여성성이 강하다면 준도 비슷한 감정을 느낄 테지만, 알렉스가 불안감이나 압박감을 털어놓으면 그에게 의지해 지지나 도움을 받을 수 있을 거라는 준의 기대가 줄어든다. 준이 도움을 구하기 어려운 상황이라는 뜻이다. 남자에게 도움이 필요하다는 말을 들으면 그에게 도움을 요청하기가 어려워진다.

준은 남편을 사랑하기 때문에 자연히 어머니 같은 마음으로 위로해주거나 문제를 해결하도록 도와주려 한다. 어느 쪽이든 결국 준은 남편에게 든든한 지지를 받을 거라는 확신을 얻지 못한다.

생계가 어느 정도는 배우자에게 달려 있기 때문에 남편이 실수를 털어놓으면 아내는 자연히 예민하게 반응하면서 앞으로 똑같은 실수를 저지르지 않으려면 어떻게 해야 할지 거듭 일깨워준다. 아내는 이렇게 끊임없이 남편의 실수를 지적하면서 남편이 자신에게 과도하게 의지하도록 만든다.

나는 언젠가 집에 여권을 두고 공항에 간 적이 있었다. 여권 없이 스웨덴에 입국하기 위해 특별허가증을 받아야 해서 진땀을 빼긴 했지만 결국 다 잘 해결되었다. 하지만 몇 년이 지나도록 아내는 계속 여권을 챙겼냐고 물었다. 어느 날 내가 여행가방을 싸다가 아내에게 여권을 보여주며 농담처럼 "스웨덴 사건은 항상 기억하고 있으니 이제 그 얘기는 꺼내지 않아도 돼"라고 말하니 그제 야 아내의 잔소리가 멈추었다. 아내가 이렇게 남편이 부탁하지도 않은 조언을 해주면 남편은 자기를 위해서 그러는 줄은 알면서도 테스토스테론이 소진될 수 있다.

언제, 어떻게 감정을 나누느냐에 대한 답은 주로 시기에 있다. 남자가 감정을 나눌 수 있는 시기도 있지만, 여자가 여성성을 되 찾아야 하거나 남자가 남성성을 되찾으려 노력해야 할 때 남자는 감정을 나누면 안 된다. 어쨌든 감정을 털어놓는 것이 배우자에 대한 불평으로 들린다면 감정을 나누어도 좋은 때는 없다.

> 감정을 털어놓는 것이 배우자에 대한 불평으로 들린다면
> 감정을 나누어도 좋은 때는 없다.

불평할 것인가, 요청할 것인가

모든 관계가 처음엔 좋은 이유는 우리가 상대를 있는 그대로 받아 들이기 때문이다. 시작하는 순간의 새로움과 어려움 덕분에 뇌에 서 도파민이 증가해 우리는 일시적으로 상대의 단점을 눈감아준 다. 그러다 편안하고 익숙한 일상적인 관계가 되면 어떤 식으로든 상대를 개선하거나 고치거나 바로잡거나 바꾸려고 한다. 이런 시

도는 열정과 사랑을 죽이는 독이 된다. 상대를 더 나은 사람으로 만들고 싶은 마음은 사랑처럼 보여도 사랑이 아니다. 배우자를 바꾸려 하지 않으면서 스스로 관계에 도움이 되는 일을 하고 배우자를 무비판적으로 용서하는 것이 진정한 사랑이다.

부부 사이에 불평이 생기는 이유는 마음에 차지 않는 부분이 있고 자기가 원하는 것을 얻을 수 있도록 배우자가 달라지기를 바라기 때문이다. 배우자가 더 많이 지지해주기를 바라는 마음은 물론 문제될 것이 없고 바람직하기까지 하지만, 불평한다고 해서 배우자에게 지지를 끌어낼 수 있는 것은 아니다. 모든 불평에는 요청이 담겨 있다. 하지만 불평의 형태로 표현하면 요청이 아니라 요구처럼 들린다.

배우자를 바꾸려고 밀어붙일수록 배우자는 경청하면서 생산적으로 반응하는 데 저항감을 느낀다. 요구가 아닌 요청으로 표현하면 좀 더 긍정적으로 메시지를 전달할 수 있다. 효과적이고 긍정적으로 요청하려면 간략하게 전달해야 한다. 말이 길어지면 상대의 반발심도 커진다.

다음은 불평을 몇 마디 말로 간략히 전달해서 요청의 이유나 정당성을 알리는 방법이다.

스트레스를 받을 때는 불평을 접어두고 우선 스트레스를 줄이기 위한 조치부터 취한 뒤 시간을 두고 불평에 담긴 요청을 생각할 수 있다. 그런 다음 스트레스가 감소하고 배우자와 다정하게

불평	요청
당신이 자꾸 쓰레기 내다놓는 걸 잊어버리잖아.	내일은 쓰레기 내다놓는 거 잊지 말아줘. 1주일 더 쓰레기통에 쓰레기가 들어 있으면 냄새 날 거야.
쓰레기를 또 조리대에 올려놨잖아.	조리대에 올려둔 쓰레기 좀 치워줘.
또 전화 안 받더라. 당신하고는 도통 통화가 안 돼.	오늘은 나가면 나랑 통화할 수 있게 전화기 켜두는 거 잊지 말아줘. 당신하고 통화가 잘되면 좋겠어.
당신이 자꾸 옷을 방바닥에 널어놓잖아.	바닥에 떨어진 당신 옷 좀 주워줘.
남들 있는 데서 또 날 지적하더라. 그런 거 정말 싫어.	남들하고 얘기할 때는 내 잘못을 지적하지 말아줘. 정말 중요한 게 아니면 안 그러면 좋겠어.

소통하는 분위기가 되면 그때 요청을 말하는 것이 좋다.

배우자에게 지지를 얻어내면서도 요구하는 것처럼 들리지 않는 또 하나의 방법은 배우자에게 원하는 바를 간단히 알리는 것이다. 당장 좋다거나 싫다는 대답을 들어야 하는 요청을 할 것이 아니라 요청의 내용을 진술하는 방법이다. 이런 진술은 당장 답변을 듣기 위한 요구가 아닌 '참조용'이다.

> 때로는 당장 답변을 듣기 위한 요구가 아닌
> '참조용' 진술로 더 많은 지지를 끌어낼 수 있다.

다음은 참조용 진술의 몇 가지 예다.

요청	참조용 진술
쓰레기 내다놓는 거 잊지 말아줘.	내일은 쓰레기 버리는 날이네. 오후에 쓰레기 내다놓아주면 좋겠어.
조리대에 올려둔 쓰레기 좀 치워줘.	아침에 스무디 만들고 나서 조리대 치우는 거 잊지 않으면 좋겠어.
나랑 통화할 수 있게 전화기 켜두는 거 잊지 말아줘.	오늘 우리 못 보잖아. 전화기 잘 켜둬서 늦으면 통화할 수 있으면 좋겠어.
바닥에 떨어진 당신 옷 좀 주워줘.	당신 옷을 주워주면 좋겠어. 방이 아주 깨끗해 보일 거야.
남들하고 얘기할 때는 내 잘못을 지적하지 말아줘.	지난번 우리 데이브 집에 갔을 때 참 즐거웠어. 내가 농담할 때 당신이 웃어준 건 좋았는데, 남들 앞에서 내 잘못을 지적한 건 별로였어. 그런 얘기는 우리 둘만 있을 때 하면 좋겠어.
방에서 나갈 때 불 좀 꺼줘.	당신이 거실 불 껐네. 방에서 나갈 때 불 끄니까 좋더라.

요청이나 참조용 진술을 말할 때는 "알았어" 이외의 다른 대답은 하지 않기로 서로 합의해야 한다. 일단 "알았어"라고 대꾸하면 시간이 생겨서 상대의 요청을 생각해본 뒤에 자신의 행동을 바꾸거나 요청을 받아들이기로 약속할 수 있다.

특히 남자들은 당장 대답해야 하는 압박감이 적을수록 아내의 요청을 진지하게 고민하고 최선을 다해 자신의 행동을 바꾸고 싶어 한다. 당장 대답을 요구하지 않으면 남자는 스스로 마음의 결정을 내릴 수 있다. 이렇게 남자의 독립심이 커지면 남성성이 살아나 남자는 더 많이 베풀고 싶어진다.

관계에서 요청하기 가장 적절한 시기는 양쪽 모두 스트레스를 받지 않는 때다. 요청할 때는 요구처럼 들리지 않도록 "혹시 시간 나면 쓰레기통을 좀 비워주면 좋겠어"라거나 "급한 건 아니지만 쓰레기통을 좀 비워주면 정말 좋겠어"라는 식으로 말할 수 있다.

처음에는 이런 식으로 말하는 게 어렵게 느껴지지만 결국에는 긴장이 풀리고 시간도 훨씬 적게 들어간다. 잠시 다음의 장점을 살펴보자. 이렇게 상상해보라.

- 배우자가 당신에게 달라지라고 요구하지 않는다는 걸 알면 얼마나 기분이 좋겠는가.
- 당신이 배우자에게 달라지라고 요구하지 않으면 얼마나 사랑스러운 선물이 되겠는가.
- 당신이 짜증을 부리거나 요구하지 않아서 배우자가 당신의 요구에 대해 진지하게 고민하고 최선을 다하려 한다는 신뢰가 생기면 얼마나 기분이 좋겠는가.
- 배우자가 달라지거나 완벽해져야 당신이 행복해질 거라고 믿지 않으면 얼마나 기분이 좋겠는가. 당신과 배우자에게 얼마나 큰 자유가 생기겠는가! 이것은 이런 방법으로 도달할 수 있는 고차원적 사랑의 단면이다.

요청할 내용을 명료하고 간결하게 전달하는 방법을 배우려면 우선 요청을 적어서 연습 삼아 혼자 읽어보라. 그런 다음 둘 다 기분이 좋을 때 요청이 적힌 종이를 건네거나 읽어주거나 종이 없이 말로 전달한다.

원하는 것 공유하기

내가 상담한 어느 부부는 '원하는 것'이라고 적힌 봉투를 마련해서 누구든 요청할 일이 생기면 쪽지에 적어 봉투에 넣었다. 우선 상대에게 달라지기를 바라는 점을 최소한의 단어로 지적한다. 그러고는 요구하지 않고 친근하고 다정한 어조로 원하는 것을 전달한다. 이런 식으로 서로 요청을 나누면 어느 한쪽이 당장 답변할 필요가 없어진다. 또 요구하거나 통제하는 느낌이 훨씬 줄어든다. 각자 일주일에 하나씩 원하는 것을 나누고 앞뒤로 다정한 말을 주고받을 때 효과가 가장 크다.

다음은 원하는 것을 적은 쪽지의 몇 가지 예다.

- 얼마 전에 쓰레기 내다놓는 거 잊었더라. 내가 또 내다놔야 하지 않으면 좋겠어. 당신이 매번 잊어버리는 게 아닌 건 알아. 쓰레기 내다놓는 거 꼭 기억해주면 정말 좋겠어. 고마워. 사랑해.
- 얼마 전에 스무디 만든 뒤에 조리대가 끈적거리더라. 조리대 닦는 거 잊지 않으면 좋겠어. 당신이 늘 그러는 게 아닌 건 잘 알아.

고마워. 사랑해.

- 얼마 전 저녁식사에 30분 늦었잖아. 그날 온종일 당신을 못 봤고 당신이 어디 있는지 몰랐어. 늦으면 통화라도 할 수 있게 전화기를 켜두면 좋겠어. 항상 늦는 게 아닌 것도 알고, 평소 전화기를 잘 켜두는 것도 알아. 통화가 안 되면 걱정돼서 그래. 고마워. 사랑해.

- 얼마 전 내가 사흘 치나 되는 당신 옷을 치웠어. 옷을 치우면 방이 아주 깔끔해져. 당신이 늘 옷을 바닥에 두는 게 아닌 것도 알고, 나 대신 다른 일을 많이 해주는 것도 알아. 옷을 바닥에 늘어놓지 않으면 좋겠어. 고마워. 사랑해.

- 얼마 전 데이브 집 파티에 갔을 때 정말 즐거웠어. 그런데 당신이 사람들 앞에서 내 잘못을 지적해서 당황스러웠어. 날 아끼는 마음으로 그러는 건 알지만, 남들 앞에서 지적해서 고치려고 하는 건 솔직히 마음에 들지 않아. 좋은 뜻으로 그러는 것도 알고, 매번 그러는 게 아닌 것도 알아. 고마워. 사랑해.

- 이번 주 거실 불을 몇 번 켜놨더라. 평소에 불을 잘 끄고 항상 켜놓지 않는 거 알아. 내가 집 안을 돌아다니면서 불을 꺼야 하지 않으면 좋겠어. 전기세가 매년 올라서 전기를 낭비하지 않으려고 노력 중이야. 고마워. 사랑해.

서로 원하는 것을 쪽지로 써서 나누기로 하면 나머지 시간에는

화성남자와 금성여자를 넘어서 ♀

갑작스럽게 상대의 불평과 마주할 염려가 없어진다. 원하는 내용을 쪽지로 나누면 상대가 간단히 쪽지로 답변을 적어서 고마움을 표하고, 또 필요하면 원하는 것을 표현하는 더 나은 방법을 제시할 수도 있다.

가령 이렇게 답할 수 있다. "쪽지 고마워. 노력할게. 사랑해." 혹은 이렇게 답할 수도 있다. "쪽지 고마워. 노력할게. 다만 다른 식으로 말해주면 좋겠어. 내가 변기 시트를 내려놓은 적이 없다고 말하는 대신, 내가 변기 시트를 내려놓은 적이 많고 그건 고맙게 생각한다고 말해주면 좋겠어. 그런 다음 변기 시트를 **매번** 내려놓으면 좋겠다고 써주면 좋겠어. 내 말 들어줘서 고마워. 나도 당신을 사랑해."

배우자에게 요구를 전하는 것도 중요하지만, 배우자가 잘한 일을 인정해주는 것이 더 중요하다. 여자는 배우자가 자기 이야기를 들어주고 존중해줄 때 가장 인정받는 기분을 느끼지만, 남자는 배우자가 자기의 말과 행동에 긍정적으로 반응해주고, 이왕이면 실수를 해도 부정적으로 보지 않을 때 가장 인정받는다고 느낀다. 남자는 여자가 실수를 눈감아주거나 가볍게 넘어가줄 때 훨씬 더 인정받는다고 느낀다. 그리고 이미 인정받는 느낌이 들면 여자의 요청을 잘 들어주고 반응한다.

배우자 인정해주기

여자가 남자의 테스토스테론을 유지하고 남자로부터 최선의 반응을 끌어내는 비결은 바로 인정이다. 간혹 마음에 들지 않는 점만 말하고 고맙게 생각하는 점은 말하지 않는 여자들이 있다.

여자들은 배우자에게 지지를 받을 때 인정받는 느낌이 들고 또 배우자를 인정해주고 싶은 마음도 커진다. 남자가 여자와 사랑에 빠지는 중요한 이유는, 여자는 남자가 해준 일에 크게 고마움을 느낄 수 있기 때문이다. 그러나 여자들은 이렇게 남자로부터 최선의 반응을 끌어내는 강력한 무기를 제대로 활용하지 못한다. 여성성에 치우친 남자가 스트레스를 받거나 방어적이 될 때 자기 감정을 나누기보다는 상대의 감정을 들어줘야 하는 데 불만을 토로하듯이, 남성성에 치우친 여자는 남자들의 인정 욕구가 더 강하다는 사실을 부정한다.

남자의 테스토스테론을 끌어올리는 데 도움이 되는 세 가지 메시지가 있다.

- 남자가 일리 있는 말을 하면 가급적 이렇게 말해준다. "그거 말이 되네."
- 남자가 좋은 생각을 말할 때는 가급적 이렇게 말해준다. "정말 좋은 생각이야."

- 남자가 맞는 말을 할 때는 가급적 이렇게 말해준다. "당신 말이 맞아!"

여자들은 내심 좋게 생각하면서도 그 생각을 말로 표현하는 것이 얼마나 중요한지, 그 말을 직접 건네면 남자가 얼마나 기분 좋아지는지 모른다. 위 세 단계를 거친 후 남자의 자세와 표정이 얼마나 달라지는지 관찰하라. 남자가 잠시 움직임을 멈추고 어깨를 좀 더 똑바로 펼 것이다. 테스토스테론이 분출하여 뇌로 가는 혈류량이 증가하면 얼굴 표정도 환해진다. 내심 흐뭇하게 이렇게 생각할 것이다. "내가 방금 무슨 말을 했더라?" 이런 방법은 실천하기도 쉽고 남자의 테스토스테론을 끌어올려 그로부터 최선의 반응을 끌어낼 수 있다.

남자들이 인정받기를 원하듯이 여자들은 누군가 자기 말을 들어주기를 원한다. 여자가 말할 때 남자는 더 열심히 들어주어서 최선의 지지를 보낼 수 있다. 다음은 여자의 에스트로겐을 높이는 데 도움이 되는 세 가지 간단한 메시지다.

- 여자가 말할 때 가급적 눈을 마주치면서 이렇게 말해준다. "그 얘기 더 해봐."
- 여자가 말할 때 가급적 눈을 마주치면서 이렇게 말해준다. "다른 건 없어?"

- 여자가 말할 때 가급적 눈을 마주치면서 이렇게 말해준다. "더 자세히 얘기해줘."

남자가 여자의 말이나 감정, 혹은 여자가 좋아하거나 원하거나 필요로 하는 것에 관심을 보일수록 여자는 남자로부터 관심과 지지를 받는 기분이 든다. 속내를 털어놔도 될 만큼 안전하다고 느끼거나 배우자가 자신에게 관심을 보인다고 느낄 때, 여자들은 놀랄 만큼 말이 많아진다. 남자가 여자의 말에 관심을 보이면 여자는 남자가 자기에게 관심이 있다고 느낀다. 그리고 이것은 옥시토신과 에스트로겐을 생성하는 중요한 요인이다. 남자가 관심을 보여주면 여자는 남자가 자신을 인정해준다고 느낀다.

여자가 하는 말에 별로 주의를 기울이지 않는 남자가 많다. 하지만 남자는 항상 여자를 행복하게 해주는 데 관심이 있으므로 열심히 들어주면 여자가 지지받는 느낌에 행복해진다는 사실을 알면 여자가 하는 말에 더 관심을 가질 것이다.

여자가 인정받는 느낌을 받지 못하는 이유

성별 이해 지능 전문가 바버라 애니스^{Barbara Annis}와 내가 공저한 《직장에서 만난 화성남자 금성여자^{Work with Me}》에서는 직장에서의 남녀 사이의 흔한 오해나 사각지대를 다루었다. 10만 명 이상의 남녀 직장인에게 설문조사를 실시한 결과, 남녀의 서로에 대한 이해에 커다란 간극이 드러났다. 여러 가지 질문에 남녀가 판이하게 다른 답변을 내놓았다.

가장 큰 차이는 인정 영역에서 나타났다. 우리 연구에서 남자들은 직장에서 여자들을 인정해준다고 생각하지만 의미 있는 방식으로 인정하는 마음을 전하지 못하는 것으로 나타났다. 설문조사의 답변을 살펴보면, 남자와 여자가 직장에서 인정받는다고 느끼려면 각기 다른 유형의 지지가 필요하다. 여기서 커다란 오해가 싹튼다.

> 남자와 여자가 직장과 가정에서 인정받는다고 느끼려면
> 각기 다른 유형의 지지가 필요하다.

이런 오해는 가정에서도 나타난다. 여자들은 종종 남편이 자신을 인정해주지 않는다고 여긴다. 그러면 아내를 사랑하고 인정해준다고 생각하던 남편들은 어리둥절해한다. 그러다 아내가 인정해준다고는 생각하지만 인정받는 느낌은 들지 않는다고 말하면 남편도 계속 너그러운 마음을 먹기가 어려워진다.

인정을 표현하고 수용하는 방법에서 남녀의 차이를 이해하는 것은 내가 35년 동안 남녀 관계를 연구하면서 통찰한 가장 중요한 핵심이다. 35년 전 나는 개인 상담을 진행하면서 주말에는 부부

관계 세미나를 실시했다. 아직은 남녀의 차이를 이해하지 못하던 때라 세미나에서는 주로 과거를 치유하고, 자존감을 되찾고, 불안을 극복하고, 친밀감을 쌓는 기법을 소개했다.

당시 몇 년 동안 내 비서로 일한 헬렌이 있었다. 어느 날 헬렌이 이렇게 말했다. "존, 저 이제 다른 곳으로 옮겨야 할 것 같아요. 그만두고 싶어요."

나는 우리 관계가 원만하다고 여겼고 얼마 전에는 월급도 크게 올려준 터라 무척 놀랐다. 그래서 물었다. "놀랐어요. 왜 그만두고 싶은 건가요? 월급이 부족해요?"

헬렌이 말했다. "월급을 올려주신 건 고맙게 생각해요. 다만 절 인정해주시는 느낌이 들지 않아요."

나는 헬렌의 말에 적잖이 충격을 받았다. 헬렌이 늘 옆에서 도와줘 참 다행이라고 생각하던 참이었다. 나는 헬렌을 완전히 인정해주었다. 헬렌은 전화를 받고 약속을 잡고 비용을 지불하고 일정을 조정하고 회계장부를 관리할 뿐 아니라, 자료를 복사하고 세미나를 준비하고 세미나 마케팅을 담당하고 참가자 등록을 받고 공과금을 지불하는 등 헤아릴 수 없이 많은 일을 해주었다. 헬렌은 내게 필요한 모든 일을 해냈고, 우리 사이에 심각한 갈등은 없었다. 모든 것이 순조로웠다.

나는 이렇게 물었다. "헬렌, 왜 인정받지 못하는 느낌이 드는지 알아듣게 설명해줘요."

화성남자와 금성여자를 넘어서 ♀

그러자 헬렌은 너무 당연하다는 듯이 말했다(사실 헬렌에게는 자명했다). "선생님은 제가 하는 일을 전혀 모르시잖아요."

맞는 말이었다. 나는 전혀 몰랐다. 그래서 오히려 헬렌을 인정한 것이다. 헬렌이 일을 해놓으면 나는 더 이상 관여할 필요가 없었다. 나는 그냥 내 일을 시작하면 되었다.

다만 내가 이해하지 못한 부분이 있었다. 헬렌에게 월급을 넉넉히 챙겨주고 혼자 알아서 일할 자유를 보장해주기만 해서는 헬렌의 업무가 내게 어떤 의미인지 알아주는 마음이 제대로 전달되지 않는다는 점이다. 나로서는 헬렌의 업무에 불평하거나 비난한 적이 없으니 헬렌도 내가 자신의 역할을 인정해준다고 생각하는 줄 알았다. 나는 종종 헬렌에게 일을 잘해주었다고 말했고 "고맙다"는 말도 자주 했다. 헬렌이 일을 아주 잘 처리해줘 내가 따로 요청할 게 없었다. 나로서는 충분히 인정해준 셈이었다.

그러나 헬렌은 나의 모든 행동에서 자기가 가치 있는 일을 하고 있고 인정을 받고 있다는 느낌을 받지 못했다.

나는 이렇게 물었다. "결정하기 전에 내가 바꿔보려고 노력할 테니 2주 정도 기다려줄 수 있어요?"

"좋아요. 그런다고 달라질 것 같지는 않지만요."

2주 동안 나는 가장 중요한 변화를 하나 이루었다. 나는 헬렌이 하는 일에 질문을 많이 했고, 헬렌이 감정을 나눌 수 있는 여유를 주었다. 하루에 5분 더 시간을 내서 헬렌이 부딪힌 난관과 당혹감,

성공과 실패에 관해 대화를 나누며 헬렌에게 내가 그녀를 봐주고 그녀의 말을 들어주고 그녀를 더 많이 인정해준다는 느낌을 전달하려 애썼다.

> 하루에 5분 더 시간을 내서 여자의 당혹감을 들어주면, 여자는 상대가 자기를 봐주고 자기의 말을 들어주고 자기를 더 많이 인정해준다는 느낌을 받는다.

전에도 헬렌을 인정해주었지만 헬렌이 나와 내담자와 세미나를 위해 해주는 모든 일에 대해 내가 더 자세히 이해하기 시작하자 헬렌도 내가 자신을 봐주는 걸 느끼고 자신이 업무에 쏟는 노고를 내가 이해한다고 확신했다. 그러자 내가 인정해주는 마음을 헬렌도 느끼기 시작했다. 2주가 지나자 헬렌은 일을 그만두지 않기로 결심하고 그 뒤로도 여러 해 더 내 일을 도와주었다. 나와는 상당히 다른 헬렌의 정서적 요구를 이해하기 시작하자 나는 헬렌이 인정받는다고 느끼도록 도와줄 수 있었다.

서로 다른 욕구

남자들은 여자들에게 누군가 자기를 봐주고 자기 이야기를 들어주기를 바라는 욕구가 얼마나 보편적인지 모른다. 금성인은 남자가 그녀의 감정, 도전, 부침, 좌절, 승리, 분투와 같은 과정을 봐주기를 바란다. 남자가 이런 과정을 이해해줄 때 비로소 인정받는다고 느낀다. 화성인도 누군가 봐주기를 원하기는 하지만 감정보다는 자기가 무엇을 할 수 있는지를 봐주길 바란다. 화성인은 자기가 이룬 결과로 인정받고 싶어 한다.

> 여자는 자기가 하는 모든 일을
> 남자가 이해해줄 때 인정받는다고 느낀다.

여자가 인정받는 느낌이 필요하듯이 남자도 마찬가지다. 여자가 배우자에게 인정받는다고 느끼지 못하면 배우자도 결국 여자에게 인정받지 못한다고 느낀다. 여자가 남자가 자기를 인정해주지 않는다고 말하는데, 남자라고 여자가 자기를 인정해준다고 느낄 리가 없다. 이럴 때 여자가 다르게 접근할 수 있다. 남자에게 자기를 인정해주지 않는다고 불평하기보다는 "내가 뭘 하는지 당신이 좀 더 알아주면 좋겠어. 그러면 더 인정받는 느낌이 들 것 같아"라고 구체적으로 말해야 한다.

우리는 흔히 배우자에게 필요한 사랑을 주고 있다고 믿지만 남녀가 얼마나 다른지 몰라서 사랑과 지지를 제대로 보내지 못한다. 직장이나 가정에서 남녀의 차이를 메우려면 진정한 변화가 일어나야 한다. 함께 서로의 차이를 이해하고 인정하고 지지해주면서 진정한 자기를 자유롭게 표출할 수 있어야 한다.

낡은 고정관념에서 탈피해 남녀는 각자의 고유한 남성성과 여성성을 발견하고 개발해야 한다. 그럼에도 남자에게는 생물학적으로 여자와 다른 호르몬의 욕구가 있다.

마찬가지로 여자에게도 남자와는 판이하게 다른 호르몬의 욕구가 있다. 이런 호르몬의 차이가 각기 다른 필터가 되어 남자와 여자가 스트레스와 사랑과 성공을 각기 다르게 경험하는 것이다.

다음은 흔히 눈에 띄는 두 가지 양상이다.

1. 직장에서 온종일 취약하고 다정한 여성성을 발산하며 일하느라 스트레스에 시달리면 남자는 집에 돌아와서도 계속 여성성을 드러내 배우자에게 더 많은 말을 하면서 소통하고 기분을 풀려 한다. 그러면 기분이 좋아질 것 같지만 사실 말을 많이 할수록 여성 호르몬이 증가하고 스트레스를 막아주는 남성 호르몬은 감소한다. 결국 스트레스가 더 심해진다. 시간이 갈수록 애정에 굶주리거나 불만을 품거나 요구가 많아진다.

남자는 호르몬이 어떤 영향을 미치는지 이해하지 못하면 마음속에 쌓인 불만이 여성성에 치우친 결과라고 생각하지 못한다. 결국 배우자가 자기를 지지해주지 못하는 이유만 늘어날 뿐이다.

또 둘의 관계에서 남자는 자기가 더 사랑하는 쪽이라고 확신하며 배우자의 단점을 일일이 열거한다. 더 많이 베풀고 관계에서 더 많은 것을 원하므로 자기가 더 사랑하는 쪽이라고 여기지만 오히려 배우자를 가혹하게 평가하고 자기가 배우자에게 사랑과 지지를 보내지 못한다는 것은 깨닫지 못한다.

2. 여자는 직장에서 온종일 남성적인 독립성을 표출하며 일하느라 스트레스에 시달리면 집에 돌아와서도 계속 남성성을 드러내며 말을 줄이고 자기 안에 침잠하는 식으로 기분을 풀려고 한다. 테스토스테론 수준이 상승하는 사이 일을 더 많이 해야 할 것 같은 욕망에 이끌려 느긋하게 쉬지 못하고 계속 일거리를 만들어 책임을 떠안으려 한다. 자기가 책임을 더 많이 져야 한다고 믿고 자기만의 시간을 내지 못한다.

호르몬의 영향을 이해하지 못해서, 여자는 스트레스의 주된 원인은 자기가 남성적인 '해결사'의 역할에 몰두하느라 누군가 귀 기울여주고 돌봐주기를 바라는 여성성과 단절된 탓이라는 사실을 깨닫지 못한다.

이렇게 책임을 더 많이 떠안으며 사랑한다고 믿지만 정작 자기를 사랑하지 못한다. 내가 나를 사랑하지 않으면 누구도 나로 인해 사랑받는 느낌을 받지 못한다. 내가 완벽하지 못한 나에게 불만을 품으면 배우자도 비록 완벽하지 않아도 사랑받을 수 있다는 믿음을 잃는다.

여기서 문제는 다시 균형을 잡으려는 욕구를 스스로 알아채지 못하는 데 있다. 다음의 사례는 남녀의 서로 다른 욕구를 이해하여 사람들이 균형을 되찾는 과정을 보여준다.

1. 여자는 스트레스에 시달리면 직장의 문제와 연관된 감정을 털어놓으며 배우자에게 취약하고 다정한 여성성을 드러낸다. 직장 일에 관해서는 마음껏 불평하면서도 배우자에 대한 불만을 말하거나 배우자를 바로잡으려 하지 않는다. 배우자는 여자의 말에 동의하거나 제안하지 않고 듣고 이해하기만 하면 된다. 여자는 누군가 자신의 말을 들어주면 스트레스를 막아주는 호르몬이 분비되어 스트레스가 줄어든다.

   스트레스가 줄어들면 마음이 열린다. 배우자가 보내는 지지를 고마워하고 애정을 갈망하던 감정도 가라앉는다. 배우자에 *대한* 불만을 터뜨리고 싶은 욕구도 사라진다. 배우자와 직접 관련이 없는 문제를 함께 나누는 동안 불만을 터뜨리고 싶은 욕구가 해소되기 때문이다.

2. 남자는 스트레스를 받으면 동굴로 들어가 고민거리에 관해 말하지 않고 잠시 잊어버리며 남성적인 독립성을 표출한다. 그 사이 스트레스를 막아주는 호르몬이 생성되어 스트레스가 줄어든다. 남자는 테스토스테론을 끌어올려 기운을 되찾아서 배우자에게 온전히 집중하고 관심을 보여줄 수 있다. 남자는 혼자 쉴 수 있는

화성남자와 금성여자를 넘어서 ♀

여유를 허락한 배우자에게 고마워하며 배우자와 함께 시간을 더 보내고 싶어 한다. 배우자가 더 요구하지 않고 공간을 내준 덕분에, 남자는 배우자를 더 지지해주고 배우자의 요청에 긍정적으로 화답하고 싶어진다.

두 사례에서 일반적인 상식이 다시 확인된다. 스트레스를 줄이는 호르몬이 성별에 따라 다르다면, 스트레스를 받을 때 한쪽 성에 좋은 방법이 다른 성에도 반드시 좋은 것은 아니라는 사실이다. 이에 대해서는 앞으로 자세히 알아보겠다.

CHAPTER 11

남자와 여자의 사랑에 필요한 것

Beyond
MARS
a n d
VENUS

비틀스는 1960년대에 발표한 〈All You Need Is Love〉라는 대히트곡으로 마음을 나누는 관계의 시대를 예고했다. 다만 세계적으로 사랑과 평화의 가능성을 일깨우긴 했지만 당장 현실이 뒤따르지는 않았다. 사랑과 평화를 실현하는 데는 생각보다 많은 노력이 필요하다. 새로운 이해와 기술 없이 사랑만으로는 충분하지 않다.

롤링스톤스는 〈You Can't Always Get What You Want〉라는 곡으로 1970년대를 열었다. 이어서 1980년대에는 바브라 스트라이샌드와 닐 다이아몬드의 대히트곡 〈You Don't Bring Me Flowers〉가 나왔고, U2의 〈I Still Haven't Found What I'm Looking For〉가 1990년대를 열었다. 그리고 켈리 클락슨의 〈Since U Been Gone〉이 밀레니엄 시대의 새로운 관계를 제시했다.

이 노래들에는 고차원적 사랑을 갈망하고 추구하는 우리의 진정성이 담겨 있다. 그리고 더 큰 실망과 고통과 공감도 담겨 있다. 기대가 커지면 실망도 커지는 법이다.

기대가 커지면 실망도 커지는 법이다.

요즘은 마음을 나누는 관계를 제대로 이해하지 못한 상태에서 역할을 나누는 관계를 탈피한 탓에 불안과 우울, 폭력과 질병의 정신적인 위기가 늘어가고 있다. 스스로 운명을 선택할 자유가 주어진 만큼 고통도 커졌다. 남자든 여자든 고차원적 사랑의 단면을 엿보기는 하지만 그런 사랑을 유지하면서 지속적으로 충만감을 느끼지는 못한다. 따라서 마음속 사랑을 표현하고 새로운 욕구를 충족시킬 새로운 방법을 배워야 한다.

서론에서도 언급했듯이 오늘날 여자들은 개인적으로 사랑과 지지를 받고 싶은 욕구가 강해졌고, 남자들은 성취감을 느끼고 싶은 욕구가 강해졌다. 게다가 여자들에게 독립적인 남성성을 표출할 기회가 늘어나면서 여성성을 되찾아 호르몬 균형을 잡고 스트레스를 줄이기 위한 사적인 차원의 새로운 지지가 필요해졌다.

말하자면 오늘날 여자들은 경제적으로 남자에게 의존할 필요가 없어져 개인적인 지지에 대한 욕구가 더 강해졌다. 또 남자들은 여자에게 개인적인 지지를 보내주고 새로운 관계 기술을 적용하는 능력에서 오는 개인적인 성공을 경험할 수 있다. 이 장에서는 여자가 배우자에게 '개인적인 사랑'을 받고 싶어 하는 새로운 욕구와 남자가 관계에서 '개인적인 성공'을 맛보고 싶어 하는 새로운 욕구를 자세히 알아볼 것이다.

여자는 개인적인 사랑을 더 많이 필요로 하고,
남자는 개인적인 방식으로 성공을 맛보아야 한다.

우선 남녀의 새로운 사랑의 욕구를 이해하고, 그다음에 마음을 나누는 관계에서 새로운 욕구를 충족시킬 방법을 배우면 스트레스를 크게 줄이고 사랑과 행복을 되찾을 잠재력을 끌어낼 수 있다.

앞서 보았듯이 이와 같은 욕구의 변화는 심리적인 차원에만 해당되는 것은 아니다. 생리적 차원, 곧 호르몬의 차원에도 반영된다. 관계에서 남성성과 여성성의 균형을 잡으면 스트레스를 막아주는 호르몬이 분비된다. 하지만 과정은 남녀가 다르다. 우선 여자에게 어떤 일이 벌어지는지 살펴보자.

개인적인 사랑이 여자의 스트레스를 낮춘다

어떤 여자에게 남성성이 있다고 아는 것과 그 여자가 남자라고 말하는 것은 다르다. 모든 여자에게는 남성성과 여성성이 있고, 남성성과 여성성이 균형을 이루는 정도는 사람마다 다르다. 모든 남자에게도 남성성과 여성성이 있고, 둘이 균형을 이루는 정도도 사람마다 다르다.

여자에게는 여성성과 남성성이 모두 있지만 여성성을 억눌러야 직업의 세계에서 성공할 수 있다. 그러나 지나치게 억누르다보면 스트레스가 커진다. 여성성을 회복하고 감정을 나누거나 데이트를 즐기는 식의 다정한 행동으로 여성 호르몬을 자극하면 스트레스가 감소한다.

다만 이런 과정이 원활이 일어나려면 여자는 직장에서 일하고 집에 돌아가면 새로운 유형의 사랑을 받아야 한다. 바로 개인적인 사랑이다. 이제는 남자가 본능적이고 무의식적으로 (좋은 가장으로서) 사랑을 표현하는 것만으로는 충분하지 않다. 데이트를 하면서 남자는 무의식적인 사랑이나 지지와 유사한 개인적인 사랑을 소소하게 표현해주어야 한다. 이런 식의 관심과 낭만적 사랑은 여자가 여성성을 회복하는 데 도움이 된다.

직장에서 전업으로 일하지 않는 여자라면 가정주부이자 엄마로 살면서 짊어져야 할 막중한 책임을 통해 여성성을 표출할 수 있다. 역할을 나누는 관계에서는 남자들이 가족의 생계를 책임지고 비상상황이 발생할 때 대처하기만 해도 여자들은 자신에게 가장 필요한 사랑, 곧 남편의 보살핌과 이해와 존중을 충분히 느낄 수 있었다.

> 역할을 나누는 관계에서는 남자가 가정의 생계를 책임지고
> 비상상황에 대처하기만 해도 충분했다.

　요즘은 여자들이 사랑을 느끼려면 다른 식의 지지를 필요로 한다. 남자가 가장으로서 경제를 책임진다 해도 따로 직업을 가진 여자가 많다. 여자가 경제적으로 자립할수록 남자의 경제적 지원만으로는 에스트로겐과 옥시토신을 생성하는 데 필요한 짝 유대를 형성하지 못한다.

　게다가 요즘 여자들에게는 다양한 여성적 자질을 표현할 수 있는 시간(혹은 자유)이 없다. 남자가 마음을 나누는 관계에서 개인적인 사랑을 표현하려고 애쓰면 여자가 남성성을 표출해야 하는 삶에서 다양한 여성성을 온전히 발견하고 표현하는 삶으로 넘어가는 데 도움이 된다.

> 남자가 개인적인 사랑을 표현하려고 애쓰면
> 여자가 여성성을 회복하는 데 도움이 될 수 있다.

　여자가 여성성을 회복하면 스스로 더 여성스럽게 느껴지고 스트레스를 막아주는 호르몬이 분비된다. 처음에는 왠지 나약해지는 것 같아서 여성성을 드러내는 데 거부감이 들어 억지로 노력해야 하지만 결국에는 기분이 좋아진다.

여자들은 가끔 여성성과 나약한 상태를 혼동한다.

전업주부들도 마찬가지다. 세상이 빠르게 돌아가고 아이를 키우기가 훨씬 까다로워지면서 경제적으로 남자에게 의지하는 전업주부도 개인적인 사랑을 더 많이 받아야 스트레스를 줄일 수 있다.

다음의 표에서는 역할을 나누는 관계에서 얻는 전통적이고 물질적인 사랑과, 마음을 나누는 관계를 얻는 직접적이고 개인적인 사랑의 차이를 정리했다.

- 표에서 각 섹션의 첫 줄에는 여자가 사랑과 충만감을 느끼는 데 가장 필요한 사랑의 세 유형으로 보살핌과 이해와 존중을 넣었다. 이는 여자에게 항상 필요한 사랑의 유형이고, 이런 유형은 크게 달라지지 않는다.
- 첫 번째 칸에서는 역할을 나누는 관계에서 남자의 사랑이 어떻게 표현되었는지 기술한다.
- 두 번째 칸에서는 남자의 사랑이 어떻게 더 개인적이고 직접적으로 표현되어야 마음을 나누는 관계를 형성할 수 있는지 기술한다.
- 세 번째 칸에서는 직접적이든 물질적이든 남자의 사랑이 여자가 남성성과 여성성을 고유한 조합으로 표현하도록 지지하는 다양한 방식을 기술한다.

화성남자와 금성여자를 넘어서 ♀

물론 이 밖에도 여러 가지 사랑과 지지로 여자를 기분 좋게 해줄 수 있지만, 개인적인 차원으로 표현되는 이 세 가지 사랑은 스트레스를 막아주는 여성 호르몬을 분비시키는 데 강력한 영향을 미친다.

다음 표의 참고 사항:

- 여자: 잠시 시간을 내서 자신의 가장 중요한 욕구에 밑줄을 긋고 생각해보라. 모든 욕구가 중요하게 보여도 괜찮다.
- 남자: 잠시 시간을 내서 배우자의 어떤 여성적인 자질을 지지해주면 배우자를 가장 행복하게 해줄 있는지 밑줄을 긋고 생각해보라.

오늘날의 여자들은 배우자의 개인적인 사랑과 함께 전통적인 사랑을 느낄 때 훨씬 더 큰 사랑을 베풀 수 있다. 원래 남성성이 강한 여자는 전통적이고 물리적인 사랑을 필요로 하거나 인정할 수 있지만, 스트레스가 심할 때는 균형을 잡기 위해 직접적이고 개인적인 사랑에서 도움을 받을 수 있다. 원래 여성성이 강한 여자는 물리적인 사랑과 개인적인 사랑을 모두 고맙게 받아들인다.

남성성이 강하든 여성성이 강하든, 여자들은 남자의 개인적인 사랑을 통해 사랑과 신뢰와 인정을 느끼면 스트레스가 사라지고 고마워하며 진정으로 마음을 연다.

여자에게 필요한 사랑의 유형

남자의 전통적이고 물질적인 사랑	남자의 직접적이고 개인적인 사랑	남자의 사랑에 대한 여자의 반응
1 여자는 남자가 **보살펴주는** 느낌을 받아야 한다.		
남편이 경제적으로 지원해준다.	남편이 안심시켜준다.	아내가 더 신뢰하고 수용한다.
남편이 물리적으로 보호해준다.	남편이 낭만적인 관심을 보여준다.	아내가 자신감을 갖고 편안해진다.
남편이 아내의 문제를 해결해준다.	남편이 아내의 감정과 경험에 관심을 보여준다.	아내가 안전하게 취약한 상태가 될 수 있다고 믿고 고마워하고 인정해준다.
남편이 비상상황에 대처한다.	남편이 애정을 보여주고 포용해준다.	아내가 온기와 수용과 부드러움을 느낀다.
남편이 아내의 욕구를 충족시키기 위해 기꺼이 고난을 감수한다.	남편이 아내의 욕구를 예상하고 도와주겠다고 제안한다.	아내가 편하게 도움을 요청하고 남편의 노고를 인정해준다.
2 여자는 남자가 **자신을 이해해주는** 느낌을 받아야 한다.		
남편이 가족을 부양하는 전통적인 역할을 수행한다.	남편이 아내의 말을 더 많이 들어주고 중간에 끼어들어 해결책을 내놓지 않는다.	아내가 안심하고 자기를 표현한다.
남편이 아무런 불평 없이 희생한다.	남편이 공감해준다.	아내가 지지받는 느낌을 받고 취약한 내면을 거리낌 없이 드러낸다.
남편이 신속히 실수를 바로잡는다.	남편이 사과한다.	아내가 용서해준다.
남편이 도움을 구하지 않는다(자립적이다).	남편이 아내가 얼마나 헌신하는지 인정해준다.	아내가 남편의 능력에 감탄한다.
남편이 분노를 삼킨다.	남편이 아내의 아름다움과 매력을 칭찬한다.	아내가 힘을 내고 낙관적이 된다.

화성남자와 금성여자를 넘어서 ♀

3	여자는 남자가 **존중해주는** 느낌을 받아야 한다.		
남편이 결혼생활에 헌신한다.	남편이 아내의 욕구를 자신의 욕구와 동등하게 여긴다.	아내가 고마운 마음을 드러낸다.
남편이 열심히 일해서 돈을 번다.	남편이 아내의 감정과 기여를 인정해준다.	아내가 인정하는 마음을 보여준다.
남편이 성적으로 아내에게 충실하다.	남편이 전희에 힘쓰고 데이트 계획을 세운다.	아내가 성적으로 반응한다.
남편이 아내와 가족에게 최선을 다하려 한다.	남편이 아내가 진정한 자기로 살면서 자기를 표현할 여유를 준다.	아내가 진실로 행복해진다.
남편이 강한 리더십을 보여준다.	남편이 타협한다.	아내가 협조하고 싶어 하고 기꺼이 타협점을 찾는다.

개인적인 성공이 남자의 스트레스를 낮춘다

오늘날 여자들에게 개인적인 사랑의 욕구가 있듯이, 남자들에게도 새로운 사랑의 욕구가 있다. 과거에는 일에서 성공하면 배우자의 사랑이 따라왔다. 여자의 경제적 욕구를 해결해주는 것이 남자의 삶과 노고에 중요한 의미를 부여했다. 일종의 사명감이자 삶의 중대한 목적이었다. 그러나 여자들이 더 이상 남자의 돈이나 성공에 의지하거나 필요로 하지 않게 되자 갑자기 남자의 삶의 의미가 축소되었다. 남자가 마음을 나누는 관계를 맺는 법을 배우지 못한다면 말이다.

남자는 마음을 나누는 관계에서 여자가 스트레스에 대처하는 데 필요한 개인적인 사랑을 베풀어 사명감과 목적의식에 대한 욕구를 충족시킬 수 있다. 물론 여자에게도 사명감과 목적의식에 대한 욕구가 있지만, 남자는 특히 이들 욕구를 충족시켜야 스트레스를 막아주는 호르몬을 생성한다. 성취감을 느끼면서 생성된 테스토스테론은 남자의 스트레스를 줄여주지만 여자의 스트레스를 줄여주지는 않는다.

> 남자가 성취감을 느끼면 스트레스를 막아주는 호르몬인
> 테스토스테론이 증가한다.

독립적인 여자일수록 스트레스가 심할 때 남자에게 개인적인 사랑을 더 많이 받아야 한다. 남자의 직접적이고 개인적인 사랑에 다정하게 반응해주면서 여성성을 되찾을 수 있다. 그러면 남자는 개인적인 성공을 경험한다. 개인적인 성공의 느낌은 남자의 사명감과 목적의식을 상당히 충족시켜준다. 물론 이때 남자는 스스로 중요한 변화를 이루고 있다는 사실을 알아야 한다.

여자들은 이런 통찰을 얻으면 남자가 개인적인 사랑을 주기 위해 노력할 때마다 고마움을 전하고 싶은 마음이 생긴다. 물론 여자들에게도 자기가 한 일에 대해 인정받고 싶은 욕구가 있다. 그러나 테스토스테론을 높이고 스트레스를 줄이기 위해 인정받아야

하는 욕구는 남자가 더 강하다. 여자가 남자를 인정해주는 법을 배우면 여자에게 훨씬 더 많은 것이 돌아올 것이다.

여자의 행복이 남자의 삶에 더 큰 의미를 부여한다.

남자는 스트레스를 줄이기 위해 인정을 받으려는 욕구가 더 크다는 사실이 언뜻 이해되지 않을 수 있다. 사실 여자가 배우자에게 인정받지 못한다고 느낄 때가 더 많기 때문이다. 가정생활이 원만하지 않은 여자들은 거의 다 인정받지 못하는 감정을 호소한다. 여자가 원하는 만큼 남자가 인정해주지 않을 때가 많은 건 사실이지만 여자가 스트레스를 줄이고 관계에서 더 행복해지려면 남자에게 인정받기보다 존중을 더 많이 받아야 한다. 여자는 친구에게나 일에서 좀 더 인정을 받을 수 있다. 여자가 배우자에게 받아야 할 가장 중요한 것은 존중이다. 남자가 여자를 존중해주면, 여자에게는 스트레스를 막아주는 호르몬(옥시토신, 에스트로겐, 프로게스테론)이 분비된다.

남자는 스트레스를 줄이기 위해 인정을 받아야 한다.

반면에 남자들은 무정하거나 화가 나거나 사나워질 때 항상 존중받길 요구하지만, 정작 남자들이 더 행복해지기 위해 필요한 것은 자신의 행동과 생각, 희생과 노력에 대한 인정이다. 남자는 인정을 받아야 스트레스를 막아주는 테스토스테론이 분비된다.

남자가 존중을 요구할 때 정작 필요한 것은 인정이다.

누구나 인정과 존중을 받아야 하고 또 그러고 싶어 하지만, 스트레스에 대처하는 데 가장 필요한 것은 여자에게는 존중이고 남자에게는 인정이다. 앞의 세 장에 걸쳐 여자의 호르몬 욕구에 주목하는 이유는, 남자들이 여자의 욕구를 존중해주는 법을 배우면 여자들도 남자에게 필요한 인정을 보내줄 수 있기 때문이다.

여자가 남자를 위해 많은 것을 해줄 때 여자는 남자의 욕구를 존중해주지만 인정해주는 것은 아니다. 여자는 많이 베풀고 적게 받는 것을 싫어한다. 적게 받으면 남자가 해주는 일을 인정해주지 않는다. 하지만 남자에게 억울한 감정을 품기보다 남자에게 적게 베풀고 많이 인정해주는 편이 낫다.

여자가 인정받지 못하는 것 같다고 불평한다면 잘못된 방식으로 사랑과 지지를 구하는 셈이다. 여자가 적게 베풀고 남자가 해준 일을 많이 인정해주면 남자는 여자를 더 많이 배려하고 지지해줄 뿐 아니라 사실상 여자를 훨씬 더 많이 인정해줄 수 있다.

인정받지 못하는 것 같다고 불평하면,

여자는 잘못된 방식으로 사랑과 지지를 구하는 셈이다.

여자가 진실하고 사랑하는 마음으로 인정을 해주면 남자가 최선을 다하고 있다는 것을 **믿고**, 남자가 완벽하지 않아도 자기에게는 완벽하다고 **받아들이고**, 남자의 성공을 알아보고 남자가 늘 자신의 기대치를 다 채워주지는 못해도 그 노력을 **인정한다는** 메시지가 상대에게 전달된다. 이것은 남자가 관계에서 개인적인 성공을 느끼는 데 가장 필요한 사랑이다.

물론 여자도 남자로부터 진정한 믿음과 수용과 인정을 받아야 한다. 다만 여자에게 인정은 보살피고 이해하고 존중해주는, 영양가 있는 주요리를 먹고 난 뒤 나오는 후식과 같다. 후식을 먹으면 기분은 좋지만 좋은 영양소가 몸에 가는 것은 아니다. 반면 남자에게는 여자의 진실한 믿음과 수용과 인정이 주요리다. 여자가 인정해주면 남자는 성공한 기분이 든다. 이런 성취감이야말로 남자가 스트레스를 줄이는 데 가장 중요한 것이다. 반면 남자에게 여자의 존중과 이해와 배려는 후식과 같다.

사랑은 남자의 삶에 새로운 의미를 부여한다

남자는 여자에게 개인적인 사랑을 보내고 다시 여자에게서 개인적인 사랑을 받으면서 점차 자신의 성공을 다른 남자들의 성공과 비교하지 않고 스스로 만족감과 성취감을 느낄 수 있다. 세상을 변화시킬 잠재력을 발휘하고 싶어 하면서도 여자의 다정한 사랑으로 충만감을 느낄 수 있다. 남자는 친밀한 관계에서 개인적인 성공을 경험하면 스스로 충분히 괜찮은 사람이고 더 나아질 수 있다고 믿는다.

> 남자는 여자에게 사랑을 받으면
> 세상에서 더 큰 일을 하고 싶은 마음이 있어도
> 그 순간 충만감을 느낄 수 있다.

남자는 사랑하는 사람의 삶을 변화시켜 개인적인 성공을 경험하면 행위의 결과에 집착하지 않고 삶의 다른 영역에서도 더 큰 자유를 누린다. 직장에서 남들을 기분 좋게 해주고 봉사하고 싶어 하고 노력을 인정받지 못해도 크게 신경 쓰지 않는다. 스스로 최선을 다하고 있다고 자부한다. 예상한 대로만 일이 풀려야 한다고 여기지도 않는다. 세상에 최선을 다해 사명을 다하면 그걸로 만족한다.

오늘날의 관계에서는 더 높이 올라갈 가능성도 크지만 아래로 추락할 가능성이 훨씬 더 크다. 여자의 삶에 의미 있는 지지를 보내주었는데 여자로부터 사랑이 돌아온다는 확실한 증거가 없으면 남자의 삶의 의미가 축소된다.

날마다 아무도 먹지 않는 빵을 굽는 것과 같다. 빵을 굽는 대가로 돈을 받는다 해도 아무도 먹어주지 않으면 삶의 의미가 사라진다. 남자의 삶의 의미와 목적(개인적인 성공)은 배우자에게 사랑과 인정을 받을 때 채워진다.

따라서 여자는 남자를 얼마나 **보살피고** 남자의 감정을 얼마나 **이해하며** 남자의 다른 소망과 바람을 얼마나 *존중하는지* 보여줄 것이 아니라, 자신의 욕구를 지지해주려 애쓰는 남자의 노력을 알아봐주고 사랑을 보내줄 방법을 배우는 데 힘써야 한다.

다음 표에서는 역할을 나누는 관계에서 여자가 남자에게 베푸는 간접적인 사랑과 마음을 나누는 관계에서 여자가 보여주는 직접적인 사랑의 차이를 정리했다.

- 표에서 각 섹션의 첫 줄에는 남자가 사랑과 충만감을 느끼는 데 변함없이 필요한 사랑의 세 유형으로 신뢰와 수용과 인정을 넣었다.
- 첫 번째 칸에서는 역할을 나누는 관계에서 여자의 사랑이 어떻게 표현되는지 기술한다.
- 두 번째 칸에서는 여자의 사랑이 어떻게 더 개인적이고 직접적으로 표현되어야 마음을 나누는 관계를 맺을 수 있는지 기술한다.
- 세 번째 칸에서는 직접적이든 물질적이든 여자의 사랑이 남자가 남성성과 여성성의 고유한 조합을 표현하고 스트레스를 줄이면

서 개인적 사랑에 대한 여자의 새로운 욕구를 충족시키도록 지지해주는 다양한 방식을 소개했다.

여자가 남자의 정서적 욕구를 새롭게 이해하면 남자로부터 최선의 반응과 더 많은 지지를 끌어낼 수 있다. 남자를 기분 좋게 해주는 사랑의 유형은 다양하다. 다만 남자가 여자의 욕구를 충족시키기 위해 노력하는 모습에 반응해주는 다음의 세 가지 사랑에는 남자의 스트레스를 줄여주고 남자의 더 많이 베풀고 싶은 활력과 동기를 끌어올리는 힘이 있다.

다음 표의 참고 사항:

- 남자: 잠시 시간을 내서 당신에게 가장 중요한 욕구에 밑줄을 긋고 생각해보라. 모든 욕구가 다 중요하다고 생각해도 괜찮다.
- 여자: 잠시 시간을 내서 배우자의 어떤 남성적인 자질을 지지해주면 당신이 행복해질지 밑줄을 긋고 생각해보라.

남자들은 자신의 행위에 대한 반응으로 여자가 직접적이고 개인적인 사랑뿐 아니라 전통적인 사랑도 보여줄 때 여자를 더 사랑한다. 여자가 경제적으로 독립했거나 남성성이 강하다면 전통적인 사랑을 보여줄 기회가 적으므로 직접적이고 개인적인 사랑이 더 중요해진다. 여자가 경제적으로 남자에게 의지하거나 여성성

남자에게 필요한 사랑의 유형

여자의 전통적인 사랑	여자의 직접적이고 개인적인 사랑	여자의 사랑에 대한 남자의 반응
1 남자는 최선을 다한다고 **믿어주는** 느낌을 받아야 한다.		
아내가 남편에게 경제적으로 의지하고 그 이상은 요구하지 않는다.	아내가 정서적으로 의지하여 스트레스를 줄인다.	남편이 아내를 더 많이 보살펴주고 안심시켜준다.
아내가 남편에게 보호를 받아야 하고 남편이 일터에서 무사히 돌아오면 기뻐한다.	아내가 남편에게 데이트하면서 하고 싶은 일을 알려주고 알아서 준비해달라고 요청한다.	남편은 아내가 뭘 하고 싶은지 알기에 자신 있게 데이트를 준비한다. 데이트에서 할 일을 정하고 나면 뭔가 해냈다는 성취감이 든다. 다른 때보다 데이트를 더 자주 계획한다.
아내가 남편이 여러 가지 문제를 해결해주기를 기대한다.	아내는 남편이 문제를 해결해주길 바라기보다는 그날의 기분을 나누면서 친밀감을 쌓는다.	남편은 아내와 더 연결된 느낌이 들어 아내를 더 행복하게 해주고 싶어 한다.
아내가 가정에서 비상상황에 대처하는 남편의 노고를 인정해준다.	아내는 남편의 포옹과 애정을 따스하게 받아들여 스트레스를 줄인다.	남편은 가슴이 더 따스해져 연결하고 싶은 욕구가 커진다.
아내는 남편이 정력적으로 하려는 일을 인정해주고 그 이상을 요구하지 않는다.	남편에게 도와달라고 부탁하면서 불평하는 것이 아니라, 도움이 되는 방법과 도움이 되지 않는 방법을 알려준다.	사소한 노력이 큰 차이를 만든다는 것을 알고 보다 편안한 마음으로 베푼다.
2 남자는 있는 그대로 **받아들여져야** 한다.		
아내가 남편의 능력의 한계를 불평하지 않는다.	아내가 불평하지 않으면서 요청하고, 요청의 크기를 조금씩 늘린다.	남편이 아내의 감정을 경청하고 이해하고 지지해주려 한다.
아내가 남편의 실수를 용서하지 못해도 내색하지는 않는다.	아내가 감정을 드러내지만 창피를 주거나 책망해서는 안 된다.	남편이 스스로 아내에게 괜찮은 사람이라는 생각이 들어 더 잘해주고 싶어진다.

아내가 남편의 행동을 고치려 하지 않는다.	아내가 남편의 실수를 눈감아주고 억지로 사과를 받아내려 하지 않는다.	남편이 아내를 행복하게 해주고 싶어 하고 실수를 후회한다.
아내가 남편에게 시간을 더 내주거나 관심을 가져 달라고 요구하지 않는다.	아내가 자신의 요청을 들어주는 남편의 노력에 고마워한다.	남편이 아내에게 더 깊은 사랑과 애착을 느낄 수 있다. 더 많이 베풀고 싶어진다.
아내가 남편에게 자신의 문제를 떠안기지 않는다.	아내가 남편에게 도와달라고 부탁하고 남편이 도와주면 고마워한다.	남편이 아내를 잘 도와준다.

3 남자는 자기가 이룬 변화를 **_인정받아야_** 한다.

아내가 남편의 사소한 실수나 무례한 태도에 거슬려 하지 않는다.	아내가 관계에서 행복하고 즐거워하고 만족한다.	남편이 아내의 소망을 존중해주고 아내를 위해 중요한 변화를 이루고 싶어 한다.
아내가 예쁘고 행복한 가정을 가꾸기 위해 노력한다.	아내가 남편을 지지해주는 방식으로 자신의 욕구를 소통하려고 노력한다.	남편이 아내의 감정과 욕구와 소망을 인정할 수 있어서 아내를 지지해주고 싶어진다.
아내는 남편이 성관계를 요구할 때 거절하지 않는다.	아내가 즐기고 싶을 때 성관계에 동의한다.	남편은 슈퍼맨이 된 듯한 기분이 들어 자기와 아내를 더 사랑한다.
아내는 남편에게는 사랑스럽고 좋은 아내, 자식들에게는 좋은 어머니가 되려고 노력한다.	아내는 남편이 지지해주면 고마워하고 진정한 자기를 발견하고 표출한다.	남편이 삶의 의미와 목적을 찾아 더 행복해진다.
아내는 남편이 이끄는 대로 순종하며 자신을 이끌어준 데 대해 고마워한다.	아내는 남편과 함께 관계를 만들어나간다.	남편이 보다 협조적이고 유연한 태도로 의사결정을 함께한다.

이 강하다면 남자는 전통적인 사랑과 직접적이고 개인적인 사랑을 더 많이 느낄 것이다.

화성남자와 금성여자를 넘어서 ♀

남자들은 남성적인 편이든 여성적인 편이든 여자의 인정과 수용과 신뢰에 대한 보답으로 여자를 더 많이 보살피고 이해하고 존중할 때 스트레스가 사라지고 정력과 자신감과 의지가 샘솟아 여자에게 최선을 다하고 싶어 한다.

화성인과 금성인의 삶의 목적

화성인의 삶의 목적은 세상을 변화시키는 데 있고, 금성인의 삶의 목적은 행복해지는 데 있다.

남자는 아내가 행복할 때 가장 행복하다. 아내가 행복하다는 것은 남자가 아내의 삶을 변화시켰다는 뜻이기 때문이다. 다시 말해 아내에게는 그가 필요하고 그는 아내의 욕구와 욕망과 소망에 관심을 갖고 그것들을 존중해주는 데 성공했다는 뜻이다. 물론 남자는 성공하면 행복해지지만, 그 성공이 진실로 사랑하는 사람들에게 도움이 될 때만 의미가 있다.

이런 개념이 잘 담겨 있는 옛날이야기가 있다.

옛날 옛적에 어떤 남자가 진흙으로 벽돌을 만들고 있었다. 남자는 따분하고 맥 빠지고 피곤해 보였다. 누군가 그에게 물었다. "무슨 일을 하고 있소?"

남자는 이렇게 답했다. "진흙으로 벽돌을 만들고 있소."

다른 남자도 같은 일을 하는데 그는 기운이 넘쳐 보였다. 그에게도 누군가 물었다. "무슨 일을 하고 있소?"

그 남자가 답했다. "진흙으로 최고의 벽돌을 만들고 있소."

또 다른 남자도 같은 일을 하는데 그는 훨씬 더 기운이 넘치고 신바람이 나 보였다. "무슨 일을 하고 있소?"

"진흙으로 최고의 벽돌을 만들어서 돈을 벌어 결혼할 겁니다."

또 다른 남자도 같은 일을 하는데 그는 훨씬 더 기운이 넘치고 신바람이 나 보이고 행복과 충만감이 깃든 미소까지 띠고 있었다. "무슨 일을 하고 있소?"

"진흙으로 최고의 벽돌을 만들어서 돈을 벌어 아내와 가족을 행복하게 해줄 겁니다."

일할 때의 처지에 따라 우리의 기분이 얼마나 달라질 수 있는지 보여주는 이야기다. 남자는 삶에 중요한 의미가 있을 때 가장 행복하고 충만해진다. 여자는 삶에서 받은 지지에 감사하는 마음으로 마음껏 사랑을 베풀 때 가장 행복해진다. 의미와 목적이 있는 삶은, 여자에게는 후식이지만 남자에게는 주요리다. 사랑과 행복이 있는 삶은, 남자에게는 후식이지만 여자에게는 주요리다.

앞서 살펴보았던 표 '여자에게 필요한 사랑의 유형'에서처럼 남자가 오늘날 여자들의 새로운 개인적 욕구를 존중해주는 법을 배우면 여자가 행복해져서 그들 자신도 행복해진다. 여자는 남자를 좀 더 인정해주는 법을 배우면 스스로도 더 행복해진다.

여자가 배우자를 인정하고 지지해주면 여성성을 완벽하게 회복하여 스트레스를 줄여주는 옥시토신과 에스트로겐이 분비된다. 스트레스가 사라지면 여자는 억울한 감정 없이 마음껏 사랑을 베풀 수 있다.

> 의미와 목적이 있는 삶은,
> 여자에게는 후식이지만 남자에게는 주요리다.

여자는 많이 주고 적게 받는다는 억울한 감정 없이 마음껏 사랑할 수 있을 때 가장 행복하다. 만약 배우자에게 적게 돌아오면 자기도 조금 적게 주고 '내 시간'을 늘려 스스로에게 더 많이 주어야 한다. 사회적 유대와 자립 활동에 시간을 더 많이 써 자신의 욕구를 존중하면 여자는 배우자를 더 많이 인정해줄 수 있다.

> 여자는 많이 주고 적게 받는 느낌 없이
> 마음껏 사랑을 베풀 수 있을 때 가장 행복하다.

오늘날의 남녀 관계는 닭이 먼저냐 달걀이 먼저냐의 딜레마에 빠져 있다. 여자는 많이 주고 남자는 적게 준다. 여자가 억울해하면 남자는 더 적게 준다. 그러면 남자가 지지해주지 않아서 여자가 억울한 걸까, 아니면 여자가 억울해서 남자가 적게 주는 걸까? 둘 다 맞다.

이런 파멸적인 고리를 끊어야 한다. 행복해지고 싶고 배우자에게 더 많이 받고 싶다면 억울한 감정이 들려고 할 때 계속 스트레스를 받으며 사랑을 중단하지 말고 마음을 나누는 관계의 호르몬에 관한 새로운 통찰을 현실에 적용해야 한다.

여자는 배우자에게 받지 못하는 것만 억울해하면서 배우자를 인정하지 말아야 할 이유를 찾기보다는 여성성을 회복하기 위한 활동에 몰두해야 한다. 배우자에게 의존하지 않으면서 짝 유대를 맺은 다음 '내 시간'을 더 많이 내서 프로게스테론을 늘릴 수 있다.

> 여자는 돌아오지 않는 것에만 얽매여
> 배우자를 인정하지 않을 이유를 찾기보다는
> 여성성을 회복해야 한다.

한 달 3분의 2에 해당하는 월경 주기의 3단계에서는 스트레스를 줄여주는 프로게스테론을 생성하는 데 남자의 역할이 필요하지 않다. 또 월경 주기의 2단계에서 배우자와의 짝 유대를 통해 옥시토신과 에스트로겐이 분비되지 않아도 다른 방법으로 분비시킬 수 있다. 9장에서 보았듯이 꼭 배우자가 아니어도 사람들과 짝 유대를 맺을 방법은 많다. 월경 주기의 1단계에서는 일하면서 지지를 받을 수 있다.

짝 유대를 통해 옥시토신과 에스트로겐을 분비하거나 '내 시간'에 몰두하여 배우자의 지지를 기다리지 않고 프로게스테론을 분비하면 스트레스가 줄어든다. 여자는 여성성을 회복하면 억울한 감정을 버리고 마음을 활짝 열고 사랑과 인정을 마음껏 표현할 수 있다. 그러면 배우자도 여자에게 더 관심을 갖고 지지를 보내고 고마워할 수 있다.

존중이냐, 인정이냐

남자는 다른 사람들의 욕구를 돌봐주고 존중해주는 사이 남성성이 강해진다. 또 중요한 변화를 이루고 인정을 받으면 테스토스테론이 증가한다. 앞서도 보았듯이 남자가 변화를 이루기 위한 조치를 취할 때 테스토스테론이 분비될 뿐 아니라 테스토스테론이 소진된다. 맡은 일을 잘해냈다는 칭찬을 들으면 동굴에 들어가 쉬는 동안 테스토스테론 수준이 효과적으로 회복된다. 반면에 일을 제대로 해낸 것 같지 않으면 그저 짬을 내서 쉬는 정도로는 테스토스테론이 회복되지 않는다. 남자들은 인정받지 못하는 느낌이 들면 테스토스테론 수준이 떨어지기 시작한다.

> 남자들은 인정받지 못하는 느낌이 들면
> 테스토스테론 수준이 떨어지기 시작한다.

군대 훈련소에서 남성적인 강인함과 용기와 힘을 끌어내기 위해 남자들이 받는 중요한 훈련은 다른 사람들을 존중하는 방법이다. 훈련병들은 교관이 싫어도 교관의 명령을 존중하는 법을 배운다. 교관이 아니라 계급에 거수경례를 올린다. 훈련의 일환으로 차려 자세로 서서 상관에게 혼이 나면서도 불만을 드러내지 않고 "네, 알겠습니다"라고만 답해야 한다.

물론 이런 극단적인 환경에서만 존중을 배울 수 있는 것은 아니다. 이 책에서 소개하는 새로운 방법을 적용하면 된다.

마음을 나누는 관계에서는 아내가 말할 것이 있을 때, 남편은 아무런 불만 없이 집중해서 들어주면서 존중의 자세를 기를 수 있다. 도중에 끼어들고 싶어도 참아야 한다. "더 말해줘"라거나 "그래서 또?"라거나 "좀 더 얘기해봐"라는 식의 추임새만 넣는다.

남자는 다른 사람들을 존중할 때 내면의 힘이 길러진다. 또 남자는 여자에게 인정을 받으면 여자를 더 많이 존중할 수 있다.

> 남자는 다른 사람들을 존중할 때 내면의 힘이 길러진다.

여자는 남자에게 더 존중받으려면 우선 억울한 감정을 떨쳐내고 남자에게 사랑받을 수 있는 능력에 집중해야 한다. 억울한 마음의 덫에 걸리면 지나치게 많이 퍼주고 많이 돌아오기를 기대하는 심리를 자각하지 못하는 한, 덫에서 빠져나오기 어렵다. 남자에게 더 많이 기대하는 대신, 적게 주고 '내 시간'을 만들어 스스로에게 더 많이 기대해야 한다.

> 억울한 감정이 드는 건 '내 시간'을
> 더 많이 가져야 한다는 신호다.

누군가를 인정하는 것은 그가 나나 내가 아끼는 사람들의 욕구를 제대로 충족시켜준 사실을 알아봐준다는 뜻이다. 남자든 여자든 맡은 일을 잘해내면 테스토스테론이 증가한다. 하지만 남성성이 강한 여자라면 테스토스테론이 더 증가해서는 안 된다. 그렇다고 여자는 인정받을 필요가 없다는 뜻이 아니다. 누구나 인정받아야 한다. 다만 인정은 여자가 호르몬 균형을 찾는 데 도움이 되는 사랑의 메시지가 아니다.

> 누군가를 인정하는 것은 그가 내 욕구를
> 제대로 충족시켜주었음을 알아봐주는 것이다.

'여자에게 필요한 사랑의 유형' 표의 세 가지 사랑과 관심은 모두 여자가 여성성을 회복하는 데 큰 도움이 되는 메시지다. 남자는 여자가 그에게 해준 것을 인정해주기보다는 구체적인 행동과 반응과 말로 여자를 진심으로 아끼고 이해하고 존중하는 마음을 전해야 한다.

여자가 행복해지기를 바란다면서 가만히 앉아 여자가 자신을 위해 해주는 일들에 고마워하기만 하면 당연히 아무런 효과도 없다. 그보다는 여자의 에스트로겐과 옥시토신을 끌어올리는 방식으로 지지를 보내서 여자의 욕구를 존중해주어야 한다.

남녀의 호르몬 차이를 새롭게 이해할 때, 여자가 남자의 스트레스를 줄여주고 마음을 열게 하고 싶다면 인내와 사랑으로 남자의 노력을 인정해주어야 한다. 마찬가지로 남자들은 여자의 스트레스를 줄여주고 마음을 열게 하고 싶다면 인내와 사랑으로 여자의 감정을 존중해주어야 한다. 여자가 수용해주면 남자는 스스로가 여자에게 충분히 좋은 사람이라는 자신감을 얻고, 남자가 이해해주면 여자는 스스로가 남자의 사랑을 받을 만큼 소중한 사람이라는 자신감을 얻는다.

사랑 주고받기

배우자에게 정말로 필요한 사랑을 베풀 때 내게도 정말로 필요한 사랑이 돌아온다. 여자는 남자에게 가장 필요한 사랑을 베풀어 남자가 그녀를 아끼고 그녀의 감정을 이해하고 그녀의 욕구를 존중하게 만들 수 있다.

여자가 남자를 인정해주고 사랑으로 수용하고 신뢰하면 남자의 테스토스테론이 가장 많이 증가한다. 또 남자의 행동에 신뢰와 수용과 인정으로 반응해주면 남자에게 더 큰 보살핌과 이해와 존중을 받을 수 있다.

사랑으로 수용하기란 상대의 불완전한 모습을 있는 그대로 받아들인다는 뜻이다. 여자가 불평하거나 거부하거나 잔소리하거나 못마땅하게 생각하면 남자는 여자에게 수용받는다는 느낌을 받지 못한다.

신뢰는 남자가 완벽하다거나 항상 옳다고 믿어준다는 의미가 아니라 남자에게 좋은 의도가 있다고 믿어준다는 뜻이다. 남자는 최선을 다하고 여자가 그 모습을 좋게 생각한다는 메시지를 꾸준히 받아야 한다.

여자가 더 많이 헌신하고 억울한 감정을 느낄 때는 사실 **여자**가 원하고 필요로 하는 지지를 남자에게 보내기 때문이다. 남자에게 보살핌과 이해와 존중 같은 지지를 보내면서, 정작 남자의 정력과 동기를 끌어올려 개인적인 사랑을 더 많이 베풀게 만드는 지지는 보내주지 않는 셈이다. 여자가 자꾸 아끼고 이해하고 존중하는 마음만 표현하면 남자의 에스트로겐과 옥시토신만 증가하고 테스토스테론은 증가하지 않는다.

남자가 더 많이 베풀기를 바란다면,
남자를 믿어주고 받아들여주고 인정해주어야 한다.

그사이 여자는 남자를 위해 더 많이 베풀면서 **존중**하는 마음만 전달할 뿐, 남자가 여자를 위해 해준 일을 **인정**해주지 않는다. 남자를 많이 **보살펴주기**는 하지만 남자가 최선을 다한다거나 자신을 사랑한다고 **믿어주지** 않는다. 남자의 한계를 *이해*함으로써 남자에게 핑곗거리를 만들어주면서도, 남자를 있는 그대로 **받아들이지** 않고 이것저것 지적하거나 조언한다.

물론 여자에게도 있는 그대로 받아들여지길 바라는 마음이 있지만, 남자를 제대로 지지해주려면 더 많이 수용해야 한다. 남자에게 더 많이 이해받고 싶으면 남자를 더 많이 수용해야 한다. 남자를 **이해**해주려고만 애쓰면 남자에게 옥시토신과 에스트로겐이 분비되지만 남자를 **수용**해주려고 애쓰면 남자에게 테스토스테론이 증가한다.

남자는 스트레스를 받을 때 더 많이 인정받아야 한다. 그러면 테스토스테론이 증가해 스트레스가 줄어든다. 마찬가지로 여자는 스트레스를 받을 때 더 많이 이해받아야 한다. 그러면 옥시토신과 에스트로겐이 더욱 증가해 스트레스가 감소한다.

화성남자와 금성여자를 넘어서 ♀

수용한다는 것은 배우자를 바로잡거나 개선하려 하지 않는다는 뜻이다. 배우자를 바꾸려 들지 않는 것이다. 남자에게 수용은 이렇게 들릴 수 있다. "별거 아니야. 다음에 또 늦으면 전화 한 통 해줄래?"

> 남자에게 수용은 이렇게 들릴 수 있다.
> "별거 아니야. 다음에 또 늦으면 전화 한 통 해줄래?"

그러나 수용이 아닌 이해는 이렇게 들릴 수 있다. "당신이 시간을 잘 잊어버리는 건 알아. *하지만* 전화해주지 않으면 난 정말 속상해." 이 말은 남편이 잊어버리는 건 이해하지만 그런 행동이 용납되지는 않는다는 메시지를 전한다.

수용하지 않으면서 이해하려고 노력한다는 의미를 담은 질문은 더 위험하다. 가령 이런 식으로 말한다고 생각해보자. "당신이 그랬다는 게 믿기지 않아. 왜 기억을 못해?" 이런 말을 들으면 남자는 명치를 얻어맞은 느낌이 든다. 그가 충분히 괜찮지 않다는 뜻이기 때문이다.

물론 수용은 더 많이 지지해달라고 요청해서는 안 된다거나 당하고도 가만히 있어야 한다는 뜻은 아니다. 여자가 원하는 것이 있으면 요청할 수 있다. 다만 요청할 때는 불만이나 불행의 감정을 실어서 전하지 말아야 한다. (13장에서 불평 없는 결혼생활을 유지하는 방법을 자세히 알아보겠다.)

여자가 남자를 아끼고 이해하고 존중해주면 원래 여성성이 강한 남자는 기분이 좋을 수 있지만 사실상 테스토스테론은 감소한다. 테스토스테론이 감소하면 졸리거나 수동적이 될 수 있다.

여자가 남자를 보살필 때는 흔히 남자의 테스토스테론을 떨어뜨리는 두 가지 방식으로 표현된다. 하나는 남자에게 요청받지 않았는데도 조언하는 것이다. 남자가 원하지 않는데도 조언하면 남자의 방식이 충분히 좋지 않다는 의미를 전달한다.

다른 하나는 남자를 지나치게 걱정하면서 스트레스를 받는 것이다. 그러면 남자의 테스토스테론이 감소할 뿐 아니라 에스트로겐도 증가해서 남자는 스트레스를 받거나 방어적으로 나오거나 화를 낸다.

여자가 부탁받지 않은 조언을 하거나 지나치게 걱정하면 남자를 믿지 못한다는 의미가 전달된다. 신뢰는 남자에게 중요한 욕구 중 하나이므로, 여자의 '보살피는 마음'이 남자의 테스토스테론을 더 떨어뜨리는 것이다.

여자가 보살피고 이해하고 존중해주면
남자의 옥시토신과 에스트로겐은 증가하지만
테스토스테론은 증가하지 않는다.

화성남자와 금성여자를 넘어서 ♀

이런 통찰이 없으면 이성과 소통하는 것이 불가능한 과제처럼 느껴질 수 있다. 하지만 남녀의 호르몬 욕구가 크게 달라서 남자는 여전히 화성에서 왔고 여자는 여전히 금성에서 왔다는 사실을 기억한다면, 남자들은 개인적인 사랑에 대한 여자의 새로운 욕구를 지지해줄 수 있고, 여자들은 개인적인 성공에 대한 남자의 새로운 욕구를 지지해줄 수 있다. 마음을 나누는 관계를 위한 새로운 통찰을 얻으면 남자와 여자가 서로 많이 달라도 완벽하게 어울릴 수 있다.

CHAPTER 12

화성인과 금성인 함께 살기

남자와 여자가 서로의 차이를 이해하지 못한 채 서로 연결하려고 하면 화목하게 지내지 못하고 사사건건 충돌할 수 있다. 이런 일반적인 결과를 피하려면 남자와 여자가 서로 같지 않으며 서로 다른 것이 더 낫다는 사실을 알아야 한다. 서로의 차이를 존중하고 인정해주면 더 가까워질 수 있다.

남자와 여자가 서로의 차이를 인정할수록
화목하게 살 수 있다.

남자와 여자는 화합할 때보다 부딪칠 때가 많다. 남자에게 좋은 것이 여자에게도 좋으리라는 법이 없고, 여자에게 좋은 것이 남자에게 좋으리라는 법도 없다. 예를 들어 남편은 고된 하루를 보냈지만 아내는 아주 행복한 하루를 보냈다면, 아내의 행복한 기분이 남편에게도 전해져 남편도 더 행복해질 수 있다. 아내가 행복하면 남편은 무의식중에 자기가 아내의 행복에 일조했다고 믿고 아내가 자기를 인정해주는 느낌을 받는다. 반면에 아내는 고된 하루를 보냈는데 남편이 집에 돌아와 하루가 얼마나 행복했는지 이야기하면 남편의 활기찬 태도 때문에 아내는 기분이 더 나빠질 수 있다.

남편에게 좋은 것(아내의 행복과 인정)이 아내에게도 힘이 되는 것은 아니다. 남녀의 이런 차이를 명확히 알아보기 위해 다음과 같은 상황을 그려보자. 내가 상담한 부부들의 사례를 짜깁기한 것이다. 논점을 선명하게 드러내준다.

> 빌은 주당 60시간 일하고 아내는 집에서 자녀 둘을 키운다. 어느 날 빌이 직장에서 유독 스트레스를 많이 받고 집에 왔을 때 아내 준이 이렇게 말한다. "오늘 애들 학교에 데려다주고 내 친구 수전하고 점심 먹으러 갔어. 유기농 음식을 먹으면서 몇 시간을 떠들었어. 당신이랑 결혼한 건 행운이야. 친구들하고 좋은 음식 먹으면서 느긋하게 시간을 보낼 수 있으니까. 그리고 쇼핑하러 가서 신발 두 켤레랑 드레스를 두 벌 샀어. 저녁 차릴 시간이 없었는데 오늘 우리 외식할까?"

준의 어조에는 이런 의미가 담겨 있다. '당신이 열심히 일해서 내가 지금 늘 꿈꾸던 삶을 살 수 있는 거야. 정말 행복해. 고마워.' 여자가 남자를 인정해주는 마음을 표현할 때는 어조가 메시지의

90퍼센트를 차지한다! 어조에서는 그 사람의 속내가 배어난다. 옳은 말만 해도 속에 억울한 감정을 숨기고 있으면 그 억울함이 비집고 나와 남자는 진실로 인정받는다고 느끼지 못한다.

> 여자가 남자를 인정해주는 마음을 표현할 때는
> 어조가 메시지의 90퍼센트를 차지한다!

여기서 준은 빌을 진심으로 인정해주기 때문에 빌이 사랑을 받고 있다고 느끼는 데 필요한 요건 중 하나인 인정 욕구를 채워준다. 아내의 행복은 빌의 노고에 의미를 부여하고 빌이 스트레스를 잊게 해준다. 여자가 독립심, 강인함, 무심함, 능력, 희생, 만족 지연, 권력과 같은 남성적 자질을 알아보고 인정해주면 남자는 성취감을 느끼고 테스토스테론도 증가한다. 자신이 필요한 존재가 되어 사명과 목적을 완수했다는 생각이 들기 때문이다. 이번에는 상황을 바꿔 반대의 사례를 들어보자.

준은 주당 60시간 일하지만 남편은 집에서 자녀 둘을 키운다. 어느 날 준이 집에 돌아오자 빌이 이렇게 말한다. "오늘 애들 학교 데려다주고 짐이랑 골프장에 가서 18홀을 쳤어. 그 친구를 세 번째로 이겼어. 내 인생은 참 멋져. 오늘 새로 나온 워크래프트 비디오게임을 샀어. 내일 톰이랑 테니스 치고 나서 게임할 생각을 하니까 설레네.

당신하고 결혼한 건 행운이야. 저녁 차릴 시간이 없었는데 오늘 우리 외식할까?"

이런 상황이라면, 특히 스트레스가 심한 하루를 보낸 뒤라면 여자는 남편이 자기의 노고를 인정해준다고 해서 기분이 좋아지지 않을 것이다. 준의 스트레스는 빌이 행복하다고 해서 풀리지 않는다. 대개 정반대다. 남편에게 행복하게 지낼 기회를 주어서 행복해지기는커녕, 자기가 직장에서 스트레스에 시달리며 일하는 동안 남편은 골프나 테니스를 치고 비디오게임이나 한다는 말에 억울한 감정이 들 것이다.

당신이 여자로서 준의 입장이라면 아마 속이 부글부글 끓을 것이다. 인정은 여자에게 필요한 사랑의 메시지가 아니라는 사실이 잘 드러나는 사례다. 물론 여자도 남자에게 인정받아야 하고 인정받는 걸 즐기지만, 여자가 인정받는다고 해서 여성 호르몬이 분비되어 스트레스가 줄어드는 것은 아니다.

앞 장에서 보았듯이, 우리는 관계에서 자기가 배우자에게 가장 바라는 것을 주지만, 그것이 꼭 배우자가 가장 원하거나 필요로 하는 것은 아니다. 서로 다른 정서적 욕구를 제대로 이해하지 못하면 서로를 더 사랑하고 지지해줄 기회를 놓칠 수 있다.

하지만 서로 다른 욕구를 이해하면 배우자에게 가장 긍정적인 영향을 미치는 방식으로 배우자를 지지해주는 데 중점을 둘 수 있다. 남자가 여자에게 가장 원하는 것은 인정과 수용과 신뢰이지만, 이런 지지가 여자에게도 가장 중요한 사랑의 방식은 아니다.

여자의 감정을 존중하고 남자를 인정해주는 방법

누군가를 인정해주면 그 사람은 성공한 기분을 느낀다. 그리고 남성 호르몬이 분비된다. 오늘날 여자들이 스트레스에 시달리는 주된 원인은, 내면의 남성적인 '행위'에 지나치게 몰두한 탓에 여성적인 '감정'을 회복해야 하기 때문이다. 물론 여자도 남자에게 인정을 받으면 기분이 좋아지기는 하지만, 그렇다고 스트레스가 줄어드는 것은 아니다. 유독 고된 하루를 보낸 뒤라면 기분이 더 나빠질 수 있다.

직장에서 준은 남성성을 발산하며 인정을 받아야 하지만, 집에서는 배우자의 지지를 받아 여성성을 드러낼 수 있어야 한다. 준은 남편에게 인정을 받으려고 노력하다 보면 여성성을 회복하는 데 필요한 보살핌과 이해와 존중을 끌어낼 기회를 잃는다.

이 사례에서 준의 노고를 인정해주는 것이 정답이 아니라면 어떻게 해야 할까? 아내를 지지해주고, 아내가 집에 돌아와 스트레스를 푸는 데 도움이 되는 호르몬인 에스트로겐과 옥시토신을 분비하게 해주려면 빌이 어떤 말을 건네야 할까?

아내의 노고를 인정해주는 말을 건네기보다는 아내의 말을 들어주거나, 스트레스에 시달리는 상태를 알아주거나, 아내를 안아주거나, 아내에게 도움이 되는 무언가를 해줄 수 있다.

> 남자는 여자의 말을 들어주고
> 여자가 스트레스에 시달리는 상태를 알아줌으로써
> 여자가 스트레스를 줄이는 데 도움이 될 수 있다.

여자의 기본적인 욕구를 정리한 앞 장의 표에서 소개한 대로 남자가 지지해주면 여자가 스트레스를 줄이고 중요한 욕구를 충족시키는 데 도움이 된다. 서로에게 도움이 되는 상황이다. 여자는 존중과 보살핌과 이해를 받는 느낌이 들고, 남자는 여자에게 가장 필요한 지지를 보내주면서 성공한 느낌을 받는다.

> 여자가 행복하고 충만하면
> 남자는 자기 공으로 여기고 인정받은 기분을 느낀다.

여자는 스트레스에 시달리면 우선 인정받지 못하는 느낌이 들 것이다. 균형이 깨진 상태라서 엉뚱한 방향으로 지지를 구한다. 남자에게 더 인정받아야 한다고 생각하지만, 사실 이럴 때는 보살핌과 이해와 존중을 받는 것이 더 절실하다.

따라서 여자는 스트레스에 시달릴 때 남자에게 인정을 요구해 봐야 큰 도움이 되지 않는다. 여자는 남자에게 인정받길 원하면서 도 속으로 말뿐인 인정은 값싸다고 생각한다. 여자가 원하는 것은 행동이다.

> *스트레스를 받으면,*
> *여자는 우선 인정받지 못하는 느낌이 들 것이다.*

여자는 자각하지 못하더라도 생리적 차원에서 스트레스 수준 을 낮추려면 에스트로겐을 늘리고 테스토스테론을 줄여야 한다. 여자가 호르몬 균형을 잡으려면 하루를 어떻게 보냈는지 이야기 하고 배우자에게 공감을 얻어야 한다. 남편에게 도움을 구해서 할 일을 줄여야 한다. 무엇보다도 남편에게 데이트 계획을 세워주길 바라고 데이트에 관해 구체적으로 상의해야 한다. 여자는 남자가 정서적 욕구에 관심을 가져준다는 느낌이 들면 자신에게 절실하 던 보살핌과 이해와 존중을 느끼고 남자를 더 많이 인정해준다.

정당한 것으로 인정해주는 힘

스트레스에 시달릴 때 여자는 남자에게 알아달라고 요구할 수 있지만, 남자가 노고를 인정해주는 말을 장황하게 늘어놓은들 여자에게는 전혀 도움이 되지 않는다. 여자는 노고를 인정해주는 말을 들어야 할 필요가 없다. 남자가 여자 덕분에 얼마나 멋진 인생을 살고 있으며 얼마나 행복한지 말해봐야 여자는 기분만 더 나빠진다. 여자에게는 또한 상황을 달리 보라는 조언도 필요하지 않다. 조언이 필요한 게 아니다. 그보다 남자가 여자의 말을 더 많이 들어주고 여자가 느끼는 감정을 정당한 것으로 인정해주어야 한다.

여자가 느끼는 감정을 정당한 것으로 인정해줄 때는 말을 많이 할 필요가 없다. 여자에게는 관심을 가져주고 자신을 아껴주는 배우자의 몸짓이 더 중요하다. 남자는 조언을 늘어놓거나 그날 자기가 받은 스트레스에 대해 떠드는 대신, 여자의 불평을 묵묵히 들어주고 짧은 몇 마디로 불평의 정당성을 인정해주고 안아줄 수 있다.

> 여자가 느끼는 감정을 정당한 것으로
> 인정해줄 때는 말을 많이 할 필요가 없다.

이번에는 여자가 느끼는 감정을 정당한 것으로 인정해주는 표현을 몇 가지 소개하겠다. 짧고 간단하다. 여자의 스트레스를 인정해줄 뿐 아니라 따스한 공감이 드러나는 표현이다. 감정의 정당성을 인정해주는 방법은, 용기를 북돋우려 하거나 문제나 난관에 부딪힐 때 긍정적으로 생각해야 하는 이유를 설명하는 방법과는 정

화성남자와 금성여자를 넘어서 ♀

반대다. 다음의 표현에서는 여자가 남을 위해 하는 일이나 희생을 언급함으로써 여자 내면의 남성성을 인정해주면서도 다정한 말로 표현해서 여자의 여성성을 지지해준다. 여기에는 남자가 무비판적으로 듣고 공감한다는 뜻이 담겨 있다.

나는 다음의 표현이 끝날 때마다 "안아줄게"라는 말을 덧붙였다. 한데 모아놓으면 반복적이고 어색해 보일 수 있지만, 안아주는 행위는 아주 중요하다. 몇 분 동안 경청하고 안아주면 옥시토신이 분비되는데, 그래야 여자나 남자가 완결된 느낌을 받는다. 이는 문장이 끝날 때 찍는 마침표와 같다.

여자는 스트레스를 받을 때 많이 안아주는 행위나 안아주겠다는 말을 식상해 하지 않는다. 남자가 "좋은 생각이야"라거나 "일리가 있네"라거나 "당신 말이 맞아!"처럼 자기를 인정해주는 표현을 아무리 들어도 질려 하지 않는 것과 같다.

가끔은 안아주면서 아내의 귀에 "정말 사랑해"라고 속삭여주어도 된다.

- "당신은 아주 많은 사람을 위해 많은 일을 해. (…) 안아줄게."
- "당신은 늘 할 일이 많아. (…) 안아줄게."
- "물에 빠진 사람 구해줬더니 보따리 내놓으란 격이네. (…) 안아줄게."
- "당신은 그 사람들을 위해 그 많은 일을 하는데, 그 사람들은 당

신을 마땅히 대접해주지 않아. (…) 안아줄게."

- "당신이 그렇게 많이 베푸는데도 그 사람들은 그걸 몰라주네. (…) 안아줄게."
- "당신은 책임감이 강해. 당신 같은 사람이랑 같이 일하니 그 사람들은 복 받은 거야. (…) 안아줄게."
- "당신은 그 일을 아주 잘해. (…) 안아줄게."
- "당신이 그 사람들을 잘 참아주는 거야. (…) 안아줄게."

여기서 남자는 의견이나 해결책을 내놓지 않고 여자를 안아줌으로써 여성성을 지지해준다. 여성성을 지지해주면 남자의 테스토스테론이 상승한다. 여자를 지지해주는 데 성공했다는 생각에 자기에게 필요한 지지를 얻기 때문이다.

여자가 스트레스를 받을 때, 남자는 절대로 자기가 얼마나 행복한지에 대해 말하거나 여자에게 행복해지라고 강요해선 안 된다. 남자가 행복해서 여자도 행복해지는 경우는 오직 여자가 이미 행복할 때뿐이다. 스트레스를 받을 때 여자는 남자가 얼마나 멋지게 사는지 듣고 싶어 하지도 않고 들어야 할 이유도 없다. 여자가 행복하지 않은 순간에 남자가 자신이 얼마나 행복한지 말하는 것은 상처에 소금을 문지르는 격이다.

여자가 행복하지 않은 순간에 남자가 자신이 얼마나

하지만 남자는 반대다. 남자가 스트레스를 받을 때 아내가 행복하고 충만한 상태이며 자신의 삶이 얼마나 근사한지 말해주면, 남자는 아내에게 인정받는 기분이 들어 스트레스가 줄어든다. 여자의 행복이 남자를 행복하게 해주는 것이다. 이런 통찰 없이, 남편이 더 기분 나빠 할까 봐 자기 삶을 즐기는 데 시간을 내지 않거나 행복하고 즐거운 감정을 표현하지 못하는 여자들이 있다. 자신의 기쁨과 행복이 남편을 더 행복하게 해준다는 걸 모르는 것이다. 여자는 행복한 감정을 진심으로 표현할 수 있을 때마다 여성 호르몬이 증가하고 스트레스가 줄어든다.

인정의 힘

내가 출장에서 돌아오면 아내는 환하게 웃으며 반겨주고 안아준다. 우선 출장이 어땠는지 물어봐준다. 그리고 내가 출장 간 사이 생긴 좋은 일들을 짧게 전한다. 아내는 좋은 기분을 마음껏 표현한다. 그러면 내 기분이 더 좋아지지 나빠지지 않는다는 걸 알기 때문이다.

아내는 또한 잠시 후면 금성인의 대화로 자신의 스트레스를 털어놓아도 괜찮다는 것도 안다. 다만 내가 처음 집에 들어설 때 자기가 행복한 여자라는 것을 알리는 어조로 말한 다음에 스트레스를 털어놓는다. 아내가 행복하면 나는 스트레스가 크게 줄어들고 집에 오는 것이 즐거워진다.

> 여자가 행복하면 남자는 스트레스가 크게 줄어들고
> 집에 오는 것이 즐거워진다.

아내가 내게 필요한 지지를 보내주고 그에 대한 보답으로 내게서 더 큰 지지를 얻어가는 과정을 이해하면, 완벽한 짝 유대 체험을 통해 아내의 몸에서 옥시토신이 분비되고 스트레스가 줄어든다. 다만 나중에 내게 더 큰 관심을 받을 거라는 믿음이 바탕에 있어야 한다.

아내는 나를 먼저 인정해주어야 내가 그녀에게 더 집중하고 관심을 가져줄 수 있고, 그래야 나중에 스트레스를 털어놓을 때 내가 아내의 부정적인 감정과 곤경을 온전히 공감하고 배려하며 경청할 수 있다는 점을 잘 안다.

아내가 긍정적인 감정을 말하기 좋은 때나 부정적인 감정을 말하기 좋은 때를 잘 선택하기만 해도 옥시토신과 에스트로겐이 크게 증가한다. 내가 동굴 시간을 보내고 나오면 자신의 말을 잘 들어줄 거라고 예상하기만 해도 스트레스를 막아주는 호르몬이 분비된다.

> 여자는 긍정적이거나 부정적인 감정을 표현할
> 가장 좋은 때를 잘 선택하기만 해도
> 옥시토신이 증가하고 스트레스가 줄어든다.

여자가 긍정적이거나 부정적인 감정을 털어놓을 시기와 방법을 선택하는 것은, 배우자가 자신의 말에 관심을 보이지 않아 긍정적이든 부정적이든 감정을 억누르는 것과는 전혀 다르다.

우리 부부를 예로 들자면, 아내는 나를 지지해주면서도 자기에게 필요한 주목과 관심과 지지를 받을 수 있는 최적의 시기를 잘 고른다. 아내는 긍정적인 감정을 나누며 다정하고 취약하고 수용적인 여성성을 마음껏 표출할 수 있고, 나중에 내가 동굴에서 나가면 금성인의 대화로 좌절과 실망과 걱정의 감정을 토로한다. 혹은 '내 시간'에 집중할 수 있도록 내게 다른 식으로 지지를 구할 수도 있다.

여자들은 흔히 '연약한 일면을 공유'하는 행위의 의미를 상처받거나 불행하거나 두려운 감정을 나누는 것으로만 생각한다. 하지만 부정적인 정서는 취약성의 한 표현일 뿐이다. 여자는 행복하고 흥분되고 고마운 감정을 나눌 때도 취약성을 드러내게 되고, 남자는 여자의 그런 모습을 사랑한다.

여자가 취약성을 드러내는 이유는 사람들의 지지가 필요해서 자신의 일면을 드러내 그들에게 영향을 받기 위해서다. 필요한 지지를 얻으면 행복해지고, 얻지 못하면 행복해지지 않는다.

> 여자는 긍정적인 감정을 나누면서 다정하고 취약하고 수용적인 여성성을 자유롭게 보여주며, 남자는 그런 취약성을 사랑한다.

한마디로 아내가 날 인정해주면 나는 당장 아내를 보살피고 이해하고 존중하는 마음을 느낄 수 있다. 그리고 내가 여유를 찾으면 아내가 일상의 갖가지 스트레스를 털어놓아도 된다. 내가 자기의 말을 들어준 데 대해 아내가 고마움을 표하면 나는 감정을 나누려는 아내의 욕구를 더 많이 존중해줄 수 있다.

여자들은 남자가 얼마나 다른지 통찰하지 못하면 배우자를 인정해주어 최선의 반응을 끌어내는 방법을 활용하지 못한다.

> 여자들은 남자가 얼마나 다른지 통찰하지 못하면 배우자로부터 최선을 끌어낼 수 있는 인정의 힘을 제대로 활용하지 못한다.

여자들끼리는 불만이나 고민을 시시콜콜 나누며 서로 돈독해지고 좋은 감정을 나눈다. 불만과 고민을 나누면 양쪽 다 남을 보살피는 마음을 발휘할 수 있다.

예를 들어 캐럴이 얼마나 바쁘고 버거운 하루였는지 하소연하면, 제인이 "알아, 나도 그래!"라고 맞장구친다. 이어서 제인이 자기 일상의 고민을 꺼낼 수 있으면 기분 좋은 호르몬이 더 많이 분비된다.

반면에 여자들이 행복하고 고마운 감정을 나눌 때, 상대 여자친구가 기분 좋은 상태가 아니라면 그 친구는 기분이 더 나빠질 수 있다. 그러나 남자와 행복하고 즐거운 감정을 나누면 남자의 관심을 끌 수 있다. 이렇게 남자에게 관심을 많이 받으면 여성 호르몬이 증가한다. 결과적으로 여자친구와 부정적인 감정을 공유할 때와 비슷하다.

남자들은 대개 행복한 여자에게 끌린다. 나아가 여자를 기쁘게 해주려는 본능적인 욕구와 동기가 생기려면 여자가 자신의 도움을 필요로 하는 걸 느껴야 한다. 남자는 여자가 자기를 필요로 하는 순간, 여자에게 인정받고 여자의 영웅이 되어줄 수 있다. 남자가 여자를 지지해주거나 기쁘게 해주고 싶은 마음이 가장 클 때는 여자에게 인정받고 스스로가 필요한 존재라는 느낌이 들 때다.

> *동기가 생기려면 남자는 인정을 받아야 하고*
> *스스로가 필요한 존재라는 느낌이 들어야 한다.*

여자가 행복하면 남자는 테스토스테론이 증가해서 여자에게 도움이나 지지가 필요한 순간 더 열심히 도와주고 싶어진다. 이렇게 테스토스테론이 증가하면 연애 감정도 생긴다.

그런데 인정의 힘에는 혼동의 여지가 있다. 인정을 해준다고 해서 남자가 당장 여자를 위해 뭔가 더 많이 해주고 싶어지는 것은 아니기 때문이다. 그보다 인정의 힘은 여자가 남자를 필요로 하는 순간, 무의식적으로나 호르몬에 의해서나 여자의 욕구나 요청을 남자가 더 진지하게 들어줄 수 있는 조건을 만들어준다.

여자가 남자를 인정하는 말은 은행계좌에 넣어둔 돈과 같다. 계좌에 돈이 들어 있다고 해서 당장 여자에게 혜택이 가는 건 아니지만, 남자의 계좌에 돈이 많이 들어 있다면 여자가 필요로 할 때 여자를 위해 돈을 꺼내 쓸 수 있다. 계좌에 잔고가 없으면 여자를 도와주고 싶어도 꺼내 쓸 게 없다.

퇴근하고 집에 왔을 때 아내가 행복한 미소로 맞아주면 남편은 아내를 도와 집안일을 해야 한다는 부담을 느끼지 않고 느긋하게 동굴 시간을 보낼 수 있다. 아내가 자기를 인정해주는 느낌이 들어 테스토스테론을 효율적으로 끌어올릴 수 있다. 그런 다음 아내에게 도움이 필요해 보이면, 아내가 '우리 시간'을 더 보내고 싶어 하든 '내 시간'을 위한 지지를 바라든 아내에게 영웅이 되어주는 데 필요한 활력과 동기를 끌어낼 수 있다.

여자가 좋은 일이 생길 때마다 배우자와 함께 나누는 것은 배우자에게 선물을 안겨주는 것과 같다. 그래야 나중에 배우자의 지지가 필요한 순간 배우자에게 더 많이 받을 수 있다.

우두머리 수컷 일깨우기

인간의 뇌에서 원시적인 영역은 사실상 원숭이의 뇌와 같다. 연구자들은 뇌의 변연계를 '원숭이 뇌'라고 부른다. 물론 인간은 원숭이와 많이 다르지만 몇 가지 본능은 유사하다.

원숭이 무리에서 가장 힘센 수컷이자 무리의 우두머리를 우두머리 수컷이라고 부른다. 암컷들은 우두머리 수컷에게 끌리고 거의 그 수컷하고 짝짓기를 한다. 호르몬 검사 결과를 보면 우두머리 수컷의 테스토스테론 수준은 일반 수컷의 두 배에 달한다. 우두머리 수컷은 알파이고 나머지 수컷들은 베타다. 알파 수컷이 죽고 다른 베타 수컷이 그 자리에 오르면, 그 베타 수컷의 테스토스테론 수준이 하루 만에 두 배로 증가한다.

이런 결과로 미루어 남성의 자리나 지위가 호르몬에 미치는 영향을 알 수 있다. 윗사람에게 보고를 하지 않아도 되는 CEO나 회장이 되거나 성공한 기업가가 되면, 그의 역할이 무의식중에 테스토스테론 수준을 상승시킨다. 윗사람에게 보고하거나 승인을 받아야 하는 처지라면 에스트로겐이 상승하고 테스토스테론은 감소한다. 직장에서 남자의 독립심과 성공은 테스토스테론을 크게 끌어올린다. 마찬가지로 실패하면 테스토스테론이 감소한다.

뇌의 깊숙한 곳에 위치한 남자의 본능은 가능하면 종족의 우두머리 수컷이 되고 싶어 한다. 테스토스테론 수준이 높으면 여자를 더 많이 끌어들일 뿐 아니라 더 건강하고 더 오래 산다. (그래서 젊은 남자들이 록스타나 스포츠나 영화계의 돈 많은 슈퍼스타가 되고 싶어 하는 것이다. 돈도 벌고 싶고 여자들의 관심도 받고 싶은 것이다.)

하지만 현대의 우리는 작은 부족 단위로 살지 않기 때문에 세상에는 항상 더 크거나 부유하거나 젊거나 유능하거나 성공한 누군가가 존재하게 마련이다. 회사의 사장이 되고 연봉 100만 달러를 받아도 세계적으로 나날이 늘어가는 억만장자들 앞에서는 작아지기만 할 것이다. 〈포브스Forbes〉에 소개된 세상에서 가장 성공한 사람들이나 가장 부자인 사람들은 우두머리 수컷이 되려고 안간힘을 쓰는 남자들에게 타격을 입히고 테스토스테론을 떨어뜨릴 수 있다.

> 오늘날 남자들의 세계에는 항상 더 크거나 부유하거나
> 젊거나 유능하거나 성공한 누군가가 존재하게 마련이다.

다행히 남자들은 원숭이가 아니다. 다른 수컷들 위에 군림해야만 우두머리 수컷이 되는 것은 아니다. 자기를 사랑하고 인정해주

화성남자와 금성여자를 넘어서 ♀

는 아내가 있는 집으로 돌아가면 평범한 남자도 우두머리 수컷의 지위에 오를 수 있다. 아내의 사랑은 신뢰와 수용과 인정의 방식으로 내면의 우두머리 수컷 본능을 일깨워 테스토스테론 수준을 크게 끌어올린다.

> 남자가 여자의 애정과 존경을 느낄 때
> 내면의 우두머리 수컷 본능이 깨어난다.

물론 가정에서 아내의 지지가 가장 강력하지만, 일하면서도 지지를 받을 수 있다. 나는 강연을 위해 멀리 일본에 와서 이 책을 집필하고 있다. 연착 시간을 포함하여 총 열네 시간 동안 비행했다. 비행기에서 남들이 자는 동안 나는 글을 쓰느라 여념이 없었다. 열두 시간쯤 지나 승무원(여자)이 내 옆으로 와서 내가 글 쓰는 걸 보고는 감탄하며 인정해준다는 듯이 "오시는 내내 쉬지 않고 글을 쓰셨네요. 대단해요!"라고 말했다.

이 말에 나는 기분이 좋아졌다! 승무원이 나의 끈기를 인정해주자 기분이 좋아져서 남은 두 시간 동안 더 글을 썼다.

여자가 열심히 일하는 남자의 모습을 인정해주면 남자는 테스토스테론이 샘솟아 기분이 좋아진다. 꼭 배우자가 아니어도 된다 (물론 배우자면 더 좋다). 배우자가 남자의 능력이나 힘이나 인내심을 진심으로 인정하고 좋아해줄 때는 실패와 실수 또한 모두 알면서도 받아들인다는 뜻이므로 효과가 훨씬 크다. 여자가 인정해주는 순간 그간의 모든 결함이 사라지고, 두 사람은 함께 그 순간에 머물러 서로를 사랑하고 인정해줄 수 있다.

> 여자가 열심히 일하는 남자의 모습을 인정해주면
> 남자는 테스토스테론이 샘솟아 기분이 좋아진다.

앞서 언급했듯이 여자가 남자를 인정해주면(남자가 여자로부터 가장 필요로 하는 것이므로) 남자도 여자를 온전히 인정하게 된다. 남자는 여자가 자신을 위해 무언가를 더 많이 해줘서 인정해주는 것이 아니라, 여자가 자신을 인정해주었다는 사실을 높이 사는 것이다.

내가 여자였다면 승무원에게 가장 바라는 반응은 이런 식이었을 것이다. "오시는 내내 일하셨군요. 많이 피곤하시겠어요. 뭐 좀 가져다드릴까요? 물이나 스낵이나 베개라도?"

하지만 나는 여자가 아니라서 승무원이 이런 식으로 나왔다면, 고맙기는 해도 조금 거슬렸을 테고 그냥 잠이나 자고 싶었을 것이다. 그보다 나는 슈퍼맨, 우두머리 수컷, 영웅이 되고 싶었다!

이 책을 읽는 여자들 중에 나와 느끼는 게 비슷하고, 우두머리 암컷으로 인정받고 싶고, 승무원이 약간의 공감과 지지를 제안하면 오히려 거슬릴 것 같은 사람이 있다면, 여성성을 되찾으려 좀 더 노력해야 한다는 뜻일 수 있다. 특히 일상에서 스트레스를 많

화성남자와 금성여자를 넘어서 ♀

이 받거나 남자와 행복하게 지내는 데 필요한 것을 얻지 못한다면 더 열심히 여성성을 찾아야 한다.

여자가 우두머리 암컷으로 인정받고 싶어 한다면
그것은 여성성을 되찾아야 한다는 신호일 수 있다.

화성인과 금성인의 사랑 언어

이 장을 시작하며 소개한 사례에서, 준이 인정받는다고 느끼지 못할 때 빌은 "인정받는 느낌이 들지 않아"라는 말을 화성인의 언어로 번역해야 한다. 이럴 때 빌은 "당신이 해준 일들 다 고마워"라고 대꾸해야 할 것 같지만, 사실 준은 "날 위해 더 많이 해줘. 당신의 보살핌과 공감과 이해와 도와주겠다는 제안이 필요해. 그러면 당신이 날 사랑하고 인정해준다는 느낌이 들 거야"라고 말하고 있다.

준의 스트레스를 줄여주려면 그저 준에게 고맙다고 말할 것이 아니라, 배우자가 봐주고 들어주고 보살펴주고 만져주기를 바라는 준의 욕구를 채워주는 것이 가장 효과적이다.

사실 빌은 준이 그날 느낀 감정을 더 많이 경청해주고 준의 행복에 기여할 만한 일들을 해주면서 준의 배려를 즐기고 고마워만 할 것이 아니라 준에게 관심을 보내주어야 한다. 준이 스트레스를 받고 인정받지 못하는 느낌에 사로잡힐 때 가장 필요한 것은 남편으로부터 자신의 욕구를 존중받고 인정받는 경험이다. 한마디로 준에게는 남편에게 자기가 제일 중요한 존재라는 느낌, 남편이 자기를 많이 아껴준다는 느낌이 필요하다.

여자의 주요 욕구를 정리한 11장의 표에서 보았듯이, 스트레스를 막아주는 여성 호르몬을 자극하려면 인정해줄 뿐만 아니라 존중하고 아껴주고 이해해주어야 한다. 여자의 남성성에는 인정이 필요하지만 여자는 스트레스를 받을 때 우선 여성성을 회복해야 하기 때문이다.

반면에 남자가 스트레스에 시달릴 때는 11장의 두 번째 표에서 보았듯이 그가 최선을 다하고 있다고 믿어주고, 그를 있는 그대로 받아들여주고, 그가 배우자의 개인적이고 물질적인 욕구를 채워주려고 애쓴다는 것을 인정해주는 느낌이 가장 중요하다. 여자가 남자의 노력을 인정해주고 남자의 실수를 눈감아주고 남자가 최선을 다한다고 믿어주는 애정 어린 반응은 남자에게 황금과 같다.

> 여자가 남자의 노력을 인정해주고, 남자의 실수를
> 눈감아주고, 남자가 최선을 다한다고 믿어주는
> 애정 어린 반응은 남자에게 황금과 같다.

여자의 스트레스가 줄어들려면 남자의 보살핌과 이해, 존중이 필요하고, 남자의 스트레스가 줄어들려면 여자의 신뢰와 수용, 인정이 필요하다. 남녀의 사랑 언어가 이렇게 다르다.

남자가 여자에게 개인적인 사랑을 보냄으로써 여자의 새로운 정서적 욕구를 해결해주는 것이 저절로 되는 일이 아니라는 사실을 여자들이 이해한다면 남자의 성공에 주목하고 실패를 눈감아주려 노력하는 일이 훨씬 수월해질 것이다. 예전부터 남자들은 여자들을 경제적으로 지원해주며 사랑을 표현했다. 지금은 갑자기 여자들에게 그만큼의 지원이 필요하지 않게 되었다. 남자가 여자를 사랑한다고 해서 아껴주고 이해해주고 존중해주는 느낌을 전달하는 언어로 사랑하는 마음을 표현할 수 있는 것은 아니다.

여자들은 새로운 욕구를 직접 느끼므로 새로운 변화가 당연하게 생각될지 몰라도, 남자들에게는 모든 것이 새롭고 낯설다. 이제 남자들은 직장에 다니면서 돈을 벌어 가족의 생계를 유지하는 전통적인 역할에 더해 정서적인 지지까지 제공해야 한다.

남자들에게는 사랑을 개인적으로 표현하는 방식이 아직 낯설다. 남자들은 새로운 언어를 배우는 중이다. 어찌 보면 남자로 자라면서 배운 모든 것을 거슬러야 한다. 그러니 결코 쉽지 않지만 기꺼이 노력하고 있다는 사실을 여자들이 이해해주면 남자들의 노력을 더 많이 인정해줄 수 있다.

개인적인 사랑을 주는 것이 남자들에게는

남녀가 헤어지는 이유

남녀의 정서적 욕구에 대한 새로운 통찰 없이는 남녀 관계에서 열정이 식을 수밖에 없다.

연애나 결혼생활이 행복하냐는 질문에 흔쾌히 그렇다고 답하는 사람은 많을 것이다. 자기에게 필요한 지지를 배우자에게 보내면서 언젠가 자기에게도 그만큼 돌아올 거라고 믿기 때문이다. 그러나 남자와 여자가 계속 자기에게 필요한 것만 주고 배우자에게 절실한 것을 주지 않으면 결국에는 화합하지 못하고 서로 충돌할 것이다.

때로는 사전에 아무런 예고도 없이 갑자기 충돌하기도 한다. 가령, 마냥 행복한 줄로만 알았던 부부가 별안간 이혼을 선언한다. 열렬히 사랑에 빠졌던 사람들이 서로를 끔찍이 미워하게 된 것이다. 혹은 서로에게 큰 불만은 없지만 이혼하고 친구로 남는 부부도 있다. 어느 쪽이든 그전까지는 결혼생활이 행복하다고 믿었던 이유는, 남녀의 서로 다른 중요한 욕구를 무시했기 때문이다. 그러다 그런 욕구를 더 이상 무시할 수 없는 순간이 온 것이다.

물론 부부로 살다가 친구로 남는 것도 나쁘지 않다. 하지만 같이 있을 때 *진실로* 행복한 척해서는 안 된다. 이런 식으로 부정하면 둘 다 다음에 새로운 관계를 맺는 데 실패할 수 있다.

남자와 여자가 함께 행복하려면 우선 혼자서도 행복해져야 할 의무가 있다. 그런 다음 이 책에 나오는 새로운 통찰을 적용해서 배우자에게 꼭 필요한 방식으로 사랑을 베풀어야 한다. 안 그러면 남자든 여자든 배우자에게 가장 필요한 사랑을 주는 데 집중하지 않고, 자기에게 필요한 사랑을 주려고 한다. 이런 오해가 쌓여서 결국 관계가 깨질 수 있다.

다음 장에서는 《화성남자와 금성여자를 넘어서》에서 소개한 새로운 통찰을 종합하여 일생의 사랑을 얻기 위한 실질적인 방법을 소개하겠다.

CHAPTER 13

불평 없는
관계

남녀의 새로운 욕구에 대한 새로운 통찰은 결국 한 가지로 귀결된다. 불평 없는 관계를 유지하는 방법이다. 남자에게든 여자에게든 상대에게 불평을 듣지 않아도 되는 관계는 낙원과 같다. 불평 없는 관계에서 사랑이 자란다. 하지만 불평은 삶의 일부다. 삶은 완벽하지 않고 힘에 부칠 때가 생긴다. 아무런 불평이 없다는 것은 진정한 자기의 일부를 숨긴다는 뜻이다.

함께 불평을 나누는 것은 문제가 아니다. 정작 심각한 문제는 배우자에 대한 불평을 직접 말하는 것이다! 불평 없는 관계가 불평을 한마디도 해서는 안 된다는 의미는 아니지만 배우자에 대한 불평을 직접 말해서는 안 된다. 다른 일로는 불평을 말해도 된다.

불평의 문제는 배우자에 대한 불평을
직접 말하는 데 있다.

남자와 여자는 각기 다른 방식으로 불평에 민감하다. 남자가 여자에게 불평하면 대개 여자가 더 감당하기 힘들어한다. 남자가 불평하면 여자는 더 많이 대꾸해주다 결국 감당하지 못하고 억울한 감정에 휩싸인다. 반면에 여자가 남자에게 불평할 때는 남자가 통제받는 기분에 사로잡힌다. 그래서 결국 여자를 행복하게 해주는 쪽으로는 관심을 끊고 더 적게 주려고 한다.

불평이 삶의 일부라고는 하지만, 우리는 배우자가 인정받지 못하거나 거부당하거나 비난받거나 통제받는 기분이 들게 하기보다는 지지받는 기분이 들게 해주는 방식으로 불평하는 법을 배워야 한다. 배우자가 귀 기울여 들어줄 수 있게 말하는 법을 배우는 것이 관계에서 가장 중요한 기술이다.

불평해도 효과가 없는 이유

남자든 여자든 배우자에게 불평할 때는 본래 전하려던 의미가 그대로 전달되지 않는다. 예를 들어 남편이 아내에게 "당신은 가정적인 편은 아니야"라고 말하면, 아내는 자기가 '보살펴주거나', '협조적이거나', '사랑해주는' 배우자가 아니라는 뜻으로 듣는다. 그리고 자기가 애쓰는 걸 남편이 알아주지 않는다고 생각한다. 아내의 귀에는 남편을 행복하게 해주려면 자기가 더 노력해야 한다는 말로 들리는 것이다.

여자는 남편이 애정을 갈구한다고 느끼면 자기가 더 많이 아껴주고 협조해주고 사랑해줘야 할 것 같은 부담 때문에 관심을 잃어버린다. 여자들은 대체로 이미 최대한으로 준 상태라서 더 주려고 하면 버거워진다.

내 아내 보니는 다른 여자들처럼 스트레스가 심하면 버거워한다. 나는 아내를 지지해주기 위해 불평하거나 탓하지 않는다. 마음에 들지 않는 점이 있으면 짜증이나 화가 가라앉을 때까지 기다렸다가, 가급적 최소의 단어로 아내에게 바라는 점을 짧게 말한다.

여자는 남자가 불평하면 남자가 애정을 갈구한다고 느끼고, 더 많이 베풀어야 한다는 부담에 관심을 잃어버린다.

나는 "당신은 너무 바빠서 집에 있는 시간이 충분하지 않아"라고 불평하고 싶으면 이 말을 요청으로 바꿔 "같이 있는 시간을 늘리도록 계획을 세워보자. 언제 우리 일정을 맞춰볼 수 있는지 알려줘"라고 말한다.

아내가 내 요청에 방어적으로 반응할 것 같으면 10장에서 소개한 것처럼 "참고로"라는 말을 덧붙여 완곡하게 요청한다. 이 말은 내가 무엇을 더 바라는지 알려주는 것일 뿐, 당장 대답이나 행동을 요구하지 않는다.

아니면 이렇게 말할 수도 있다. "우리 요즘 많이 바빴어. 조만간 같이 할 만한 재밌는 일을 알아보고 일정을 정하고 싶어."

아니면 그냥 요청을 고려해달라고 부탁할 수도 있다. "같이 있는 시간을 늘릴 방법을 생각해볼래? 디안젤로에서 점심 먹을 때 정말 좋았는데."

3장에서 보았듯이 '보살피고', '협조하고', '사랑하는' 성향은 중요한 여성적 자질이다. 충분히 가정적이지 않다는 말은, 악의 없이 한 말이라도 남자보다 여자에게 더 비판적으로 들릴 수 있다. 여자에게 가장 민감한 여성성을 건드리기 때문이다. 보살펴주고 협조하고 사랑하는 마음가짐은 여자의 에스트로겐을 자극하는 자질이므로 여자의 행복에 가장 중요하다.

여자가 남자에게 "당신은 충분히 가정적이지 않아"라고 말한다면 같은 말을 남자가 여자에게 할 때와는 사뭇 다른 영향을 미칠 것이다. 이때는 남자가 충분히 사랑을 주지 않아서 여자를 행복하게 해주지 못했다는 의미가 전달된다. 남자에게는 이 말이 여자가 그를 사랑하고 그와 함께 있는 순간을 정말 고맙게 생각한다는 뜻으로 들리지 않고, 그가 충분히 괜찮지 않으며 그가 여자를 행복하지 해주지 못했다는 말로 들린다는 걸 여자들은 모른다.

> 악의 없는 말도 여자에게 가장 취약한
> 여성성을 건드리면 여자에게 더 비판적으로 들린다.

남편이 집에 오래 머물기를 바란다면, "같이 보낼 시간을 계획해보자. 당신하고 같이 있고 싶어. 일정을 맞춰볼 시간이 나면 알려줘"라고 간단히 말하면 대화가 훨씬 잘 풀릴 수 있다.

남자는 아내에게 같이 있고 싶다는 말을 들으면 테스토스테론이 증가해 당장 둘만의 특별한 시간을 계획하고 싶어진다. 강요하지 않고 요청하면 남자가 실망시켰다는 의미가 담기지도 않고 관계에서 더 많이 베푸는 데 필요한 정보를 주게 되어 남자에게 동기를 가장 많이 불어넣을 수 있다.

> 요청은 남자에게 충분히 좋지 않다는
> 메시지를 전하는 게 아니라,
> 관계 안에서 더 베푸는 데 필요한 정보를 제공한다.

남자의 가장 취약한 부분

비판은 각자의 가장 취약한 부분이 무엇인지에 따라 남녀에게 각기 다르게 영향을 미친다. 남자가 가장 취약한 부분은 통제받는 느낌과 관계다. 아무리 사소한 불평이나 비판도 우울한 어조로 표현되면 남자에게는 크립토나이트(슈퍼맨의 유일한 약점인 우주 방사능 물질―옮긴이)처럼 느껴진다.

크든 작든 남자에게 영향을 미치는 불평은 다음과 같다.

- "당신은 허구한 날 일만 해."
- "내가 부탁한 거 안 했잖아."
- "전화해서 늦는다고 말해주지 않았잖아."
- "당신은 자기밖에 몰라."
- "당신은 내 말을 듣지 않아."
- "당신은 데이트 계획을 세운 적이 없어."
- "당신은 이제 다정하지 않아."
- "당신이 이제 날 사랑하지 않는 것 같아."
- "욕실에 불을 켜놨더라."
- "어지르고 다니지 좀 마."
- "냉장고에 있던 체리를 다 먹었네."

모두 남자의 능력과 남성적 자질에 관한 불평이므로 남자에게 취약한 부분을 건드린다. 남자는 공격받는 느낌이 들면 방어적으로 돌아선다. 정도는 다르지만 여자의 메시지를 축소하거나, 깎아내리거나, 불평하거나, 여자를 밀어내거나, 여자가 말하는 문제에 신경을 꺼버린다.

하지만 여자들은 이런 말이 남자에게 불쾌할 수 있다는 걸 알면 놀란다. 불평을 불행한 감정으로 전달하면 남자들은 얄궂게도 사소한 불평일수록 더 거슬려 한다. 가령 내가 저녁 약속에 두 시간이나 늦으면서도 전화하지 않았다면 아내가 화가 난 이유를 금방 알아챌 수 있지만, 내가 욕실에 불을 끄지 않았다거나 냉장고에 있던 체리를 다 먹은 경우라면 아내의 불평이 더 거슬릴 것이다.

> 여자가 불평을 불행한 감정으로 전달하면 얄궂게도
> 남자는 사소한 불평일수록 더 거슬려 한다.

여자가 감정을 걸러내고 담백하게 "요즘 당신이 잘 안 보여. 당신이 그리워"라거나 "여보, 체리 다 먹었네. 다음에는 내 것도 남겨줘"라고 말한다면 남자는 화가 나지도 않고 다음에는 아내의 욕구나 요청을 기억하고 존중해줄 수 있다. 하지만 여자가 불행한 감정을 실어서 불평하면 남자도 부정적인 영향을 받는다.

남자의 남성성은 기본적으로 성공한 느낌과 동일시된다. 여자를 행복하게 해주고 싶은데 여자가 불행한 감정을 실어서 불평한다면 남자의 가장 민감한 버튼을 누르는 셈이다. 말을 잘 고르는 것도 중요하지만 어조나 표정으로 전달되는 메시지가 훨씬 중요하다.

불행하다는 어조로 불평하면 남자는 통제받는 기분에 휩싸인다. 아내를 행복하게 해주려면 '반드시' 집에 머무는 시간을 늘려야 한다거나 '절대로' 체리를 다 먹으면 안 된다는 뜻으로 들리기 때문이다. 남자 입장에서는 엄마한테 혼나는 기분이 들 수 있다. 아내를 행복하게 해주려면 반드시 아내가 말하는 대로 해야 한다는 명령처럼 들리는 것이다.

> 여자가 불행한 감정을 담아 불평하면
> 남자는 통제받는 기분에 휩싸인다.

반면에 강요하지 않고 요청하면 남자는 행동을 스스로 판단할수 있다. 그러면 독립적이고 적극적이고 문제를 해결하는 남성성이 강화된다. 여자의 요청을 받아주지는 못해도, 다른 방법으로라도 여자를 지지해주고 싶어진다.

남자들이 배우자가 원하는 것을 다 들어주지 않는 이유는, 배우자의 요청을 거부해서가 아니라 꼭 해야 할 일들을 위한 활력과 시간을 확보하기 위해서다. 불평 없는 관계에서 남자가 배우자의 요청을 받고 차근차근 행동을 조율하는 것은 의무라기보다 사랑의 선물이다. 남자는 배우자로부터 자기가 충분히 괜찮고 사랑을 베풀 줄 아는 사람이며 자신의 도움이 필요하다는 메시지를 받으면 더 많이 베풀고 싶어진다.

남자가 여자로부터 충분히 괜찮다는 메시지를 받으면 테스토스테론이 유지되고, 여자로부터 도움을 요청받으면 짝 유대의 경험이 생겨나 남자에게 바소프레신이 분비된다. 그러면 더 많이 베풀고 싶어질 뿐 아니라 여자와 연결되고 싶은 욕구가 커진다.

남자가 당장 갈등을 일으키고 싶지 않거나 아내를 기쁘게 해주고 싶어서 불평을 다 들어주면 시간이 갈수록 아내와 같이 있을 때 자신감이 떨어지고 능력도 줄어든다. 더 이상 스스로 판단하고 싶지 않게 되고 아내가 지시하거나 허락하는 대로 따른다.

남자가 "정말 미안해"라는 말을 입에 달고 살면 옥시토신과 에스트로겐이 증가한다. 두 호르몬은 여성적인 상호 의존성, 정서, 보살핌, 협력과 관련이 있다. 모두 긍정적인 자질이기는 하지만 아내와 함께 있을 때 이런 자질이 지나치게 많이 발산되면 독립적이고, 분석적이고, 결단력 있고, 자신감 있고, 능력 있다고 느끼게 해주는 남성 호르몬이 줄어든다.

남자가 아내로부터 거듭 불평을 듣고 수긍하면 스스로 부족하거나 충분히 괜찮지 않다는 생각이 굳어진다. 아내가 자기를 무능하다고 생각한다는 느낌이 들면 신뢰와 수용과 인정을 받지 못한다는 생각에 계속 마음을 열지 못한다.

한마디로 불평이 끝없이 이어지고 아내를 행복하게 해주지 못했다는 메시지까지 더해지면 남자는 그것을 자신을 통제하려는 메시지로 듣고 마음을 닫아버리거나 남성성을 억누른다. 앞서 보았듯이 배우자를 기쁘게 해주기 위해서 혹은 다른 이유로 남성성을 억누르면 남자는 무의식중에 여성성 쪽으로 넘어간다. 여성성 쪽으로 지나치게 넘어가면 테스토스테론이 감소하고 에스트로겐이 증가한다. 나중에는 지나치게 애정을 갈구하고, 배우자의 허락에만 의존하거나 과도하게 정서적, 수동적이 되거나 기분 변화가 심해진다.

그런데 여자들은 사소한 불평이 남자에게는 통제하는 말로 들릴 것이라고는 짐작도 못한다. 미혼과 부부를 위한 사흘간의 마음을 나누는 관계 세미나에서 남자와 여자가 서로에게 느끼는 가장 흔한 불평을 자세히 들여다보았다. 남자와 여자가 각각 다른 방에서 서로에 대한 불평을 말한 다음 다시 한방에 모여 불평의 리스트를 함께 살펴보았다. 익명으로 나온 불평이라서 누구도 상처를 받거나 방어적이 되지 않았다.

여자들은 주로 자기가 받는 것보다 많이 준다고 불평하고, 남자들은 자기가 뭘 해도 배우자가 행복해하지 않아서 더 많이 줘봤자 의미가 없다고 불평했다. 그런데 여자들은 남자들이 여자가 불평하고 투덜대는 데 불만을 품는다는 말에는 별로 놀라지 않지만, 남자들이 통제받는 기분에 사로잡힌다는 말에는 말문이 막힐 정도로 놀랐다.

여자들은 남녀의 차이를 이해하지 못한 채 불평을 하면 남자가 더 많이 들어줄 거라고 믿는다. 앞서 보았듯이 여자들 자신이 남자가 불평을 하면 더 많이 해주어야 한다는 압박감을 느끼기 때문이다. 그러면 남자에게는 역효과가 난다. 여자가 불평하면 남자는 결국 더 주고 싶은 마음을 **잃는다.**

여자가 불평하면 남자는 더 적게 하지,
더 많이 하지 않는다.

사실 여자들이 불평할 때는 대체로 통제하려는 의도가 없다. 여자는 행복해지기 위해 남자에게 지지받고 싶어 한다. 그러니 불평해봐야 소용이 없다는 걸 이해한다면 불평을 그만두고 스스로 기분이 나아져 남자의 지지를 인정해줄 수 있을 때까지 기다릴 것이다. 그때 가서 남자에게 조금 더 얻어내기 위해 구체적으로 요청할 수 있다. 서론에서 말했듯이 요청을 조금씩 늘리며 큰 보상을 해주는 것이 관계에서 더 많이 얻어내는 비결이다.

방어적인 태도 막기

아내 보니가 나에 대한 불평을 내게 직접 말할 때(자주 있는 일은 아니다) 나는 방어적이 되고 싶지 않아서 방어적이 되기 직전까지만 듣고 그냥 "알았어"라고 말한다.

그러면 대화가 끝나고 소통이 마무리된다. 아내는 내가 자기가 한 말을 받아들이고 고민할 거라고 믿는다.

우리 부부는 이런 단순한 방법이 있어서 안심한다. 나는 아내가 나를 더 방어적으로 밀어붙이지 못하게 막으면 되고, 아내는 내가 자기의 말을 듣고 내가 얻은 정보로 최선을 다할 거라고 믿어주기만 하면 된다. 정보가 부족하면 더 물어보면 된다. 하지만 방어적이 되고 나서는 이렇게 하기가 쉽지 않다.

여자들은 배우자에게 불평하고 나서 배우자가 "아, 정말 미안해. 앞으로 잘할게"라는 식의 따뜻하고 다정한 대답을 해주길 바란다. 이런 대답을 기대하는 이유는, 누군가를 실망시켰을 때 여자들은 자기가 그 사람 말을 듣고 있다고 알리기 위해 이런 식으로 대답하기 때문이다.

> 여자들은 배우자에게 불평하고 나서 배우자가
> "아, 정말 미안해. 앞으로는 잘할게"라고 대답해주기를
> 기대한다. 여자라면 이렇게 대답할 것이기 때문이다.

하지만 남자들은 여자로부터 불행한 감정이 실린 불평을 들으면 5장에서 설명한 뇌의 싸움 - 도주 중추가 활성화된다. 작은 비상사태인 셈이다. 테스토스테론이 자동으로 증가해서 문제를 해결하려 하고 에스트로겐은 (일시적으로) 감소한다. 이런 호르몬 반응에 의해 남자들은 자연히 감정을 배제하고 묵묵히 여자의 불평을 분석하고 해결책을 고민한다. 이것을 '숙고의 과정'이라고 한다.

이때 남자는 여자가 한 말을 찬찬히 따져본다. 말이 길어지면 숙고의 과정에 방해가 될 뿐이다. 여자가 남자에게 여성적으로 공

감해주기를 기대하고 불만을 말해봐야 남자는 여자의 욕구를 위해 행동을 바꾸는 데 저항감만 커진다.

> 남자는 여자의 불평을 들으면
> 자연히 감정을 배제하고 난관이나 문제를 숙고한다.

남자가 감정을 차단하면 여자는 단절감을 느낀다. 그리고 남자가 자기에게 화가 나지 않았는지, 자기의 말을 들었는지, 자기가 불평하는 채워지지 않은 욕구를 고민하는지 확인하고 싶어 한다.

하지만 이때 "알았어" 이상의 대답을 하려면 남자는 여자의 불평에 대한 자신의 감정과 답변까지 말해야 한다. 그러면 여자의 말을 숙고하는 데 방해가 될 뿐이다. 스트레스가 심해지고 남자는 여자의 욕구를 감지하지 못한다.

우리 부부 사이에서 내가 간단히 "알았어"라고 말하면 아내는 두 가지 중요한 사실을 알아챈다.

1. 나는 아내의 요청을 진지하게 고민하고 있고, 정보가 더 필요하면 요청할 것이다.
2. 아내가 계속 불평을 말하거나 질문을 던지면 나는 자동으로 방어적이 되어 아내의 요청을 고민하면서 내 행동을 적절히 조절하지 못할 것이다.

"알았어"는 여자에게 필요한 메시지를 전달한다. 배우자가 그녀의 말을 들었고 그녀의 요청을 처리하는 능력에 부정적인 영향을 미치지 않고 고민하는 중이라는 메시지다. 이런 메시지는 부부가 동등하다는 의미를 전하고(그는 그녀의 불평에 따라 바꾸어야 하는 하인이 아니다) 꼭 뭔가 해줘야 한다는 '기대'에 부응하지 않으면서 남자가 여자의 불평이나 요청을 숙고할 여유를 준다. 남자에게 여유가 생길수록 여자를 존중하고 지지하고 싶은 욕구도 커진다.

"알았어"는 여자가 어떤 불평을 하건 다 들어주겠다는 의미가 아니라, 여자가 더 이상 불평을 늘어놓지 않으면 더 많이 고민해보겠다는 뜻이다. 남자는 자신의 우선순위와 욕구에 따라 여자의 우선순위와 욕구를 고려한다. 관계에서 전반적으로 성공한 느낌이 많이 들수록 상대에게 더 많이 베풀고 싶어진다.

남자가 방어적이 되려고 하면 뇌에서 혈류가 뇌 뒷부분의 싸움 - 도주 중추로 흘러가 다른 관점에서 들어주기가 어려워진다. 그러면 남자가 방어적이 되어서 여자의 욕구에 공감하거나 연민을 느끼기 어려워진다.

> 남자가 방어적이 되면 여자의 욕구에 공감하거나
> 연민을 느끼기 어려워진다.

내 딸 로런이 여자들에게 가르쳐주는 기법이 있다. 남자가 "알

왔어"라고 대꾸하는 법을 모르거나 "정말 미안해"라고 말하지 않고 아무 대답이 없다면, 남자만 쳐다보며 다정한 동정을 기다리지 말고 "이 문제를 생각하고 있는 거지?"라고 재차 확인한다.

그러면 남자는 "응"이라고 대답하게 되고, 여자는 메시지가 제대로 전달되었는지 확인할 수 있다.

남자가 방어적일 때 진심을 말해주길 바라는 것은 비현실적이고 생산적이지도 않다. 남자가 방어적으로 반응하지 않으면서 여자의 말을 고민하려면 잠시 감정을 차단해야 한다. 여자가 남자에게 화가 나 있다면 대화를 더 이어가봤자 남자가 여자에게 공감하는 데 걸리는 시간만 길어질 뿐이다.

남자는 상대가 방어적이 되도록 밀어붙이지 않으면 여자의 메시지를 받아들이기가 수월해진다. 더구나 불평을 요청으로 바꿔 말하면 남자가 스스로 도와줄 방법을 판단할 수 있다. 남자가 방어적인데 계속 밀어붙이면 여자가 하는 말에 반발할 것이다.

우리 집에서는 아내가 뭔가에 대해 불평하고 내가 방어적이 되려고 하면 아내는 그냥 대화를 멈추고 나가거나 통화 중일 때는 전화를 끊는다. 냉정하게 들리겠지만 나는 아내의 이런 반응을 오히려 고맙게 여긴다. 우리 둘 다 서로에게 상처를 주는 말다툼을 막아야 한다는 걸 안다.

물론 아내가 이렇게 나올 때가 잦은 건 아니지만, 이러면 언쟁이 격해지지 않아서 아내가 화를 더 빨리 풀 수 있다. 나중에 다시 대화를 이어갈 때 아내가 내 실수나 방어적인 태도에 상처를 입고 화가 났다면 내게 사과를 기대하고 내가 사과하면 선뜻 받아준다.

"알았어"라고 말하라고 해서 "미안해"라고 하지 말라는 건 아니다. 말을 줄이라는 뜻이다. 그리고 "알았어"라고 말하면 내가 불평을 듣고 방어적이 될 때 아내의 요청을 고려하고 있다고 알릴 수 있다. 아내를 실망시키거나 화나게 하는 행동을 한 다음에 방어적이 되지 않으면, 물론 나는 공감과 배려와 연민으로 "정말 미안해. 당신 화나게 할 생각은 없었어. 내 실수야"라고 사과한다.

불평의 가치

배우자에 대한 불평을 직접 말하면 효과가 없지만, 앞서 보았듯이 불평도 소중한 도구가 될 수 있다. 여자가 직장에서 집에 돌아와 감정(배우자에 대한 감정이 아님)을 털어놓는 경우다. 여자는 이렇게 하지 않으면 여성성을 되찾아 호르몬의 균형을 이룰 기회를 놓친다.

> 여자가 감정을 털어놓지 않으면
> 긴장을 풀고 쉴 기회를 놓친다.

그런데 여자가 하루를 어떻게 보냈는지 말하지 않는다면 배우자가 잘 들어주지 않기 때문이다. 남성성이 강한 남자는 말을 듣다가도 이내 집중력이 흐트러지거나, 관심을 잃거나, 섣불리 해결책을 내놓으려 한다. 하지만 여성성이 강한 남자는 배우자보다 자기가 말을 더 많이 하고 싶어 한다. 여자가 그날의 불평을 털어놓고 싶어도 남자가 자기 불평을 더 많이 늘어놓는 것이다. 그에게는 합당해 보이지만 여자에게는 여성성을 되찾는 데 필요한 짝 유대가 아니라 사회적 유대가 될 뿐이다.

남성성이 강하든 여성성이 강하든, 여자들은 어떤 남자라도 들어줄 방법으로 감정 나누는 법을 배우면 기분이 풀리고 여유 있게 쉴 수 있다. 아내보다 말이 많은 남자들은 남성성을 회복해서 스트레스를 줄이는 남자만의 방법, 곧 경청의 방법을 활용하지 못하는 셈이다. 흔히 경청을 여성적인 행위로 생각하지만, 사실 그것은 남자의 남성성을 강화하는 방법이다.

> 흔히 경청을 여성적인 행위로 생각하지만,
> 사실 그것은 남자의 남성성을 강화하는 방법이다.

여자는 직장에서 종일 남성성을 발산하면서 일하고 나면 여성성을 회복하기가 쉽지 않다. 더구나 남성성에 고착된 상태라면 배우자에게도 영향을 미칠 수 있다. 배우자는 그녀와 소통하기 위해 여성성으로 더 많이 치우치게 된다. 남자가 여성성으로 치우치는 사이, 여자는 남성성으로 더 떠밀려 갈 수 있다. 결국 둘 다 스트레스를 해소하는 게 아니라 더 늘린다.

10장에서 소개한 준과 알렉스의 사례와 비교하여 직원 50명 이상의 부동산 업체를 운영하는 재키의 사례를 보자. 재키는 온종일 남성성을 발산하며 일한다. 시도 때도 없이 급한 불을 끄고 의사결정을 내리고 문제를 해결해야 한다. 집에 돌아와서도 일을 놓지 못한다. 업무가 남아서 감당하기 힘들어한다. 재키는 해결할 문제를 잔뜩 안은 채 남성성에 고착된 상태다.

재키는 이렇게 말했다. "제 남편 조너선이 그래요. 전 열을 좀 식혀야 한다고. 할 일이 많아요. 다 해내려면 시간이 모자라요. 게다가 남편은 자기가 하루를 어떻게 보냈는지 말하고 싶어 해요. 들어주려고는 하지만, 솔직히 듣고 싶지 않아요. 이유는 모르겠지만 남편 얘기를 듣다보면 마음이 식어요. 제가 너무 비판적인가 싶어서 당황스럽지만 솔직한 제 심정이 그래요. 무례하게 굴거나 상처 주지 않고 말을 끊을 방법을 모르겠어요. 남편 얘기를 들어주는 게 해치워야 할 일처럼 느껴져요!"

재키는 여성성을 되찾아야 하지만 그런 사실을 자각하지 못한다. 남성성에 고착된 상태라 일을 다 해내면 기분이 나아질 거라고 믿는다. 하지만 재키가 여성성을 억압하는 한, 일은 끝없이 이어질 것이고 여성성을 길러줄 활동은 항상 뒷전으로 밀려날 것이다. 사실 이런 활동이 재키의 할 일 목록에 들어 있을지도 의문이다.

여자가 여성성을 억압하면 할 일이 끝도 없이 이어진다.

재키는 내 세미나에서 이런 통찰을 얻고 달라졌다. 재키는 스트레스의 주된 원인이 끝없이 늘어선 일이 아니라 호르몬 불균형에 있다는 점을 통찰했다. 스트레스를 유발하는 원인은 더 많이 일해야 한다는 압박감이 아니었다. 그보다는 호르몬 균형이 깨져서 더 일해야 한다는 압박감이 심해진 것이다. 여자는 남성성이 강하면 압박감에 시달리고 여성 호르몬이 생성되지 않아 주어진 일을 제대로 해내지 못했다는 기분에 사로잡힌다.

여자가 일을 더 많이 해야 한다는 압박감에 시달리는 이유는
스트레스 때문이 아니라 호르몬 균형이 깨졌기 때문이다.

세미나가 끝나고 추후의 세미나에서 재키는 이렇게 말했다. "저희 부부는 요새 대화를 많이 해요. 저도 더 느긋하게 쉬고 있어요. 달라진 점은 제가 말하고 남편이 듣는다는 거예요. 그이가 직장 일로 투덜대는 걸 듣지 않아도 되고, 그이가 하는 말에 관심 있는 척 이것저것 물어봐주지 않아도 돼요. 대신 그이가 제게 물어봐주고 들어줘요. 저는 그이가 제 말을 들어줘서 좋고, 그이는 제게 인정받는 느낌을 받아요. 그리고 포옹하면 정말 기분이 좋아져요. 제가 조금 부드러워지는 느낌이 들어요."

스트레스에 대처하는 남녀의 호르몬의 차이를 이해하지 못했다면, 재키는 일방적인 대화를 무례한 것으로 생각했을 것이다. 친구들끼리 대화할 때 일방적으로 대화하는 경우는 거의 없다. 양쪽 다 말하고, 양쪽 다 듣는다. 물론 재키와 조너선은 스트레스가 없을 때도 계속 대화를 나누었다. 다만 재키는 주어진 시간에 감정과 불평을 나누면 여성성을 회복할 수 있다는 사실을 배웠고, 조너선은 아무것도 제안하지 않고 묵묵히 들어주기만 해도 남성성을 회복할 수 있다는 사실을 배웠다.

조너선과 재키처럼, 누구나 관계 안에서 호르몬 균형을 찾아 고유한 자기를 표현할 수 있다. 배우자에게 절실한 지지를 보내주고 당신에게 절실한 지지를 받으면서 평생의 사랑을 키울 수 있다. 당신과 배우자가 불평 없는 관계에서 안전하게 사랑을 키워나가기 위해 노력하면 당신의 오늘이 달라질 수 있다.

관계의 네 단계

부탁받지 않은 조언이나 제안, 비판, 불평, 판단은 사랑의 표현이 아니며 상황을 더 악화시킬 뿐이다. 그냥 '도와주려는' 거라고 해도, 상대가 부탁하지도 않았는데 섣불리 제안하면 아무 소용이 없다. 그래도 비판과 불평을 그만두는 게 쉽지는 않다. 특히 스트레스가 심한 상태에서 균형을 찾을 방법을 모를 때, 우리는 효과도 없는 방식으로 반응한다.

스트레스를 받을 때는 혈류가 뇌의 전두엽으로 흐르는데, 전두엽은 효과적인 행동을 기준으로 반응을 선택하는 영역이다. 하지만 호르몬 균형을 찾아서 스트레스를 효과적으로 관리하는 법을 배우고, 더 나아가 배우자와 자신을 사랑하고 지지한다는 확신과 의지가 있다면 다음에서 설명하는 관계의 네 단계를 거칠 수 있다. 이 네 단계를 거치고 나면 평생의 사랑을 얻을 뿐만 아니라 행복과 성공의 잠재력을 온전히 발휘할 수 있다.

- 1단계: 배우자와의 대화에서 사랑과 다정함이 아니라 옳고 그름을 토대로 삼는다. 사회적 조건화나 개인의 기대와 행동을 기준으로 선하거나 악하다고 믿는 것이 대화의 토대가 된다. 그러면 처벌과 망신 주기를 통해 당신이 요구하는 행동을 하도록 배우자를 조종하려고 시도하게 된다.
  처벌과 망신 주기는 뇌의 원시적인 영역에서 비롯된다. 스트레스를 받으면 뇌의 합리적이고 다정한 영역으로 가던 혈류가 뇌의 원시적인 영역으로 흐르고, 자연히 배우자를 통제하려 시도한다.

- 2단계: 1단계의 대화가 소용없다는 것을 알아챈다. 이제는 스트레스를 받으면 같은 실수를 저지르거나 비생산적인 행동을 되풀

이하지 않고, 호르몬 균형을 찾아 스트레스를 줄이려고 노력한다. 다음으로 효과적인 행동과 비생산적인 행동을 분석하여 합리적 판단에 따라 효과적인 행동을 취한다.

누구도 완벽하지 않으므로 늘 2단계에 머무를 수는 없다. 다만 실수할 때만큼은 시간을 내서 논쟁이나 문제나 긴장의 악화나 실수에 자신이 어떤 식으로 기여했는지 알아챌 수 있다.

극적인 사건이나 싸움이나 냉전이 발생하면 다시 1단계로 돌아가지 말고, 스스로 스트레스를 받은 상태임을 인지하고 배우자를 변화시킴으로써 기분이 나아지게 하지 않는 방식으로 조치를 취해야 한다. 그런 다음 기분이 나아지면, 배우자에게 당신의 행복을 위해 달라지기를 요구하지 않고도 배우자와 당신을 위해 보다 효과적인 소통 방식을 고민할 수 있다.

2단계에서는 아무런 효과도 없는 반응을 자제하고 합리적이고 효과적인 방식으로 반응하는 연습을 해야 한다. 문제가 생기면 일단 시간을 내서 스트레스를 줄인 다음, 자기가 한 행동 중 효과를 보지 못한 행동을 찾아내고 보다 효과적인 방법을 고민한다.

- 3단계: 효과적인 방법과 효과적이지 않은 방법을 익혀서 연민과 지혜를 넘어 고차원적인 사랑의 여러 측면을 발견하기 시작한다. 고차원적 사랑은 삶의 잠재력을 온전히 표현할 수 있게 해준다. 고차원적 사랑을 나누는 관계에서는 인내심과 자신감, 수용

과 영원한 사랑이 생긴다.

3단계에서도 난관에 부딪히기는 하지만, 극적인 사건은 거의 일어나지 않는다. 열정과 사랑이 더 깊어지고 사랑에 대한 확신도 굳건해진다. 난관에 부딪힐 때마다 그것을 더 사랑하는 사람이 되기 위한 기회로 간주한다. 힘들 때도 사랑을 찾아서 표현하려는 의지를 가로막는 저항감을 극복해 삶이 전반적으로 더 수월해지고 충만해진다.

1단계에서는 쉽게 화를 내거나 불평하거나 소리를 지르거나 사랑을 거둬들이거나 벌주거나 망신 주거나 비난하면서 그저 "이건 소용이 없어. 다른 걸 해줘"라는 식의 메시지만 전달한다.

2단계에서는 경계를 정하고 극적인 사건이나 요구 없이도 반박할 수 있다는 사실을 깨닫는다. 유연해지고 인내심이 생긴다.

3단계에서는 완벽을 요구하기보다 바뀌지 않는 것은 감내하고, 바뀔 수 있는 것은 인정해주면서 그 차이를 아는 지혜를 얻는다.

- 4단계: 이 단계에서는 관계와 삶은 항상 내면에서 더 큰 사랑을 발견하는 역량에 새로운 과제를 던져준다는 사실을 온전히 받아들인다. 삶이 완벽하지 않고 배우자도 완벽하지 않으며 인생에서 문제와 난관은 영원히 사라지지 않겠지만 다 괜찮다고 인정하는 궁극적인 수용의 단계다.

이 단계에서는 삶의 불가피한 도전에 훨씬 덜 저항하고, 원하는 것은 다 얻는데도 덜 집착하며, 하고 싶거나 되고 싶은 것을 덜 회피한다. 1단계에서는 이런 장애물이 거대한 과속 방지턱처럼 보여 속도를 늦추게 된다. 그러나 4단계에서는 이것을 그저 인생이라는 도로에서 예상할 수 없는 변수 정도로 여기고, 새로운 통찰과 내면의 강인한 힘과 지혜와 사랑을 끌어낼 수 있게 해주는 새로운 기회로 삼는다.

관계에서 네 번째 단계에 이르면 우리는 원하는 모든 것이 될 수 있고, 세상에서 할 수 있는 모든 것을 할 수 있다. 연민과 지혜, 그 외 고차원적 사랑의 여러 측면을 갖춘 채로 이 단계에 이르면 무조건적 사랑의 자유를 체험할 수 있다.

특히 배우자에게 주거나 배우자에게서 받는 무조건적 사랑은 우리에게 큰 위안을 주며, 삶이 완벽하지는 않아도 (배우자와 가족과 세상을 위해) 더 나은 삶을 만들 수 있다는 사실을 일깨워준다. 누구도 모든 것을 다 할 수는 없지만 각자 제 역할을 할 수 있다. 이것이 우리가 할 수 있는 전부이고, 이 정도면 충분하다.

인생의 새로운 장

내가 역할을 나누는 관계에서 마음을 나누는 관계로 넘어가는 여정을 써내려가며 느낀 충만감이 독자에게도 전해졌기를 바란다.

화성남자와 금성여자를 넘어서 ♀

이 책은 세상에 더 많은 사랑을 낳기 위해 내가 지난 40년간 소개해온 중요한 통찰의 결과물이다.

나는 매달 세계 각지를 다니며 관계에 관한 세미나를 연다. 이것으로는 충분하지 않다. 수백만, 수천만의 사람들이 고차원적 사랑을 경험하고 싶어 하지만, 사랑에 대한 새로운 욕구를 통찰하지 못한 채 계속 실망에 빠진다. 남녀의 차이를 이해하기 위한 한 가지 통찰만으로도 누군가의 관계를 구제하거나 누군가 사랑을 찾도록 도와줄 수 있다. 이 책은 분명 도움이 될 것이다. 독자들도 나와 같은 믿음으로 이 책을 가족과 친구들에게 권하길 바란다.

이 책의 새로운 통찰은 이해하기는 쉽지만 실천하기란 어렵다. 우리는 평생 성공을 가로막을 수 있는 교육과 훈련을 받아왔다. 자신의 실수를 책임지고 남들을 용서하려면 바짝 경계해야 한다.

새로운 통찰은 이해하기는 쉽지만 실천하기란 어렵다.

당신이나 배우자가 당장 과거의 습관을 모두 버리고 서로 공감할 수 있으리라 기대하는 것은 무리다. 이것이 쉽지 않다는 사실을 인정하고 배우자와 스스로에게 너그러워야 한다. 세상에서 가장 똑똑하고 성공한 사람들도 관계에서는 실패한다. 그리고 이런 사실을 잊지 않는다면, 서서히 발전하는 모습을 인정하고 축하해줄 수 있을 뿐 아니라 단점도 용서할 수 있다.

관계에서 당신이 원하고 필요로 하는 사랑을 얻지 못할 것 같을 때, 이제는 적어도 그 이유를 알 것이다. 배우자를 탓하지 말고 스트레스를 줄이고 마음을 열고 또 열려고 노력해야 한다.

당신과 배우자(혹은 장래의 배우자)가 새로운 통찰을 완벽히 실행에 옮길 수 있으리라 기대하지 말고, 두 걸음 앞으로 나갔다가 한 걸음 뒤로 물러날 것을 각오해야 한다. 나도 그랬고, 내 내담자들과 세미나 참가자들도 대부분 그랬다.

마음을 나누는 관계를 유지하는 연습을 오래 하다보면 훨씬 수월해지고 나중에는 전혀 힘이 들어가지 않을 때가 많아질 것이다. 하지만 높은 차원의 사랑과 지혜와 연민으로 올라가려면 어쩔 수 없이 번번이 시험에 들 것이다. 진실하고 고유한 잠재력을 더 개발하고 표현하려면 용기를 내서 다음 걸음을 내딛어야 한다.

이 책에 나오는 다양한 통찰을 완벽하게 적용할 수 있을 거라고 기대하거나 배우자에게 요구해서는 안 된다. 관계가 잘 풀리지 않을 때는 많은 연습이 필요하다는 사실을 기억해야 한다.

저마다 다른 시기에 놓인 모든 관계는 높은 차원의 사랑과 지혜와 연민으로 올라가기 위해 거듭 시험에 든다.

이 책을 읽고 영감을 얻었다면 여러 번 다시 읽어보길 바란다. 아무 쪽이나 펼쳐도 도움이 되는 내용이 나올 것이다. 관계에서 난관에 부딪히는 것은, 주로 배우자나 스스로에게 비현실적인 기대를 걸기 때문이다. 다시 사랑을 찾으면 서로가 얼마나 다른지 기억할 수 있고, 다시 한번 마음을 열고 자기와 배우자를 더 많이 사랑할 수 있다. 이 책에서 배운 새로운 통찰을 적용하기 시작했다면, 지금 이 순간 여러분의 삶에서 새로운 장이 열릴 것이다.

당신이 먼저 변화해서 마음을 열고 계속 열어둔다면, 남들도 당신을 따라 마음을 여는 것이 훨씬 수월해진다. 나 역시 결혼생활에서 내가 먼저 사랑을 찾으니 주변의 다른 사람들도 사랑을 찾도록 만드는 게 조금 더 수월해졌다. 나와 아내가 받은 선물일 뿐만 아니라 내 자식들과 손자들이 받은 선물이기도 하다. 덕분에 나는 억울한 감정을 떨쳐내고 분노를 잠시 지나가는 짜증 정도로 만들어서 더 나은 사람이 되고 싶어졌다. 내게 용서하는 마음이 없다면 어떻게 남에게 용서를 기대할 수 있겠는가? 당신과 내가 할 수 없다면 세계와 미래의 희망은 어디에 있겠는가?

《화성남자와 금성여자를 넘어서》의 다양한 통찰을 실천에 옮기면, 평생의 사랑을 경험하고 고차원적 사랑을 알기 위한 잠재력을 발견할 것이다. 이런 사랑을 토대로 당신은 세상에 기여할 창조적인 잠재력을 온전히 발휘하고 표현할 수 있다.

당신은 세상에 필요한 사람이고 당신의 헌신과 개성과 고차원적 사랑이 세상을 변화시킨다는 사실을 항상 기억하길 바란다.

사랑 안에서 함께 성장하기

남자든 여자든 남성성과 여성성을 적절히 조합하여 고유한 자아를 온전히 표현할 수 있을 때 비로소 고차원적 사랑을 느끼고 표현할 수 있다. 이런 고차원적 사랑을 자주 접하면 평생 사랑과 열정 안에서 함께 성장할 수 있다. 친밀한 관계를 통해 이런 고차원적 사랑을 키워나가면 삶이 풍성해진다.

다음은 고차원적 사랑의 잠재력이 다양하게 표현된 방식이다.

1. 대등하게 서로 의존하기: 남성적인 **독립성**과 여성적인 **상호 의존성**을 혼합하여 서로 대등하게 의존하는 관계를 만들 수 있다. 서로 대등하게 의존하면 누구 하나가 희생하지 않는다. 나아가 배우자뿐 아니라 자기가 어떻게 둘의 관계에서 생기는 문제를 만들어내는지 알 수 있다. 비난, 처벌, 억울함, 판단 같은 수동적인 반응을 떨쳐낼 수 있다.

2. 더 깊은 연민: 남성적인 **무심함**과 여성적인 **감성**을 혼합하여 경청하고 공감하고 더 깊은 연민을 보이며 상대를 위해 뭔가 해주고 싶어 한다. 내면의 슬픔과 고민을 타인을 향한 더 큰 연민으로 승화할 수 있다. 다만 마음의 상처를 스스로 치유할 수 있어야 한다. 내면의 고통을 자각하고 감정에 휘둘리지 않고 스스로에 대한 감정을 바꿀 수 있다면, 단순한 동정이나 공감을 넘어 타인의 고통에 공감하고 더 큰 연민을 느낄 수 있다.

3. 내면의 지혜: 남성적인 **문제 해결 능력**과 여성적인 **보살피는 능력**을 혼합하여 삶과 관계에서 무엇이 효과적이고 무엇이 효과적이지 않은지를 파악하기 위한 지혜를 끌어낼 수 있다. 그러면 자신의 한계와 타인의 한계를 받아들일 수 있다. 남성성과 여성성을 혼합하여 실수와 후회를 더 큰 지혜로 발전시킬 수 있다.

4. 대담한 용기: 남성적인 **강인성**과 여성적인 **취약성**을 혼합하여 대담한 용기로 남에게 이용당하지 않도록 경계선을 정할 수 있다. 그러면 상처를 용기로 승화하여 마음을 열고 사랑을 더 많이 베풀 수 있다. 자신의 실수를 인정하고 배우자를 용서하며 세상에 더 많이 기여할 방법을 모색한다.

5. 양쪽이 이기는 타협: 이기고 싶어 하는 남성적인 **경쟁심**과 사랑하는 사람들이 이기길 바라는 여성적인 **협동심**을 혼합하여 양쪽다 이기도록 타협하는 법을 배울 수 있다. 경쟁과 협력을 혼합하면 분노와 배신과 질투를 버리고 같이 성공하고 싶어진다. 자신의

욕구를 버리지 않으면서 배우자의 욕구를 채워줄 방법이 있다.

6. 기발한 창조성: 남성적인 **분석력**과 여성적인 **직관력**을 혼합하여 인생이 던져주는 난제의 창조적인 해답을 찾고 스트레스 환경에 적응할 수 있다. 분석력과 직관력을 혼합하면 걱정을 기발한 창조성으로 발전시킬 수 있다. 모든 실수는 목표에 한 걸음 다가가는 동안 거쳐야 할 과정이다. 틀에 박히지 않고 흐름을 타고 우아하게 도전에 임할 수 있다.

7. 자연스러운 인내심: 남성적인 **내면의 힘**과 여성적인 **사랑의 힘**을 혼합하여 좌절감이 들 때도 인내심을 발휘할 수 있다. 옛말에 '침묵은 금, 인내는 미덕'이라고 했다. 인내심을 기르면 자기도 모르게 배우자를 탓하거나 가르치려 하거나 비난하거나 위협하거나 망신 주거나 벌주는 말이나 행동이 튀어나오려 할 때 묵묵히 참을 수 있다.

8. 연연하지 않는 끈기: 남성적인 **적극성**과 여성적인 **수용성**을 혼합하여 관계의 무력감을 떨쳐내고, 자기가 원하는 것을 요구하지 않고 드러내면서, 원하는 것과 필요한 것을 효과적으로 요청할 수 있다. 실망감을 연연하지 않는 끈기로 전환시켜 필요한 것을 얻고 목표를 성취할 수 있다.

9. 진정한 겸손: 남성적인 **유능함**과 여성적인 **도덕성**을 혼합하여 자기를 마음껏 표현하면서도 최선을 다하는 것으로 충분하다고 자신할 수 있다. 기대 이상의 성과를 올려야 한다거나 완벽해져

야 한다는 강박에서 벗어나 여유를 찾을 수 있다. 솔직한 마음가 짐으로 자신의 강점뿐 아니라 한계와 실패까지 인정할 수 있다. 스스로 완벽해지려는 부담에서 벗어나 다른 사람의 성공을 자기 일처럼 기뻐할 수 있다. 자신의 능력을 믿고 자신의 장점을 진지 하게 드러내고 싶다면 실수할 때의 좌절감을 진정한 겸손으로 승 화할 수 있다.

10. 영감을 받은 호기심: 남성적인 *자신감*과 여성적인 *신뢰*를 혼합 하여 영감을 받은 호기심이라는 고차원적 사랑을 일깨울 수 있 다. 배우자의 말을 경청하고, 자기를 보호하거나 자기가 원하는 것을 얻어내는 방식으로 반응하지 않으면, 배우자의 생각과 감 정에 호기심을 갖고 사랑하거나 사랑받고 싶어 하는 긍정적인 동기를 알아챌 수 있다. 주어진 상황에서 열심히 긍정적인 면을 찾고, 스스로 얼마나 도움이 될 수 있을지 생각해본다.

11. 진심으로 감사하는 마음: 남성적인 *책임감*과 여성적인 *호응성* 을 혼합하여 살아서 보탬이 될 수 있는 기회를 진심으로 감사하 게 생각할 수 있다. 그러면 자연히 실수를 바로잡고 약속을 지키 고 배우자를 행복하게 해주고 싶어진다. 책임감과 반응성을 결 합하면, 우리가 느끼는 두려움을 우리가 소유하고 베풀 수 있는 모든 것에 감사하는 마음으로 바꿀 수 있다.

12. 현실에 기반을 둔 순수: 남성적인 *목표 지향성*과 여성적인 *과정 지향성*을 혼합하여 우리의 소망과 요구에 영향을 미치는 현실에

기반을 둔 순수를 발전시킬 수 있다. 오직 선하게만 행동하고, 자기뿐 아니라 남들에게도 진실하려는, 기본적이고 일관된 동기를 의식적으로 알아챈다. 자신의 실수와 불완전한 모습을 용납하고 스스로 사랑받을 존재라고 자신할 수 있다. 그러면 남에게서도 좋은 면을 볼 뿐 아니라 남의 실수 또한 용서할 수 있다.

무지개 너머의 황금 단지

앞에서 소개한 고차원적 사랑의 표현 방식은 모두 무지개 너머에 있는 황금 단지처럼 불가능한 무언가로 보인다. 그러나 남성성과 여성성을 혼합하여 사랑을 나누는 법을 배우면 사랑과 행복과 성공을 이루기 위한 가장 큰 잠재력을 끌어낼 수 있다.

자연에서는 햇빛과 비가 만나야 아름다운 무지개가 뜨고 가시광선의 모든 색채가 드러난다. 우리도 내면에 숨어 있는 저마다의 재능을 모두 발견하고 표현하여 사랑 속에서 함께 성장할 수 있다.

황금 단지는 늘 손 닿는 곳에서 조금 더 떨어져 있지만, 다채로운 무지개가 뜨면 우리는 간절히 더 많은 것을 원하면서도 순간을 즐길 것이다.

자기를 사랑하고 마음을 나누는 관계를 맺는 법을 배우면서 다른 사람들도 더 큰 사랑을 향해 안전하게 생각과 마음을 열 수 있

화성남자와 금성여자를 넘어서 ♀

도록 해준다. 이것은 궁극의 자유다. 사랑에 헌신하고 끊임없이 최선을 다해서 누구나 얻을 수 있는 자유다.

사랑 속에서 함께 성장하기 위해 반드시 완벽해야 하는 것은 아니다. 완벽하면 더 이상 성장하지 않는다. 무조건적인 사랑을 나누는 법은 불완전한 자기를 직시하고 스스로 변화해야 터득할 수 있다.

사랑 속에서 함께 성장하는 과정은, 연민과 지혜와 평등한 동반자 관계를 통해 자신의 가장 소중한 잠재력을 발견하고 표현하는 영웅의 여정이다. 배우자와 평등한 관계를 맺어야 할 뿐 아니라 자기 안의 남성성, 여성성과도 평등한 관계를 맺어야 한다.

(참고로《성공의 기술How to Get Everything You Want in Your Relationships》무료 배포본을 다운로드하려면 MarsVenus.com을 통해 나와 내 딸 로런 그레이에게 연락해주십시오.)

감사의 말

집에서나 직장에서나 변함없이 사랑과 지지를 보내준 아내 보니 그레이에게 고마운 마음을 전합니다. 아내의 지지와 지혜와 통찰이 없었다면 이 책은 빛을 보지 못했을 겁니다.

관계에 관한 책을 쓰는 작가에게는 가족의 지지가 전부입니다. 세 딸과 사위들에게도 고마움을 전합니다. 섀넌과 존, 줄리엣과 댄, 로런과 글레이드, 그리고 사랑스런 손자들 소피, 보, 브래디, 매케나.

이 책이 나오기까지 힘써준 우리 팀원들에게도 고마움을 전합니다. 비서 핼리너 팝코, MarsVenus.com의 마케팅 담당자 존 마이어스, 고객서비스 담당자 마시 원, 온라인 블로그의 웹디자이너이자 동영상 제작자 글레이드 트루이트, 화성 금성 상담센터^{Mars Venus Coaching}의 대표 리치 번스타인, 그리고 세계 각지의 화성 금성 상담 코치들에게 감사드립니다.

화성남자와 금성여자를 넘어서 ♀

남자와 여자가 서로를 이해하고 소통하여 오래도록 사랑하는 방법에 관한 전문가이자 나의 가까운 친구인 워런 패럴에게 고마운 마음을 전합니다. 매주 함께 산책하며 나눈 대화에서 나온 그의 의견이 이 책의 곳곳에서 반짝거립니다.

나의 에이전트 프랭크 와이먼과 이 책이 지금 시점에 꼭 필요하다고 말해준 친구들에게도 감사드립니다.

출판에 힘써주신 벤벨라 출판사의 CEO이자 출판인 글렌 예페스, 부편집장 얼리샤 캐니어, 편집자 제시카 리크에게 감사드리고, 새로운 개념을 명료하고 구체적으로 다듬는 데 도움을 준 나의 편집자 리 윌슨과 제임스 프레일리에게도 고마운 마음을 전합니다.

화성남자와 금성여자를 넘어서

1판 1쇄 발행 2018. 9. 14.
1판 2쇄 발행 2018. 11. 12.

지은이 존 그레이
옮긴이 문희경

발행인 고세규
편집 임지숙 | 디자인 홍세연
발행처 김영사

등록 1979년 5월 17일 (제406-2003-036호)
주소 경기도 파주시 문발로 197(문발동) 우편번호 10881
전화 마케팅부 031)955-3100, 편집부 031)955-3200, 팩스 031)955-3111

값은 뒤표지에 있습니다.
ISBN 978-89-349-8235-7 03190

홈페이지 www.gimmyoung.com 블로그 blog.naver.com/gybook
페이스북 facebook.com/gybooks 이메일 bestbook@gimmyoung.com

좋은 독자가 좋은 책을 만듭니다.
김영사는 독자 여러분의 의견에 항상 귀 기울이고 있습니다.

이 도서의 국립중앙도서관 출판시도서목록(CIP)은 서지정보유통지원시스템 홈페이지
(http://seoji.nl.go.kr)와 국가자료공동목록시스템(http://www.nl.go.kr/kolisnet)에서
이용하실 수 있습니다.(CIP제어번호 : CIP2018027126)